BETRIFFT LITERATUR

ÜBER MARCEL REICH-RANICKI

Herausgegeben
von Peter Wapnewski

Deutsche Verlags-Anstalt
Stuttgart

Der Abdruck der Karikatur »Schädelstätte«
von Friedrich Dürrenmatt (S. 234)
erfolgt mit freundlicher Genehmigung
von Marcel Reich-Ranicki;
der Abdruck von Michael Mathias Prechtls Zeichnung
»Der Rezensent« (S. 246) erfolgt mit freundlicher
Genehmigung des Künstlers

CIP-Titelaufnahme der Deutschen Bibliothek

Betrifft Literatur :
über Marcel Reich-Ranicki /
hrsg. von Peter Wapnewski. –
Stuttgart : Deutsche Verlags-Anstalt, 1990
ISBN 3-421-06570-5
NE: Wapnewski, Peter [Hrsg.]

Umschlagentwurf:
Reichert Buchgestaltung, Kornwestheim
Gesamtherstellung:
Druckerei Friedrich Pustet, Regensburg
Printed in Germany

INHALT

PARODIEN

CODA

ANHANG

Einige Vor-Worte

Aber verächtlich ist der Kritiker, der keine Feinde hat.
(M. R.-R.; scheinbar über Börne)

Der Erfolg weckt den Zweifel, der Ruhm provoziert den Widerspruch.
(M. R.-R.; scheinbar über Heinrich Böll)

I

Man möchte meinen, es gäbe über ihn kaum mehr etwas zu sagen: Denn vieles, sehr vieles ist schon gesagt und zu Literatur gemacht worden, ist verfestigt worden zur Kritik über den Kritiker. Und was andere nicht sagten, das sagte er selber.

Und doch. Mag ihn einiges auch von Helena unterscheiden, so hat er allemal das *Vielbewundert* und das *Vielgescholten* mit ihr gemein. Und manches von dem vielen, was über ihn gesagt wurde und zu ihm, auch wohl ihm nachgesagt wurde, verdient es, bedacht und also gesammelt und gedruckt zu werden. Weil, wann immer von Marcel Reich-Ranicki die Rede geht, von Literatur die Rede geht.

Wir schenken uns die grenzenlose Erörterung von Macht und Ohnmacht der Literatur, von Macht und Ohnmacht der Literaturkritik; schenken uns die Frage nach der Berechtigung der so unsäglich abgenutzten Etiketten vom Großkritiker und vom Kritikerpapst; und begnügen uns in diesem Bande mit der Vorführung von Stimmen, die in den letzten Jahren laut wurden und Laut gaben, wenn es um R.-R. ging.

Verlag und Herausgeber haben sich einem schlichten Ordnungsschema anvertraut: Sachlich der Gliederung in drei Abteilungen, deren erste einige sich mit dem Kritiker beschäftigende Aufsätze umfaßt; deren zweite Gespräche mit ihm wiedergibt und Interviews; während die dritte sich der Parodie annimmt. Die Reihenfolge innerhalb dieser Gruppen wurde von der Chronologie bestimmt.

II

Kommentare, die sich selbst kommentieren. Daß es sich nicht um eine Blütenlese von Lobpreisungen handelt, nicht um die Absicht, den Kritiker in den Kegel eines vor allem schmeichelnden oder gar verklärenden Lichteinfalls zu setzen, wird der Leser unschwer selber ausmachen.

Ebensowenig wird man den beiden die Wortbeiträge ergänzenden Zeichnungen (s. u. S. 234 u. S. 246) die Absicht blinder Verherrlichung nachsagen wollen. Ihre Beigabe rechnet auf eine der hervorragendsten Seiten in der Natur des hier Traktierten: Auf seine Bereitschaft und Fähigkeit, nicht nur austeilend zu geben, sondern auch einsteckend zu nehmen, und dem Klotz seinen Keil nicht zu verwehren.

Übrigens schenkte uns die Suche nach Parodien eine merkwürdige Erfahrung: Sie widerlegen sich, denn sie übertreffen kaum die Qualität des realen Vorbilds. Offenbar kann man seine sprechende Attitüde – und viele betreiben das Spiel mit Passion – imitieren; kann man ihn – siehe Pechtl und Dürrenmatt – karikieren; doch die Parodie erreicht ihn nicht, er hat sie als sein ihm zugehöriges Gegenstück bereits in sich aufgenommen, also dialektisch erledigt. (Die Outrierung einer sprachlichen Eigentümlichkeit wie des Zungen-*r* mag atmosphärebildend sein, als isolierte Nachahmung eines äußerlichen Details hat sie mit dem weiteren Anspruch des parodierenden Gestus wenig gemein.)

Im übrigen gilt angesichts des sich andrängenden Materials von Tertiärliteratur über den primären Sekundär-Literaten, daß die Auswahl ungerecht ist. Wäre sie das nicht, wäre sie keine Auswahl. Doch haben wir uns redlich bemüht, dem Paradigmatischen und Originellen seine Chance zu geben.

III

Seien wir offen – um es mit einer seiner Lieblingswendungen zu sagen –, seien wir offen: Es ist nicht leicht, ihm gerecht zu werden. Doch wachsen Gerechtigkeit und Leidenschaft nicht auf dem selben Holz, und mit Leidenschaft hat zu tun, was R.-R. tut. Mit Leidenschaft oft auch, was die Kritik an dem Kritiker – die Metakritik also – tut.

Ist Beckmesser gerecht? Hat Beckmesser Leidenschaft? Die Frage stellen heißt, einige ihr konnotierte Überlegungen anstellen. Sie gelten der Beziehung des Kritikers zu Beckmesser, – und kommen zu dem Schluß, daß weniger Richard Wagner als mehr noch sein Publikum dem *Schreiber* Unrecht getan hat. Gehört er doch zu den »Meistern«, ist einer der hervorragendsten unter ihnen, und ein Virtuos in der Beherrschung des künstlerischen Handwerks. Wenn zum Ende, als der naive Landjunker Stolzing aufbegehrt und sich der Meistersingerwürde meint verweigern zu sollen, Hans Sachs dröhnend fordert: *Verachtet mir die Meister nicht...!*, dann verteidigt der Schusterpoet, wissentlich oder unwissentlich, damit auch den so bedenklich gedemütigten Merker. Der auf freilich radikale Weise repräsentiert, was die Würde dessen ausmacht, dem Natur Genie versagt: nämlich Genauigkeit. Man weiß ja doch, wen Wagner sich als dem Spott preiszugebendes Vorbild erdacht hat: Jenen Eduard Hanslick, der nach übereinstimmendem Urteil seiner Zeit wie der Nachwelt der hervorragendste Repräsentant der Musikkritik in der zweiten Hälfte des 19. Jahrhunderts war.

Die »Meistersinger« werden hier nicht nur um Beckmessers willen angeführt. Sie sagen auch einiges aus über R.-R.s Verhältnis zur Kunst. Nächst der Literatur nämlich ist es die Musik, die ihn bewegt, und dem humorigen Element der »Meistersinger« gehört seine heftige Sympathie. Was das andere anbetrifft, das höher ist als alle Vernunft, auch als die Heiterkeit, so hat er es als letzten Satz dem Gespräch mit Herlinde Koelbl mitgegeben (s. u. S. 225). Es ist die Rede von der Liebe, und sie bedeutet: »Glück. Nichts anderes. Mehr ist da nicht zu sagen. Der Rest steht im ›Tristan‹. Aber in der Partitur, nicht im Text.« Mehr, in der Tat, ist da nicht zu sagen.

IV

So viel zur Musik. Die Bildende Kunst bleibt fern. Und fern bleibt die Landschaft, bleibt die Natur: Man erinnert sich an die von Adolf Muschg so anmutig überlieferte Geschichte von dem gemeinsamen Spaziergang durch die erhabenen Räume des Naturschönen, man kommt an einen üppig stürzenden Wasserfall, Muschg meint, den sich gerade über Heinrich Mann ereifernden Partner an dem Erlebnis teilnehmen lassen zu müssen, verweist dringlich auf die schäumenden Katarakte, R.-R. blickt kurz auf: Gewiß doch, recht eindrucksvoll, nur die Architektur stimme nicht, die Sache müßte ein bißchen zur Seite verrückt werden...

V

Über allen, über allem aber die Literatur. R.-R.s Verhältnis zu ihr ist zu fassen nur mit Hilfe der extremsten, einer geradezu absurden Formel: Er mißt nicht den Wirklichkeitsanspruch der Literatur daran, wie sie vor dem Leben besteht; sondern er mißt den Wirklichkeitsanspruch des Lebens daran, wie (und ob) es vor der Literatur besteht. Literatur: Blätter, die die Welt bedeuten. Es wird ihn wundern, aber das heißt – wenngleich in radikaler Form – gut hegelianisch argumentiert: Kunst als die eigentliche Seinsweise der Realität.

Im übrigen nimmt er zur Theorie, zur Philosophie der Ästhetik, zur Spekulation seine – wie denn nicht – eigenwillige Position ein: Er vertraut ihr nicht, traut ihr nicht. Fragt ihn die theoriebesessene Zeitgenossenschaft nach seinen Maßstäben, so antwortet er in schönster Unbefangenheit: Er habe keine. Was natürlich nicht stimmt, – freilich sind sie weniger einem abstrahierenden System allgemein räsonierender Gesetzgebung entnommen als vielmehr dem Instrumentarium seiner selbstherrscherlichen Autonomie. Und die hervorragendste Rolle im Ensemble dieser Maßstäbe spielt das Phänomen der Langweile; das heißt die jeweilige Erfahrung, daß sie sich einstelle und andränge oder aber weit außerhalb der Mauern des Lektürevorgangs verhält. Auch hierzu statt eines weiteren Kommentars der Verweis auf die gesammelten Gespräche.

VI

Dieser Mann ist furchtlos, und das ist viel. Die Gebrechlichkeit des Menschenwesens hat er zur Genüge erfahren, um ihm zu mißtrauen. Läßt sich aber auch nicht auf die Jenseitströstung ein: wenn er, der Agnostiker, Gott in aller Entschiedenheit bezweifelt, so tut er das mit einem strengeren Maße an Souveränität als so mancher Atheist, dem im Moment der Absage doch wohl gelegentlich ein salvatorischer Vorbehalt die Stimme vibrieren macht. R.-R. glaubt nicht an Gott, er glaubt an die Literatur. Denn die ist Menschlichkeit, und mehr haben wir nicht.

Es hängt aber diese Haltung zusammen mit jener Antwort, die er auf die erste Frage des bekannten, auf Marcel Proust zurückgeführten Fragebogen-Schemas gibt (s. u. S. 170): Was denn für ihn das größte Unglück sei? Zwei Silben nur: »Der Tod.« Und wieder ist hier mehr nicht zu sagen.

VII

An ihren Sprüchen sollt ihr sie erkennen. Will sagen, an ihren Lieblingszitaten; und an deren Nutzung in der gefälligen Abwandlung. Er führt sie munter quellend an, seine großen Gewährsleute: Heine, Börne, Schnitzler, und natürlich Goethe. Immer wieder: »Ein Kerl, der spekuliert, ist wie ein Tier, auf dürrer Heide...«, und so fort. (Wir versagen uns den erinnernden Hinweis, daß es sich um eine These aus dem dozierenden Munde Mephistos handelt.) Und noch einmal »Faust«, nunmehr aber in bezeichnender Modifizierung: Aus dem allzu vertrauten und sich also gern in die Verfremdung rettenden »Es irrt der Mensch, so lang er strebt« wird bei R.-R.: »Es strebt der Mensch, so lang er *liebt*.« Liebe also als *fons et origo omnium bonorum*, so verstand sie das Mittelalter, und zu diesen *bona* gehört gewiß die liebe-entstammende Kraft des Strebens. (Doch sei, die binäre Struktur der gängigen Formel schnöde nutzend, beiläufig auch der folgenden Varianten gedacht: »Er irrt der Mensch, so lang er liebt...«; und: »Es liebt der Mensch, so lang er irrt...«)

Mit dem Lieben hat auch das Loben zu tun. Man weiß, wie sehr es R.-R. grämt, daß der griffige Titel »Lauter Verrisse« generalisiert und degradiert wurde zum pauschalen Signalement seiner Person. Den korrespondierenden Buchtitel »Lauter Lobreden« zitiert niemand. Wahrlich, es fehlt in seinem Œuvre nicht an Lob und Liebe, man möge nachlesend erfahren, wieviel Wollust auch der Zustimmung in diesem Kritiker lebendig ist, – oder auch unerweckt schlummert.

Was indessen die Valenz des modifizierten Zitats angeht, so sei noch einmal an die »Meistersinger« erinnert und ihren traurigen Helden. R.-R. hat nämlich die Oper bei Gelegenheit umbenannt: in »Des Widerspenstigen Zähmung«. Und solchermaßen domestiziert wird der Merker im Bezirk der Kunstübung künftig unentbehrlich sein: er wird, wie Walter Jens gesagt hat, noch gebraucht. Uns vonnötigen wie jeder, der seine Sache gut macht, nämlich nach Meisters Art *meisterhaft,* – um noch einmal, ihn bezeichnend, eine der Lieblingsbezeichnungen R.-R.s zu bemühen. Uns vonnöten wie jeder Vernünftige, die den Schein des Himmelslichts nicht braucht, um tierischer als jedes Tier zu sein, – sondern um menschlich zu sein. Aufklärerisch-aufklärend den Schritt suchend und setzend durch die Dunkelheit, – unverdrossen, *quia absurdum.* Es handelt sich um jene Dunkelheiten, die keiner Kunst vertrauter sind als der Literatur, von keiner Kunst bannender beschworen werden als von der Dichtkunst. Beschworen, das heißt: sowohl herangezwungen wie abgewehrt. Um es mit einem zu sagen, der auch zu den von ihm Gelobten-Geliebten gehört, mit Thomas Bernhard: Wir »... haben nichts zu berichten, als daß wir erbärmlich sind.« Dazu R.-R.: »Das ist sein Thema, seine Aufgabe: zu berichten, wie erbärmlich wir alle sind, wir, die ›Geschöpfe der Agonie‹, die ›Einzelgänger unserer Ohnmacht‹.« Erbärmlich, das meint: des Vergessens wert. Erbärmlich, das meint: des Erbarmens wert. Und wieder, und zum letzten Mal: Mehr ist hier nicht zu sagen...

·

Und man ist dazu da, daß man's erträgt? Vielleicht, daß auf diese einen großen Wiener Dichter zitierende Frage ein anderer großer Dichter die Andeutung einer Antwort gibt (und ein letztes Mal versuche ich, der Außenfläche der Innenwelt des Kritikers ansichtig zu werden mit Hilfe eines seiner Lieblingszitate): »Wir alle spielen. Wer es weiß, ist klug.«

Berlin, im Frühjahr 1990 — Peter Wapnewski

ÜBER MARCEL REICH-RANICKI

Selbstporträt als Kriminalroman

(1978)

Unser Freund hat ein harmloses Verbrechen begangen. Er hält sein Verbrechen für harmlos. Er tut zumindest so, als halte er sein Verbrechen für harmlos. Er ist nicht bereit zuzugeben, daß sein Verbrechen ein ernsthaftes, ein schlimmes Verbrechen sein könne. Er ist sehr empfindlich, wenn jemand auf sein Verbrechen zu sprechen kommt. Auch wenn jemand sein Verbrechen voller Verständnis und Toleranz erwähnt, fährt er auf. Wie auch immer jemand sein Verbrechen erwähnt, seine Reaktion ist jedesmal unverhältnismäßig.

Es gibt nur eine Möglichkeit, ihn zu milderen Reaktionen zu bewegen: man muß ihn hemmungslos loben für sein Verbrechen. Man muß so tun, als sei man von seinem Verbrechen so hingerissen, daß man sprachlos sei. Erst dann lächelt er, und zwar wie ein dreizehnjähriges Mädchen, dem man gesagt hat, es sehe einhundertmal verführerischer aus als Marilyn Monroe in ihren besten Zeiten. Man muß das schon eine Zeitlang durchhalten, das Vor-Hingerissenheit-Stammeln. Man muß es durchhalten, bis es ihm selber zuviel wird. Das kann allerdings lang dauern.

Während er so lächelt, bringt er zwar zum Ausdruck, daß es ihm peinlich ist, so gelobt zu werden. Aber man sieht ihm an, daß ihm nichts in der Welt lieber ist als diese Peinlichkeit. Man merkt, er widerspricht dem Lob nur, um uns zu weiterem Lob zu veranlassen. Solange er so tut, als könne er dieses Lob nicht annehmen, denkt er, können wir nicht aufhören, ihn zu loben. Wir müssen ihn, denkt er, zuerst durch unser Lob davon überzeugen, daß er es verdiene, dann erst dürfen wir aufhören mit unserem Lob. Also läßt er sich nicht überzeugen, sondern tut weiterhin so, als sei es ihm peinlich, so gelobt zu werden. Für ein Verbrechen! Man bedenke!

Ja, ja, sagen wir, kann sein, aber erstens ist es vielleicht ein harmloses Verbrechen, zweitens – und darauf allein kommt es an – wie hast du das Verbrechen ausgeführt! Dein Verbrechen ist ein Kunstwerk! Ein ganz großes Kunstwerk! Verbrechen hin, Verbrechen her, uns kommt es auf die Form an, nicht auf den Inhalt! Und wie lange hat es so etwas nicht mehr gegeben wie dieses dein Verbrechen! Er lächelt, widerspricht weiter, sagt: Nein, nein, er selber könne einfach nicht davon absehen, daß er ein Verbrechen begangen habe! Ja, wer denn nicht, sagen wir dann! Ob er uns jemanden sagen könne, der in der Geschichte der Menschheit irgendeine Rolle spiele, und kein Verbrechen begangen habe! Schon eine Rolle zu spielen, oder spielen zu wollen in der Geschichte der Menschheit, sei ja der Beginn jedes großen Verbrechens ... So reden wir auf ihn ein. Und so widerspricht er, immer glücklich und mädchenhaft lächelnd. Wir, das heißt, seine Freunde, wir sind Leute, denen er aus irgendwelchen Gründen leid tut. Einige von uns hassen ihn auch allmählich. Sie haben es einfach satt, daß einer andauernd gelobt sein will für etwas, was doch ein Verbrechen ist und bleibt, wenn auch – vielleicht – ein harmloses. Aber die Harmlosigkeit dieses Verbrechens ist genau so wenig beweisbar wie die Schwere. Es führt zu einem schwindelhaften Zustand, wenn man sich bemüht, diesem Verbrechen gegenüber ins reine zu kommen. Es werden längst Doktorarbeiten darüber geschrieben.

Unser Freund hat den Verdacht, daß wir ihn alle hassen, daß wir alle lügen, daß unser Lob nur eine Lüge sei. Wir widersprechen natürlich. Er dagegen behauptet, wir alle stünden in Wirklichkeit auf der Seite des Inspektors. Und irgendwann einmal würden wir alle öffentlich überlaufen zum Inspektor und dem jenen Rest an Beweisen liefern, der noch zur völligen Überführung fehle. Der Inspektor, also. Die große Gegenfigur unseres Freundes. Er redet andauernd von diesem Inspektor.

Die wenigsten von uns kennen den Inspektor persönlich. Wir sind also auf das angewiesen, was unser Freund uns über den Inspektor erzählt. Aber er sagt jedes Mal, wenn er den Inspektor erwähnt, dazu: Ich kann nichts sagen über den Inspektor, wir sind Gegner, nur einer von uns wird den Kampf überleben. Ich habe den Kampf nicht gewollt, der Inspektor hat den Kampf angefangen. Ich habe allerdings das Verbrechen begangen, das stimmt. Ein harmloses Verbrechen zwar, aber ein Verbrechen. Ja, kann denn ein Verbrechen harmlos sein?

Wenn es ein Verbrechen ist, was ich begangen habe, dann ist es wahrscheinlich gleichgültig, ob es ein harmloses oder kein harmloses ist. Verglichen mit jemand, der keins begangen hat, bin ich ein Verbrecher. Und der Inspektor kann nur unterscheiden zwischen Verbrechern und Unschuldigen, und zu den Unschuldigen gehöre ich sicher nicht, also verfolgt mich der Inspektor, also kämpfen wir gegeneinander, also fragt mich nicht, was der Inspektor für ein Mensch sei, ich weiß es nicht, ich weiß nur, daß er ein Inspektor ist, durch und durch ein Inspektor.

Wenn unser Freund einmal vom Inspektor angefangen hat, kann er nicht mehr aufhören. Wir, hauptsächlich von ihm informiert, sehen das Verhältnis so: Der Inspektor will unseren Freund überführen und dadurch unschädlich machen. Bei aller Hochachtung, die unser Freund für die analytischen und logischen Fähigkeiten des Inspektors hat, kann er doch nicht hinlaufen zu dem und dem alles sagen, was der hören will. Das hieße, sich aufgeben. Unser Freund sagt, daß er früher oft in Versuchung war, den Inspektor aufzusuchen und sich ganz zu offenbaren. Er habe früher den Inspektor für einen freundlichen Menschen gehalten. Fast für eine Art Arzt. Aber inzwischen hat er offenbar soviel Erfahrung mit dem Inspektor, daß er sieht, es bleibt ihm nur der Kampf.

Er glaubt jetzt nicht mehr, daß der Inspektor das Verbrechen verfolgt. Der Inspektor verfolgt Menschen, sagt er. Der Inspektor ist glücklich über jeden, der auch nur die kleinste Verbindung zu einem Verbrechen hat. So hat er doch wieder jemanden, den er verfolgen kann. Aber anstatt daß der Inspektor nun dankbar wäre dafür, daß er wieder einen hat, den er verfolgen kann, anstatt daß er also bei der Verfolgung manchmal mit einem Auge blinzelt oder einmal eine gemütliche Pause macht, kennt er, sobald er seinen Verdacht hat, keine Grenze mehr. Dabei hat er nichts als seinen Verdacht. Keine Beweise. Verdacht und Routine, das ist alles, was er hat.

Es gibt keine Beweise, sagt unser Freund. Es gibt natürlich den großen Beweis, das Verbrechen. Das Verbrechen ist geschehen. Es liegt da vor unser aller Augen. Daß unser Freund der Täter war, ist auch klar. Jeder von uns weiß es. Der Inspektor weiß es auch. Aber er müßte es beweisen. Und weil er das nicht kann, ist er so böse. Deshalb verfolgt er unseren Freund so hart. Was der Inspektor will, ist das Geständnis. Vielleicht würde er dann sogar den ganzen Fall durchstreichen wegen Unerheblichkeit. Nein, sagt unser Freund, das habe ich einmal geglaubt, früher. Jetzt weiß ich, daß es ein absoluter Kampf ist. Na ja, absolut nicht, aber ein seriöser Kampf.

Der Inspektor ist ein Verbrecher, der nicht den Mut gehabt hat, etwas zu begehen. Also hat er sich auf die Seite von Gesetz und Ordnung gestellt. Noch wahrscheinlicher ist es, daß mich der Inspektor verfolgt hätte, egal was ich angefangen hätte. Seine Erfahrungen haben aus ihm jemanden gemacht, der meinesgleichen verfolgen muß. Meine Erfahrungen haben aus mir jemanden gemacht, der diesem Inspektor irgendwann einmal die Pfeife aus der Schnauze schlagen muß.

Natürlich hat er eine Pfeife. Und einen unverwechselbaren Hut. Und ein kleines Auto, das man überall parken kann. Und eine Frau, die nicht ungeduldig oder ängstlich wird, wenn er auch die ganze Nacht nicht heimkommt. Und einen Irish Setter, der immer vor Ergebenheit winselt, wenn sein Herr im Morgengrauen heimkommt. Unser Freund kennt jeden Schritt, den der Inspektor tut, und jeden Freund, den er hat, und jeden Vorgesetzten und jeden Mitarbeiter.

Unser Freund ist, genaugenommen, sehr viel mehr hinter dem

Inspektor her als der hinter ihm. Wir haben sogar neuerdings den Eindruck, daß er dem Inspektor Nachlässigkeit vorwirft. Der Inspektor kümmere sich zu wenig um ihn, sagt er dann. Wahrscheinlich handelt es sich nur um eine neue Kampfart, sagt er. Der Inspektor will mich provozieren. Leider kann unser Freund die Abstinenz des Inspektors nicht mit gleichem beantworten. Er redet über den Inspektor um so mehr, je weniger der sich um ihn kümmert. Wir sagen untereinander, also, wenn unser Freund nicht dabei ist: Der Inspektor hat gesiegt.

Hoffentlich, sagen wir, weiß er es nicht. Wir befürchten, daß unser Freund seine letzte Chance zerstört. Wenn er sich beherrschen könnte, wenn er dem Inspektor nicht auch noch nachlaufen würde, wenn er dem Zwang, andauernd über sein Verhältnis zum Inspektor reden zu müssen, ein wenig besser widerstehen könnte, dann wäre noch Hoffnung, daß der Inspektor nicht erführe, wie sehr er schon über unseren Freund gesiegt hat. Wenn er nämlich das einmal erfahren hat, geht er mit unserem Freund um, wie er will. Und daß er dann zu allem fähig ist, das wissen wir. Dafür gibt es Beispiele.

Wenn der Inspektor einmal weiß, daß er einen seiner Verfolgten soweit hat, dann merkt man erst, worauf es ihm ankommt. Er geht mit seinem Opfer dann ganz genauso um, wie die Katze mit der Maus. Er will sein Opfer nicht aus dem Sonnenlicht wegschaffen, er will es auch gar nicht erledigen. Er ist an nichts so interessiert wie an den Bewegungen seines Opfers. Wenn der Partner dann einfach liegenbleibt, gelähmt oder tot, auf jeden Fall zu keiner weiteren Bewegung mehr fähig, dann wird der Inspektor so tief betrübt wie die Katze, wenn die Maus sich nicht mehr regt. Da hat man soviel für diese Maus getan. Hat nur spaßhaft zugebissen, hat sie mit eingezogenen Krallen von Pfote zu Pfote geworfen ... und was tut dieses tückische Ding, es legt sich hin, spielt nicht mehr mit, streikt, steigt aus, läßt einen allein zurück in einer Welt ohne jeden Reiz.

Das Verhältnis zwischen dem Inspektor und unserem Freund als eines von Katze und Maus zu sehen, ist mehr als legitim. Ist nicht auch die Maus ein Verbrecher eigener Art, zu dessen Verfolgung die Katze eingesetzt wird? Und trotzdem ist keiner von uns nur auf der Seite der Katze. Die Maus geht uns auf die Nerven, die Katze bewegt sich wunderbar. Aber das ist doch längst nicht alles! Man sehe, wie die Maus bewegungslos zwischen den wartenden Fängen der Katze liegt!

Eine Zeitlang war es ganz schlimm. Unser Freund rührte sich nicht mehr. Er sprach nur, wenn man ihn bat, endlich wieder einen Satz zu sagen. Wollte er so den Inspektor endgültig abschütteln? Wollte er, daß der Inspektor vor ihm auf die Knie falle und bitte, diesen Reizentzug und Lebensstreik einzustellen? Vielleicht war die Phase vollkommener Bewegungslosigkeit der Höhepunkt des Kampfes. Gelöst wurde die für uns Zuschauer, für uns Freunde so quälende Erstarrung durch den Inspektor. Er muß irgendwo eine neue Bewegung bemerkt haben. Eine junge Maus sozusagen. Einen hübschen jungen Verbrecher.

Unser Freund ist dem Inspektor, sobald der sich nicht mehr um ihn kümmerte, nachgelaufen, als sei er jetzt der Inspektor und der der Verbrecher. Der Inspektor sei in einen Tänzelschritt verfallen, seit er hinter dem jungen Kerl her ist. Das sehe aus, als bewundere er den, den er verfolge. Er, unser Freund, habe am Anfang auch den Eindruck gehabt, der Inspektor sei hinter ihm her, weil er ihn bewundere. Daß er, unser Freund, nicht bewundert, sondern verfolgt werde, habe er erst viel später begriffen. Erst durch das Verfolgtwerden sei in ihm Gewissen erwacht. Vorher habe er sich für jung und hübsch und begabt gehalten. Erst allmählich habe er bemerkt, daß er verfolgt werde wie ein Verbrecher.

Inzwischen hat unser Freund die Verfolgung des Inspektors eingestellt. Jetzt sitzt er zu Hause und schwärmt von der Zeit, als der Inspektor noch hinter ihm her war. Das waren noch Zeiten. Es klingt jetzt, als sei es mehr ein Tanz gewesen als eine Verfolgung. Ein Tanz, der einem Ringkampf gleicht, aber doch ein Tanz bleibt. Unser Freund hält sich jetzt für besiegt. Der Inspektor hat das Interesse an ihm verloren. Das ist für einen, dem das

Verfolgtwerden zum Lebensinhalt geworden ist, offenbar das Schlimmste.

Stundenlang läßt sich unser Freund über die Charakterlosigkeit und Minderwertigkeit des Inspektors aus; aber wenn einer von uns nur nickt dazu, verbittet er sich das und fängt an, den Inspektor gegen uns in Schutz zu nehmen. Unser Freund ist uns jetzt vollends unerträglich geworden. Wir wünschen uns, das Ende unseres Freundes möge rasch kommen und glimpflich sein.

WALTER JENS

Seine großen Kollegen

Deutsche Kritiker: von Marcel Reich-Ranicki betrachtet

(1985)

Literatur*geschehen* ist eins, Literatur*geschichte* ein anderes: Wird hier von der *Literaturkritik*, verdammt und gepriesen, gerichtet und freigesprochen, mit Verve plädiert und dem Plädoyer engagiert Paroli geboten, herrscht Leidenschaft, Subjektivität, Zynismus, Herzlichkeit, Kameraderie und Todfeindschaft, sieht sich der Rezensierte, Mal für Mal, an der Grenze von *Hosianna* und *Kreuzige ihn*, so regiert dort, im Raum der Literatur*wissenschaft*, Disziplin und Noblesse, Kälte, Objektivität und Grundkonsens.

Mögen Akzente verändert, Wertungen, in Nebensätzen und Fußnoten, behutsam in Frage gestellt, Unterlassungssünden markiert (»... leider hat die Forschung bisher versäumt, in gebotener Ausführlichkeit ...«), Interpretationen von Interpretationen durch deren abermalige Interpretation, in immer weiterer Entfernung vom behandelten Objekt, behandelt werden: Leidenschaft – der Sache, nicht den Kollegen gegenüber – ist verpönt. Die Wertung steht, nehmt alles in allem, fest, der Kanon ist fixiert, die Rangordnung bis ins Detail hinein festgelegt. Gelehrte, die heute – wie es zu meiner Studienzeit noch Walther Rehm wagte – über Hebbel, als einen maßlos überschätzten Poeten, in Rage gerieten, Wissenschaftler, die, den *Faust* oder die *Wahlverwandtschaften* betreffend, ein angelsächsisch-nüchternes »how good my dear, is Hamlet?« artikulierten, verfielen allgemeiner Mißachtung.

Mag einer anno ’85 gewiß nicht mehr auf Widerstand stoßen, wenn er die Meister der sogenannten expositorischen Literatur, die Redner und Biographen, Mediziner und Historiker für literarisch bedeutender als manch einen Romancier aus den hinteren Reihen erklärt (nichts gegen Paul Heyse, aber Bismarck schreibt eben besser; kein böses Wort über Spielhagen; doch mit Ranke kann er es *mutatis mutandis* nun wirklich nicht aufnehmen) ... gut und schön, langsam beginnt es sich denn doch herumzusprechen, daß eine deutsche Literaturgeschichte, in der Virchow und Gervinus, Mommsen und Freud fehlen, so aberwitzig wie eine Historie der griechischen Poesie wäre (jawohl: der Poesie!), die den wortgewaltigen Porträt-Künstler Thukydides nur deshalb vergäße, weil er nicht die Liebe und nicht die Natur, sondern Krieg und Frieden in ein Kunstwerk verwandelte.

Doch wehe, wenn sich einer ans Allerheiligste wagt, die *Jungfrau von Orleans* in begründeter Rede für mißraten erklärt, den *Wilhelm Meister* langweilig nennt oder den Glanz der Musilschen Prosa anzweifelt. Geschmacksurteilte, heißt es dann schnell, subjektive (wenngleich durch Argumente abgesicherte) Attacken hätten, dilettantisch und spontan, wie sie seien, im Raum der Wissenschaft nichts zu suchen.

Ein Zerrbild? Kaum. Eine übertriebene, aufs Idealtypische abzielende Unterscheidung von Literatur*geschehen* und Literatur*geschichte*? Meinethalben. Auf keinen Fall aber ist zu bestreiten, daß sich die Diktion der Literaturbeflissenen, spätestens ein Dezennium nach dem Tod eines Schriftstellers (dann also, wenn sich eine erste Übereinstimmung, den Rang des Verstorbenen betreffend, herauszukristallisieren beginnt), auffällig von jenem Tonfall unterscheidet, in dem man, unter Federführung der Feuilletonisten, über Zeitgenossen spricht: zweifelnd, unentschieden, vorsichtig (man kann sich schließlich blamieren) auf der einen, engagiert und parteiisch auf der anderen Seite.

Wenn aber einer lange genug tot ist, dann wird auf einmal alles ganz anders: Dann darf man, im allgemeinen, zwar das zuvor gering Geschätzte zu retten versuchen (Devise: gerade der späte Heinrich Mann verdiene neue Beachtung, und der katholische Döblin sei nicht minder wichtig als der Autor des *Alexanderplatzes*), aber das bereits für hochkarätig Befundene abwerten, an der *Braut von Messina* oder der *Betrogenen* herummäkeln – nur im äußersten Fall, bitte sehr! Und wenn schon, dann lieber in Parenthese, beiläufig und in behutsamer Fragesatz-Form. (»Könnte man nicht am Ende vielleicht ...?«)

Seltsam, in der Tat, daß sich auch die leidenschaftliche Auseinandersetzung um die Qualität eines Kunstwerks, wie sie sich – ein Beispiel für hunderte – exemplarisch in den Beurteilungen der griechischen Tragödien zeigt, nach einer gewissen Zeit zu beruhigen beginnt und langweilig-akademischen Behandlungen weicht.

Nicht mehr »besser« oder »schlechter«, sondern »warum so vortrefflich?« lautet, im Zeichen von Kanon und Klassizität, die Gretchenfrage der Literaturwissenschaft. Interpretation ist an die Stelle der Kritik getreten, Deutung hat sich über Wertung erhoben.

Die Toten sind immer im Recht, und je länger sie tot sind, desto entschiedener: So problematisch der Satz ist und so verhängnisvoll (weil Langeweile und Einschüchterung befördernd) der Verzicht auch wirkt, das Pantheon der Literatur ständig neu zu verändern, die Rangfolge, nach jedem neuen, alle bisher üblichen Geltungen außer Kraft setzenden Kunstwerk, radikal in Frage zu stellen, Vergessene im Olymp Platz nehmen zu lassen und anerkannte Zelebritäten auf die Erde zurückzubefördern (zum endgültigen Vergessenwerden oder zu neuer Auferstehung, man wird schon sehen) ... So gespenstisch diese ständig neuen Ritterschläge für Autoren sich ausnehmen, die, nach so viel Schulterklopfen, kaum noch bewegungsfähig sind: Es gibt, Gott sei Dank, Ausnahmen unter den Legionen von Bestätigern, Zustimmern, Jubelrednern *in saecula saeculorum* – und der Mann, dem dieser Band gewidmet ist, Marcel Reich-Ranicki, gehört zu jenen wenigen, die es wagen, gegen den Strom zu schwimmen und, bei so einsamer Fortbewegung, den Toten, die er auf seiner Fahrt stromab antrifft, mit der gleichen Unbotmäßigkeit wie den Lebenden zu begegnen: »Schiller! Es geht nicht!« (wie Alfred Kerr in einer Kritik über den Autor des *Fiesco* schrieb); »Lessing – Verehrter! –, warum alleweil den Shakespeare gerühmt und kein einziges Shakespearesches Drama analysiert? Hören Sie doch! *Hamlet* – hätte sich da nicht von Ihnen ein Meisterstück kritischer Erhellung herstellen lassen? *Hamlet*, Lessing – nicht Klotz und Lange und Dusch!«

Wenn Reich-Ranicki über den Kritiker Lessing, den Kritiker Fontane, den Kritiker Kerr, den Kritiker Polgar oder den Nicht-Kritiker Goethe schreibt, dann redet er nicht, in verhaltenem Ton, über erhabene Meister, sondern über Kollegen, die sich von seinesgleichen lediglich durch das biologische Faktum ihrer Nichtmehr-Präsenz unterscheiden, ansonsten aber so lebendig, so bedeutend und problematisch, grandios und kritisierenswert erscheinen, als ob sie Zeitgenossen wären, als ob Lessing sich bei der Frankfurter Buchmesse umsähe, Fontane über Minetti und Thomas Bernhard schriebe, Tucholsky über Heinrich Böll debattierte, Börne (unter der Bedingung: »Nur wenn Heine nicht kommt!«) auf einem Suhrkamp-Empfang seine gesammelten Feuilletons präsentierte und Goethe, der alte Zensor (Novalis' *Christenheit oder Europa* ... durch seine Schuld nicht gedruckt!), zum hundertsten Mal dem Lumpenpack der Krittler und sterilen Analysierer, der Rezensenten mit ihrem »ewigen Opponieren und übellaunigen Negieren« die Leviten läse, am Hirschgraben zum Beispiel, im Disput mit Martin Walser. (Der ihm zustimmen würde.)

Inmitten der auf Affirmation des bestehenden Literaturkanons eingeschworenen Festredner und umringt von einigen Germanisten, die, hinter vorgehaltener Hand und einem um Verständnis werbenden »unter uns«, Heinrich von Kleist eher für einen ins Jahrhundert Goethes verschlagenen Grünen halten als einen Klassiker aus preußischem Hause, gibt Marcel Reich-Ranicki den großen Toten die Würde von Zeitgenossen – will heißen: jene Bedeutung, die fehlbaren, hier scheiternden, dort über sich selbst hinauswachsenden Quasi-Zeitgenossen zukommt –, aber er modernisiert sie nicht, putzt sie nicht auf und verfährt in keinem Augenblick anachronistisch. Es bleibt beim »als ob«. Von plumper Transposition keine Rede.

Fontane *könnte* über Minetti schreiben: aber eben in *seinem* Habit, *seinem* Stil und kraft *seiner* journalistischen Intentionen. Statt die Gegenwart der Vergangenheit zu oktroyieren, läßt Reich-Ranicki, im Sinne Blochs (»über echte und falsche Aktualisierung«) das Perfekt das Präsens mit-bedeuten, indem er Namen in Individuen, große Begriffe in kleine Wirklichkeiten, unanfechtbare Praktiken der Klassiker in zweideutige und problematische Geschäfte von Autoren verwandelt, denen er – eben als *wären* sie Zeitgenossen (beziehungsweise als *hätte* er, Reich-Ranicki, im 18. oder 19. Jahrhundert gelebt) – über die Schulter schaut: ohne eine Spur von Unterwürfigkeit, jedoch immer respektvoll, nie plump vertraulich, sondern in jedem Augenblick von Takt und Distinktion bestimmt – dem Takt des Kollegen, der weiß, was der andere leistet, und eben deshalb seinen Ehrgeiz dareinsetzt, ihm, dem lebenden Toten, auf die Schliche zu kommen.

Heiligsprechung ist zuallerletzt Reich-Ranickis Metier; er will überprüfen, richtigstellen, verbessern, das durch zähe Traditionen verunstaltete Bild restaurieren – auch auf die Gefahr hin, daß dabei am Ende ein Porträt zum Vorschein kommt, das sich von dem vertrauten radikal unterscheidet.

Wie anders nimmt sich der Kritiker Lessing als Klassiker, wie anders nach der Reinigungs-Aktion aus: nicht mehr geschont und gepriesen, nicht mehr um seines Charakters eher als um seiner Werke willen gerühmt, nicht mehr als »männliche« Erscheinung verherrlicht, der man, wegen ihrer Lauterkeit, manche poetische Lässigkeit nachsehen müsse – nein, ein Mensch in seinem Widerspruch, einer, der hassen und verfolgen und seine Gegner demütigen konnte wie kaum ein anderer, ein Poet aber auch, der, wenn man ihn lobte, gelegentlich auch schon einmal fünf grade sein ließ, präsentiert sich am Schluß der Reich-Ranickischen Schuttabräumungs-Aktion: jener Kritiker Lessing, an dessen Weg die Opfer zuhauf liegen, die kleinen, die er ermordete, und die großen, die er vergaß.

Und doch hat der gleiche Lessing in Verfolgung solcher Aktionen eine Prosa geschaffen, mit der sich spielen, fintieren, verhüllen, zupacken und nuanciert argumentieren ließ: eine Pascalsche Prosa, die es den Schriftstellern ermöglichte, über literarische Spezialfragen präzise und amüsant, definitorisch-exakt und witzig zu schreiben.

Kollege Lessing: Das ist keine Anbiederei, sondern eine Ehrenerklärung für einen Mann, dem man den schlimmsten Tort antat, den man einem Kritiker überhaupt antun konnte: ihn zu loben, ohne von ihm Kenntnis zu nehmen und Befremden durch höfliche Distanz zu kaschieren. (Allerdings glaube ich nicht, daß Lessing, wie Reich-Ranicki behauptet, *niemals* gehaßt, *niemals* des »Hinaus aus unserem Land« gewürdigt worden ist: Die Invektiven Adolf Bartels' sprechen für sich selbst, und was die Emigration zur Zeit des Nationalsozialismus angeht ... *ganz* wurde sie Lessing denn doch nicht erspart: *Nathan der Weise*, geschrieben vom Freund Moses Mendelssohns, dem Freimaurer Lessing – vor Braun- und Schwarzhemden in Szene gesetzt? Nein, so war's nicht.)

Kollege Lessing, Kollege Fontane, Kollegen Tucholsky und Kerr: Immer geht es (mit Ausnahme des Polgar-Essays, der den Charakter uneingeschränkter festlicher Huldigung hat) um das Ernstnehmen von Schriftstellern, die alle zu lange durch feierliche Verehrung um ihre Präsenz im Hier und Jetzt gebracht worden sind. Nicht um Beckmesserei also, um kleinliches Nachrechnen von Fehlern, sondern um Verlebendigung mit Hilfe kritischen Sich-Auseinandersetzens ist es Reich-Ranicki zu tun. Nicht vom Olymp herab, sondern als Partner redet der Nachfolger die Vorfahren an: O ja, er steht dem Leser – präsentiert von einem Mann, der weiß, was es heißt, Nachrufe schreiben zu müssen – leibhaftig vor Augen, der arme Herder, wie er sich, mürrisch und uninspiriert, mit vielen Wenns und Abers, mit pedantischer Würde und großen Worten, die an kleinen Einschränkungen scheitern, seinen Nachruf auf Lessing abquält – kein *sub specie aeternitatis* formuliertes Bekenntnis: bestimmt, eines Tages in der Suphanschen Ausgabe der *opera omnia* eine würdige Umgebung zu finden, sondern eine journalistische Auftragsarbeit, die zu bestimmtem Termin mehr schlecht als recht gemacht werden will.

Wenn Reich-Ranicki seine großen Partner zitiert, versäumt er es nicht, von Auftragsbedingungen und spezifischen Modalitäten der Geschäfte zu reden: Kritiker, zeigt er, leben nicht im Wolkenkuckucksheim, sondern haben als Werbechefs und Nachruf-Verfasser, als Zeilen-Schinder, Dramaturgen und zur höheren Ehre des Feuilletons bestellte Causeure zu arbeiten; der eine so, der andere so, und nie ohne Fehl: Lessing und Fontane auf stimmige Analysen verzichtend, beide, dazu, geprägt vom eigenen, für absolut erklärten Literaturverständnis; Tucholsky und Kerr um der Wiedergabe von Impressionen willen die umfassende Unterweisung des Lesers mißachtend.

Keiner der Großen übersteht die Reich-Ranickische Prüfung ohne Blessur – und doch präsentiert sich jeder am Ende strahlender als vor Examensbeginn: strahlender, weil in seiner Eigenart, dem unverwechselbaren Duktus der Kritiker-Praxis erkennbar. Erkennbar und als ein zur Zunft Gehöriger ausgewiesen, da er in der Lage ist, auf knappe Fragen des ihn prüfenden Nachfahrn präzise Auskunft zu geben:

»Haben Sie bestimmte Maßstäbe, die Sie Ihren Kritiken zugrunde legen, ein Gesetzbuch etwa, oder urteilen Sie nach gesundem Menschenverstand und spontaner Empfindung?«

»Folgen Sie dem Paragraphen-Kodex eines imaginären (marxistisch, psychoanalytisch, strukturalistisch oder religionsphilosophisch bestimmten) Gesetzbuchs, oder qualifizieren Sie Literaturwerke nach dem Maßstab Ihrer Erfahrung? Antworten Sie!«

»Suchen Sie der kleinen Schar von Kennern zu imponieren, oder schreiben Sie einen Stil, den auch das breite Publikum versteht?«

»Meinen Sie, daß der Kritiker nur dann die Berechtigung zur Ausübung seines Metiers haben sollte, wenn er sich in der Lage sieht, den Autor zu verbessern, also der Poesie durch Poesie beizukommen?«

»Weiter, schreiben Sie für den Autor (Regisseur, Schauspieler) oder für das Publikum?«

»Sagen Sie bitte: Halten Sie sich lieber ans Detail, oder verweilen Sie beim Partiellen nur deshalb, um, *exempli causa*, allgemeine Kunstgesetze sichtbar zu machen?«

Und so weiter und so fort. Der Reich-Ranickische Fragebogen ist lang, aber nicht unüberschaubar. Blickt man genauer hin, dann wird sichtbar, daß keiner der von ihm beschriebenen großen Kollegen abtreten darf, bevor er die Kardinalfragen beantwortet hat ... wobei es für den Prüfer spricht, daß er am Ende sowohl die Artisten als auch die Pädagogen, die Erzieher der Künstler so gut wie die Volksunterweiser, die Verspielten und sich in verschlüsselter Rede Ergehenden nicht anders als die Ja- oder Nein-Sager, die knappen und vereinfachenden Direkturteiler, promoviert.

Der sanfte Alfred Polgar, dem Reich-Ranicki seinen sprachlich elegantesten Essay gewidmet hat, steht ihm so nah wie der Zensuren verteilende Lessing; der melancholische Wiener, dem es nie darum zu tun war, sein Publikum zu erziehen, ist ihm nicht ferner als der Märker Fontane, der zunächst einmal verstanden werden wollte und, zum Nutzen und zur Belehrung des hauptstädtischen Publikums, möglichst einsinnige Urteile fällte: höflich, aber entschieden.

Kurzum, der Prüfer hütet sich sorgsam, die von ihm Examinierten ahnen zu lassen, wer unter ihnen sein Lieblingsschüler sein könnte: Lessing vielleicht? Lessing – wegen seiner Spaziergänger-Prosa, des munteren und undoktrinären Eingehens auf das ihm gerade Konvenierende: Lessing, ein König unter den

Kritikern, der sich seine Objekte, wo immer er sie fand, vornehmen durfte – einerlei, ob sie nun Diderot oder Cramer hießen –, um sie hernach je nach Laune zu verprügeln oder zu feiern? (Das erste gern, das letzte, nach bewährter Kritikerart, mit geringerem Sukzeß: Es ist lehrreich mitanzusehen, daß sich unter Reich-Ranickis Kollegen und Prüflingen kein einziger befindet, der im Loben Besseres leistete als im Verreißen.)

Oder Polgar? Ist der am Ende der Liebling des Examinators? Polgar, wie Lessing ein Anti-Ideologe und Feind des normativ auszulegenden Gesetzbuchs – Polgar, der zuallererst um die Vergeblichkeit alles Kritiker-Tuns wußte – ein humaner Erzähler und Interpret, dessen Grenze freilich darin lag, daß er (anders als Lessing!) niemandes Feind und nahezu gegnerlos blieb – er, der unerbittlich nur in einem, freilich dem wichtigsten Punkt war: jenem konsequenten Pazifismus, den er mit dem Dritten in Reich-Ranickis Prüfungsschar teilte, Tucholsky.

Tucholsky – ein Lieblingsschüler? Tucholsky, der Dilettant, dem es in erster Linie darum ging, dem Leser deutlich zu machen – deutlich mit Hilfe von Witzen und Witzchen, geistreichen Aperçus und manchem Kalauer –, wie ein Kritiker auf eine bestimmte Art von Lektüre reagiere; wie er sich provozieren ließe, um am Ende durch die – indirekte – Summierung von Eindrücken sein geheimes Fazit zu ziehen?

Nein, auch Tucholsky nicht? Also Fontane: als *Primus omnium?* Große Essayistik, gepaart freilich mit Nonchalance, wenn es um ein Punkt-für-Punkt-Abwägen von theatralischer Literatur ging: wurde da nicht lieber Luisens weites Feld als die hohe Schule der Kunstauslegung bemüht?

Nein, wen immer Marcel Reich-Ranicki anhand seines großen Fragebogens examiniert, von Lessing bis Polgar – einen Lieblingsschüler, dessen Benotung markiert: *Dies ist der Auserwählte*, kennt der um Kollegen, Meister, Examinanden bemühte Kritiker nicht.

Wirklich? Gibt es am Ende nicht doch einen im Kreis der *examinati* und *examinandi* (zu denen beispielsweise, sie fehlen noch, die Brüder Schlegel, aber auch Hofmannsthal und Thomas Mann gehören könnten) – einen, mit dem sich der Schreibende mehr als mit allen anderen identifiziert? Ich denke schon: wobei es für die Objektivität des Prüfenden bezeichnend erscheint, daß ausgerechnet sein geheimer Primus ihm, die Handhabung des gemeinsamen Metiers betreffend, ganz und gar *contre cœr* ist: Alfred Kerr.

Kollege Kerr, der Gegentyp. Artist und Jongleur, pointensüchtig und auf witzige (oft auch alberne) Neologismen versessen, immer radschlagend und sich wie ein Pfau in Szene setzend; kein Freund der nüchtern-belegreichen, gar philologischen Arbeit, sondern ein Komödiant, der seine spektakulären Auftritte liebt, Kritik für Kunst und Zauberei, den Kritiker für einen Halbgott hält (mit kleinem h und großem G) – einen halbGott, dessen Rezensionen nur zu einem einzigen Zweck formuliert werden – nicht um des Künstlers (Schriftstellers, Theaterautors, Regisseurs, Schauspielers *utriusque generis*), sondern um des Rezensierenden willen: jenes großen Demiurgen, der, in blitzartigem Resümee, das Fazit aller Veranstaltungen zieht, um sie derart auf den Begriff (beziehungsweise die bildhafte Formel) zu bringen.

Kein Wunder, so betrachtet, daß der geheime Primus Alfred Kerr vom Rezensenten Reich-Ranicki als ein problematischer Kritiker qualifiziert wird: mehr genialer Schlawiner und Possenreißer als verläßlicher Partner von Publikum, Akteuren und Stückeschreibern.

Und trotzdem: *Wenn* bei irgendeinem der aus dem Pantheon ins Hier und Jetzt zitierten Kritiker so etwas wie Bewunderung, Entzücken, ja faszinierte Hingabe im Spiel ist, dann bei Alfred Kerr ... und das nicht nur wegen des Einflusses, über den Kerr verfügte, ganze Jahrzehnte lang, nicht wegen des Glanzes, des gewaltigen Ruhms, der ihn umgab, und des großstädtischen Publikums, das seiner Weisung bedurfte.

Alfred Kerr, *die Instanz*: nein, *sie* wird nicht beneidet, sondern im Gegenteil, sogar ein wenig bedauert: wegen der Monomanie und der aus ihr resultierenden Einsamkeit, die »des Jahrhunderts mächtigsten Kritiker« umgab. (Die Überschrift markiert einen Essay vom August 1983: siebzehn Jahre vor Abschluß des Jahrhunderts könnte sich freilich noch die eine oder andere Machtverschiebung ergeben.)

Des Jahrhunderts (vorerst) mächtigster Kritiker also, Alfred Kerr, wird von seinem ihm ebenso nah verbundenen wie auf Distanz sehenden Nachfahrn (»Kerr, es geht nicht!«) aus einem einzigen Grunde als Primus beschworen: wegen der Autoren, die er kritisieren durfte und an denen er – als erster! – sein Genie erproben konnte: an all jenen von Marcel Reich-Ranicki, Kerrs diszipliniertem und, notgedrungen, einsilbigeren Nachfahrn aufgezählten Schriftstellern, die einer in trister Kunstzeit wie der unsrigen schon herbeisehnen kann: Ibsen und Strindberg, Tschechow, Gorki und Shaw, Schnitzler, Hofmannsthal und Wedekind, Gerhart Hauptmann und, bald schon, Bert Brecht. Hat, gilt es zu fragen, ein Kritiker jemals solche Möglichkeiten gehabt, alle Brunnen rauschen und die Fontänen spritzen zu lassen wie Alfred Kerr?

Es ist bewegend zu sehen, wie Marcel Reich-Ranicki nicht der Neid, sondern die Sehnsucht die Feder führt, wenn er jenes Primus gedenkt, des Theaterkritikers Alfred Kerr, der es so leicht hatte, auf der ersten Bank zu sitzen (freilich, die gebotene Chance auch mit Elan und artistischer Meisterschaft nutzte), weil vor seinen Augen eine Schar von Künstlern am Werk war, um die Jahrhundertwende und bis in die zwanziger Jahre hinein, wie sie so wahrscheinlich nie versammelt war in der Geschichte der europäischen Literatur.

Worüber nachzudenken wäre in einem imaginären Gespräch zwischen jenen großen und, dank Reich-Ranickis Evokationskunst, quicklebendigen Kollegen, deren General-Disput (Lessing Seit an Seit mit Fontane, Tucholsky auf Polgar einredend, Kerr etwas abseits) zu notieren ebenso lehrreich wie unterhaltsam wäre. *Wie, lieber Bruder, Kontrahent und Kollege, hast du's mit der Kritik?*

Dank an den Mann, der dieses Gespräch durch sein jahrzehntelanges *vivos voco* inauguriert und, zu seinem Teil, mit den Kritikern auch die Kritik wieder in die ihr gebührenden Rechte gesetzt hat.

HANS WERNER RICHTER

Viel Feind, viel Ehr

(1986)

Manchmal, wenn ich ihn sehe, denke ich: Er besteht nur aus Büchern, sein Nervensystem muß ein Buch sein, seine einzelnen Körperteile, sein Kopf natürlich – alles Bücher, nichts als Bücher. Er denkt in Büchern, er spricht nur von Büchern, und wahrscheinlich sind auch seine Träume, falls er welche hat, Bücherträume. Alles dreht sich um die Literatur. Sie muß bei ihm Lüste wie auch Schmerzen hervorrufen, schreckliche Schmerzen, deren Spiegel oft sein Gesicht ist, sein Mund verzieht sich, man sieht das Vibrieren der Lippen, ja, man hört unter Umständen sogar das Knacken oder Mahlen der Zähne. Dabei deckt seine Hand die Stirn oder die Schädeldecke so ab, als verstände er die Welt nicht mehr. Über ein Buch von Heinrich Böll, den er sonst sehr schätzte, ließ er sich einmal zu dem Ausruf hinreißen: »Mein Gott, was habe ich gelitten.« Er muß in den einsamen Nächten des permanenten Lesens manchmal Schreckliches durchgemacht haben. Stunden oder Augenblicke der literarischen Verzückung habe ich nicht miterlebt, vielleicht auch nur nicht bemerkt. Auf jeden Fall haben sie nicht ähnliche physische Reaktionen hervorgerufen. Er lispelt leicht, sehr leicht, was ich kaum wahrgenommen habe, was aber bei anderen den Nachahmungstrieb wachrief, so daß seine Sprechweise bald allgemein beliebt war.

Er tauchte 1958 in der ›Gruppe 47‹ auf, der erste Nur-Kritiker, der vor mir saß. Gewiß, es hatte auch schon andere gegeben, Walter Maria Guggenheimer zum Beispiel, der gleichzeitig Chefredakteur der ›Frankfurter Hefte‹ war, aber niemals einen Mann von dieser Ausschließlichkeit, der sich bewußt als Kritiker fühlte. Unter lauter Laienspielern trat er als Profi auf. Natürlich hat er sich damals in Großholzleute nicht so eingeführt. Das wäre auch nicht gutgegangen. Er saß dort, irgendwo am Ende einer Stuhlreihe, und machte sich Notizen, viele Notizen, ja, einen so fleißigen Zuhörer hatte ich bis dahin in diesem Kreis noch nicht erlebt. Er schrieb fast so schnell wie ein anderer las. Er schien dabei immer von gespannter Nervosität, als sei Literatur, welcher Art auch immer, etwas wie Opium für ihn. Das war in Großholzleute. Günter Grass feierte seinen ersten Triumph mit dem Manuskript der ›Blechtrommel‹. Marcel Reich-Ranicki aber kannte niemand. Für die meisten war er, falls sie ihn überhaupt wahrgenommen haben, ein unbekannter Besucher aus Polen, den ich eingeladen hatte. Niemand hat mich danach gefragt. Besuch aus Polen, das war in dieser Zeit eigentlich selbstverständlich. Er aber war mehr als nur ein Pole, er war oder erschien als Emigrant, als einer, der Polen verlassen hatte, weil er dort nicht mehr leben konnte. Dementsprechend traf er bei uns auf große Hilfsbereitschaft. Einem Emigranten half man, ganz gleich, welche Ursachen seine Emigration auch immer hatte. Auch wir hatten da einen Komplex. So reichte man ihn immer weiter, von München nach Köln, von Köln nach Hamburg, von Böll zu Lenz und anderen. Jeder half mit seinen Möglichkeiten und seinen Beziehungen. In Wirklichkeit ist er gar kein Pole, er ist nicht dort geboren, sondern ein Deutscher, den man aus Berlin nach Polen verschleppt hatte und der dem Holocaust entgangen war. Jetzt, 1958, kam er zurück, zwanzig Jahre nach seiner Verschleppung.

Ich weiß nicht mehr genau, wie ich ihn kennenlernte. Ich meine, es sei auf einer Ausstellung oder ähnlichen Veranstaltung in München gewesen, und er hätte mich angesprochen. Er gefiel mir nicht sonderlich. Seine Intellektualität schien mir zu groß, zu sehr ohne Bauch und Unterleib. Ja, er erschien mir schon nach wenigen Sätzen wie ein wanderndes Literaturlexikon. Er bat mich, ihn doch einmal zur ›Gruppe 47‹ einzuladen. Zu dieser Zeit stand ich solchen Einladungswünschen sehr skeptisch gegenüber. Die ›Gruppe 47‹ war überlaufen, und es bedurfte großer Härte, dem entgegenzutreten. Hätte ich alle zugelassen, die dorthin wollten, wäre das Ende schnell gekommen. In einem Kreis über achtzig bis hundert Personen war das, was wir dort trieben, nicht mehr möglich. Doch ich lud Marcel Reich-Ranicki ein, und ich weiß heute noch nicht, warum.

Eigentlich hatte ich eine Abneigung gegen Literaten, die nichts weiter als Literatur waren, so ganz von Literatur durchwachsen und für mich ohne Leben. Wahrscheinlich war es ›Polen‹, dieses Wort, das mich immer faszinierte, das mich zu dieser Einladung veranlaßte. Zu dieser Zeit, einer Zeit des ›Tauwetters‹, war die ›Gruppe 47‹ in Polen sehr bekannt, ja fast berühmt. Junge polnische Schriftsteller kamen in dieser Zeit oft nach München, besuchten zwei polnische Schriftsteller, die hier lebten, Wanda Pampuch und Tadeusz Nowakowski, Zusammenkünfte, an denen auch ich teilnehmen durfte. Meine Beziehungen zu Polen waren sehr eng, und den einen und den anderen habe ich in Warschau wiedergetroffen, doch nie Reich-Ranicki. Er war bis zu dieser Begegnung in München ein Unbekannter für mich. Vielleicht habe ich auch gedacht, ich könne ihm mit einer solchen Einladung helfen, in der Bundesrepublik Fuß zu fassen.

Ich ahnte nicht, daß mit seinem Auftauchen die Kritik sich noch weiter verselbständigen sollte. Von da ab, so scheint es mir im Rückblick, gab es die Gruppe der Kritiker und die Gruppe der Autoren, zwei Gruppen also in der Gruppe. Eine Entwicklung, die meinen Absichten zuwiderlief. Ich war machtlos dagegen. Vielleicht hätte ich es verhindern können, aber ich war besessen von der Idee einer natürlichen, spontanen Entwicklung der ›Gruppe 47‹ ohne Gesetze und ohne jede Kontrolle. Als hätte Reich-Ranicki begriffen, worauf es mir ankam, erschien wenige Wochen später ein Artikel von ihm in der ›Kultur‹ mit der Überschrift ›Eine sanfte Diktatur‹, und mit der Feststellung, daß man sich eine solche Diktatur gefallen ließe.

Nun kann man sich darüber streiten, ob ich in der ›Gruppe 47‹ eine Diktatur ausübte oder nicht. Eine Diktatur beruht nicht auf

Übereinstimmung. Autorität, nun gut, das war es wohl. Aber es ging nicht anders. Darüber habe ich mich nicht weiter gewundert, ein solcher Vorwurf war schon öfter erhoben worden. Was mich erstaunte, war etwas anderes. Reich-Ranicki schrieb »wir«, er gehörte also schon dazu, ganz selbstverständlich, obwohl ich nichts Dementsprechendes gesagt hatte. Und tatsächlich, ich lud ihn wieder ein und immer wieder, doch er blieb irgendwie ein Außenseiter, einer, der dazugehörte und doch nicht ganz dazugehörte. Ich kann nicht erklären, warum das so war oder warum ich es so empfunden habe.

Er ist eitel, natürlich, aber eitel waren alle Kritiker, jeder in einer anderen Art, jeder überheblich gegenüber den anderen. Damit konnte man leben. Das war nichts Besonderes. Nein, es war nicht dies, warum ich ihn als Außenseiter empfand. Es war vielleicht so etwas wie Kontaktarmut, die er für mich ausstrahlte, vielleicht aber war es auch ganz etwas anderes. Es kann sein, daß er gar nicht begriffen hatte, was die ›Gruppe 47‹ eigentlich war, was sie zusammenhielt und wo die Ursachen ihrer Entstehung lagen. Es war eben nicht nur die Literatur. Marcel Reich-Ranicki aber sah nur die Literatur und nichts anderes. Es muß in seinem ganzen Leben so gewesen sein. Immer hat er gelesen, ganz gleich, in welcher Situation er sich befand. Auch als er von Berlin nach Warschau gebracht wurde, las er während der ganzen Fahrt, und zwar von Balzac ›Die Frau von dreißig Jahren‹. Und fand, dies sei ein gutes, wenn auch nicht ganz gelungenes Buch. Er hatte einen Bewacher neben sich, aber er durfte lesen. Einmal hat er mir davon erzählt, es ist lange her, von dieser Lesereise ins Getto. Vielleicht war das immer so, und vielleicht hat ihn die Literatur in diesen Jahren gerettet. Ich möchte es gern annehmen.

Merkwürdigerweise hatte ich immer meine Freude an ihm. So, wie er da vor mir saß, wie er sich bewegte, wie er auf seinem Stuhl hin und her rutschte, sein Gesicht verzog, war er immer wieder eine Quelle des Vergnügens für mich. Aber was mir Spaß machte, war oft für andere ein Ärgernis. Er hatte viele Gegner, und sie vermehrten sich, je länger er als Kritiker auftrat. Er fand das ganz natürlich. Nach seiner Ansicht mußte ein Kritiker viele Gegner haben, je mehr Gegner, um so besser der Kritiker. Insofern besaß er eine gepanzerte Haut, konnte ihn niemand wirklich treffen.

Am dauerhaftesten rieb sich Günter Grass an ihm. Das waren oft recht fruchtbare Auseinandersetzungen. Günter wollte sie nicht, konnte ihnen aber nicht ausweichen. Einmal fragte er das versammelte Auditorium, warum es in der Literatur keine Scheidungen gäbe. Er, Günter Grass, beantrage die Scheidung von Reich-Ranicki. Wie Marcel Reich-Ranicki das empfunden hat, weiß ich nicht. Das Gelächter, das auf den Scheidungsantrag von Günter Grass folgte, ging an ihm vorüber, und er blieb Grass auf den Fersen. Wann immer Günter ein Buch veröffentlichte, mußte er mit einer Kritik von Marcel Reich-Ranicki rechnen. Es gab keine Trennung.

Einmal erlebte ich ihn als Freund oder als Hilfssheriff oder auch als Retter in der Not. Wie man es auch bezeichnen will, er sprang mir bei, als ich in turbulente Schwierigkeiten geriet. Das war in Stockholm in den siebziger Jahren. Gustav Korlén, damals noch Dekan der germanistischen Fakultät an der Stockholmer Universität, hatte mich überredet, in Stockholm einen Vortrag über das Ende der ›Gruppe 47‹ zu halten. Das war leichtsinnig von mir. Bis dahin hatte ich in der Öffentlichkeit darüber geschwiegen. Es gab ja eigentlich kein Ende, über das sich viel sagen ließe. Ich hatte nicht mehr eingeladen und damit die Gruppe einschlafen lassen. Mehr war nicht geschehen.

Ich kann nur frei sprechen. Das Ablesen vom Manuskript führt bei mir sofort zu Hemmungen und Stockungen, ja zum völligen Versagen. So stieg ich also, nicht oder schlecht vorbereitet – ich glaube, in der Handelsakademie – aufs Podium hinauf. Der Saal war halb gefüllt oder besser halbleer, was mich bedrückte und mir fast die Brust einschnürte. Leere oder halbleere Säle haben eine verheerende Wirkung auf mich. Ich sprach nicht ganz zehn Minuten. Dann fiel mir nichts mehr ein. Ich kam ins Stocken, und schließlich ging der Vorhang ganz runter. Ich stand dort und sagte nichts mehr. Geistesgegenwärtig griff nun Gustav Korlén ein. Er eröffnete einfach eine Fragestunde. Jedermann sollte Fragen an mich stellen, die ich beantworten würde. Eine solche Fragestunde war gar nicht vorgesehen, und vor mir saßen die Schweden mit verdutzten Gesichtern. So etwas hatten sie nicht erwartet. Einige schüchterne Fragen kamen, die ich wohl noch beantwortet habe, dann aber sprang in der Mitte des Saals ein junger Mann auf, der in bestem Deutsch aggressive, ja absolut feindselige Fragen stellte. Es war, wie ich später erfuhr, ein Assistent der germanistischen Fakulät, ein Deutscher, der in Berlin die Revolution mitgeübt hatte und sich nun der revolutionären Sprache mir gegenüber bediente. Das aber verschloß mir endgültig den Mund. Die Angriffe hätte ich vielleicht noch ertragen, die Sprache aber ertrug ich nicht. Es gab einen Kurzschluß, ich kann es nur so nennen. In meinem Kopf funktionierte gar nichts mehr. Alle Lichter waren ausgegangen.

Doch nun geschah etwas Seltsames, jetzt antwortete ein anderer für mich. Die Antworten waren kenntnisreich, scharf und gut formuliert. Es war Marcel Reich-Ranicki, der dort im Publikum antwortete. Ich hatte ihn bis dahin nicht bemerkt. Er war wohl erst spät gekommen, und zwar aus Uppsala, wo er zu dieser Zeit an der Universität eine Art Gastdozentur hatte. Auch er war wohl gespannt, was ich über das Ende der ›Gruppe 47‹ zu sagen hatte. Wahrscheinlich habe ich auch ihn an diesem Abend enttäuscht. Doch nun verteidigte er mich, bravourös und so, wie ich es gar nicht gekonnt hätte. Bei jeder provokativen Frage sprang er auf, ein elastisches und sehr mobiles Stehaufmännchen, und gab scharfe und geschliffene Antworten. So ging es wohl eine halbe Stunde zwischen dem Assistenten und Reich-Ranicki hin und her, und das Publikum schien auf seine Kosten zu kommen. Dann jedoch rief der Assistent, nun in die Enge gedrängt, mit dem Zeigefinger auf mich weisend, aus: »Wann wollen Sie endlich Selbstkritik üben?!« Das schlug bei mir durch. Ich haßte das Wort Selbstkritik aus meiner kommunistischen Vergangenheit. Ich war schon einmal in meiner Jugend darüber gestolpert.

Mit verschlossenem Gesicht verließ ich das Podium und dann den Saal. Ich hätte eine Saalschlacht provozieren können, so sehr schüttelte mich die Wut, die ich nicht herauslassen konnte. Reich-Ranicki aber hatte zu mir gehalten, und das habe ich ihm nie vergessen.

Als Kritiker hatte er seine Lieblinge. Böll gehörte zeitweise dazu, dann Siegfried Lenz und schließlich und fast ausschließlich Wolfgang Koeppen. Niemand war gegen seine Zuneigung gefeit. Auch wenn der eine oder der andere der Gefeierten stöhnte, es half ihm nichts, er mußte die Anerkennung über sich ergehen lassen. Seine Stärke aber waren und sind seine Verrisse, und nicht umsonst hat er ein Buch mit dem Titel ›Lauter Verrisse‹ herausgegeben. Nicht nur Günter Grass geriet in seine Mühle, sondern auch Ingeborg Bachmann und andere. Er hat eine bestimmte Auffassung von Literatur. So mußte sie sein und nicht anders. Und alles, was anders war, verfiel seinem Reißwolf. Er urteilt immer subjektiv, aber vielleicht kann es in der Literaturkritik gar keine Objektivität geben, und vielleicht ist gerade diese Subjektivität seine Stärke.

In der ›Gruppe 47‹ rief er stets Widersprüche hervor, denn hier hatte jeder seine eigene Subjektivität, und möglicherweise wurde sie dem einen oder anderen erst bewußt, wenn Reich-Ranicki sich zu einer Lesung äußerte. Viele waren fast immer anderer Meinung als er, doch er löste diese Meinung erst aus, indem er zum Widerspruch reizte. Oft wurde sie auch mit verhaltenem Lachen oder Schmunzeln beantwortet. Marcel Reich-Ranicki, glaube ich, hat das nie bemerkt, er schien immer von seinen Ansichten zutiefst überzeugt. Es gab kaum jemanden, bei dem ich während einer Lesung seine Meinung hätte voraussagen können, bei Reich-Ranicki konnte ich es, wenn natürlich auch ungenau und leicht verwackelt, aber ich traute es mir zu. Er hat mich in dieser Hinsicht nie überrascht, noch enttäuscht.

Ich sah sie an seinem Gesicht. Nicht, daß er nur fröhlich oder traurig war, abweisend oder anerkennend, nein, es war durchwühlt von den Wörtern und Sätzen, die er gerade gehört hatte.

Eine Erzählung, eine schlechte oder gute, veränderten es, auch unter Umständen ein Gedicht, obwohl er nach meiner Ansicht keinen rechten Zugang zur Lyrik hat. Zahnschmerzen waren meist das wenigste, was man diagnostizieren konnte, wenn man ihn nicht kannte.

Es gibt viele und oft hochbegabte Reich-Ranicki-Darsteller. Sie können alle seine Sprechweise, seine Art des Sichdarstellens, auch seine Methode des Kritisierens nachahmen, wobei ich hin und wieder den Eindruck habe, Reich-Ranicki sitzt oder steht selbst vor mir. Nun kann man lange darüber nachdenken, warum sich ein Mensch so leicht imitieren läßt. Es kann das eine oder andere sein, negativ oder positiv, aber vielleicht ist es auch nur mit Menschen möglich, die ein ausgesprochenes Profil haben, vielleicht sogar so etwas wie Originale sind. Und ein Original ist Reich-Ranicki, wie man es auch immer nimmt. Seltsamerweise ist er ein Mensch, der anscheinend nicht unbedingt geliebt werden will, oder sagen wir, zumindest auf Zuneigung verzichten kann, denn er lebt und schreibt nach der alt- und reichsdeutschen Devise: »Viel Feind, viel Ehr.«

Oft kommt er mir vor wie eine Erscheinung aus den zwanziger Jahren. Ich möchte ihn nicht ›Literat‹ nennen, denn damals gab es den Satz: »Nichts ist beleidigender als wenn ein Literat einen Literaten Literat nennt.« Doch er ist ein Mann der Literatur und das von absoluter Ausschließlichkeit, oder auch, wenn man will, Einseitigkeit.

HELMUT KOOPMANN

Über Kritik als geistige Lebensform

Laudatio aus Anlaß der Verleihung des Thomas-Mann-Preises 1987

»Es fällt hierzulande vielen schwer, den Geist der Kritik zu akzeptieren oder sich gar mit ihm zu befreunden. Sie wollen und können nicht begreifen, daß literarisches Leben ohne Kritik ebenso undenkbar ist wie parlamentarisches Leben ohne Opposition, daß Kritik ein immanenter Faktor jeder geistigen Betätigung ist und nicht etwa Nörgelei oder Besserwisserei. (...) Es gilt, meine ich, der Kritik zu ihren Rechten und Pflichten im literarischen Leben dieses Landes zu verhelfen.«

Das schrieb Marcel Reich-Ranicki 1964. Wenn der Thomas-Mann-Preis der Stadt Lübeck heute an ihn verliehen wird, so geht es um die Anerkennung eines Kritikers, der wie kein anderer die deutsche Literatur seit mehr als einem Vierteljahrhundert gefördert und mitbestimmt, provoziert, stimuliert und verteidigt hat. Vor allem: es geht um einen Schriftsteller, der der Kritik zu jenen Rechten und Pflichten verholfen hat, deren Fehlen er selbst vor über 20 Jahren beklagt hat. »Literarisches Leben ohne Kritik?« – so ist der Essay von Marcel Reich-Ranicki überschrieben, in dem die eben zitierten Sätze stehen. Man darf diese Frage angesichts des Werkes von Reich-Ranicki getrost verneinen. Es gibt kein literarisches Leben ohne Kritik. Niemand anders hat das überzeugender demonstriert als Marcel Reich-Ranicki.

Denkbar wäre freilich, daß die Verleihung des Thomas-Mann-Preises an einen Kritiker auf Erstaunen stieße. Aber wer dieses äußerte, der müßte in dreierlei Hinsicht eines Besseren belehrt werden. Zunächst einmal wäre daran zu erinnern, daß Thomas

Mann nicht nur der größte deutschsprachige Romancier unseres Jahrhunderts, sondern auch zu einem erheblichen Teil seiner Tätigkeit eben das war, was Marcel Reich-Ranicki auch ist, nämlich ein literarischer Kritiker; zum anderen daran, daß Marcel Reich-Ranicki nicht nur ein Kritiker ist, sondern ein Essayist von hohem Rang; drittens schließlich daran, daß der Begriff der literarischen Kritik nicht mißverstanden werden darf. Es darf nicht fehlgedeutet werden als ein Rezensententum, bei dem es zu sehr viel mehr nicht als zu Belehrungen im Sinne des ehrwürdigen Beckmesser gelangt hat. Wenn Kritik tatsächlich das wäre, dann hätte Marcel Reich-Ranicki allerdings vergebens gewirkt. »Niemand wird so leichtsinnig sein, zu behaupten, die heutige deutsche Literaturkritik sei gut«, hat Reich Ranicki zwar damals geschrieben. Ihm ist mit allem schuldigen Respekt zu widersprechen: die Feststellung, die heutige deutsche Literaturkritik sei gut, ist alles andere als eine leichtsinnige Behauptung. Wer es wagte, das zu bezweifeln, der müßte das Werk Reich-Ranickis ignorieren. Denn er hat der literarischen Kritik zu einer Anerkennung verholfen, wie sie, nach ihrer Vorgeschichte, alles andere als selbstverständlich war.

Wer sie schreiben wollte, hätte es über weite Partien hin mit der Geschichte eines Niederganges zu tun, einer Verfallsgeschichte, die ihresgleichen in Europa sucht. Sie war, zumindest in den Augen der Öffentlichkeit, am Ende zu einer argwöhnisch beäugten, für minderwertig gehaltenen, zweifelhaften und unzulänglichen Form der Beschäftigung mit Literatur geworden. Ist ein kleiner Blick zurück erlaubt? Das letzte Tief ist auf der literarischen Wetterkarte noch gar nicht so lange davongezogen. Marcel Reich-Ranicki hat diesen historischen Sachverhalt selbst diagnostiziert, als er schrieb: »Ein Teil der deutschen Intelligenz war in den Jahren des ›Dritten Reiches‹, ohne unbedingt nationalsozialistischen Anschauungen zu huldigen, doch davon überzeugt, daß Kritik im Grunde stört, hemmt und zersetzt.« Goebbels hatte also mit seiner Liquidation der Kritik im Grunde genommen leichtes Spiel. Aber nicht erst dessen aus Ungeist und Haß geborenes Verdikt hatte die Kritik ins Kabuff gesperrt, um mit Heinrich Manns Professor Unrat zu sprechen; das war schon viel früher geschehen. Die Abfahrt nach unten, der Sturz in den tiefen Brunnen, aus dem vorerst kein freundlicher Ismaelit heraushalf, geschah schon gegen Ende des 18. Jahrhunderts. Was war der Kritiker bis dahin nicht gewesen! Oberste Rechtsinstanz aller, die schreiben wollten oder konnten, unbestechlicher Zensor mit Allmachtsallüren, nicht selten auch Scharfrichter und literarischer Totschläger, und das alles ohne Zimperlichkeiten. Mildernde Umstände waren meist unbekannt. Dabei hatte der Criticus eigentlich nur eine überaus einfache Frage zu beantworten, die sich freilich fast immer als überaus schwierig erwies, die nämlich, »woher es komme, daß dieses schön und jenes häßlich ist«. Das konnte nur sagen, wer sich auf »gründliche Erkenntnis aller Dinge« verstand – so weiland jener praeceptor Germaniae, dem der junge Goethe nicht hinter die Kulissen, wohl aber unter die Perücke schauen durfte, Johann Christoph Gottsched. Welch ein Herr – in seiner Zeit! Er ahnte nicht, wer alles Thronfolger werden sollte. Lessing und Herder, Goethe, Schiller; Friedrich Schlegel, Börne, Heine, Kerr und Kraus. Wieso Niedergang? Schiller war es, der den Hoheitsanspruch der Kritik wie selbstverständlich verteidigte, als er schrieb: »Schüchtern trete der Künstler vor die Kritik und das Publikum, aber nicht die Kritik vor den Künstler, wenn es nicht einer ist, der ihr Gesetzbuch erweitert.« Das galt; niemand nahm daran Anstoß. Glückliches Jahrhundert, das sich seiner Grundsätze so sicher war! Aber die Bastion des Kritikers nach Grundsätzen des Schönen bröckelte tatsächlich ab. Marcel Reich-Ranicki hat in seinen »Bemerkungen über Literaturkritik in Deutschland«, dem Band »Lauter Verrisse« vorangestellt, auf wenigen Seiten eine dennoch umfassende Geschichte der literarischen Kritik in Deutschland geschrieben und dort Gründe genannt, die dazu führten, daß aus dem Kritiker in der öffentlichen Meinung ein mehr oder weniger übler Querulant wurde. Da sei »ein aus dem

Absolutismus stammendes und nie überwundenes Vorurteil gegen das kritische Element«, da sei also der Untertanenstaat, der dem Aufkommen eines selbständigen Denkens hinderlich gewesen sei; hinzu komme die verspätete Einführung der Demokratie in Deutschland, das Einheitsdenken im Kaiserreich, das einer pluralistischen Willensbildung immer im Wege gestanden habe. Nur zu richtig – und anderes kam noch hinzu. Mit dem 18. Jahrhundert war die Kritik nicht untergegangen, sie erlebte danach sogar eine neue, ungeahnte Blütezeit – bloß, nach Meinung vieler, am falschen Ort. Denn es waren die liberalen Schriftsteller im Restaurationszeitalter, die ebenso häufig wie geistvoll kritisierten: allen voran Heine und Börne. Aber sie waren bekanntlich verfolgt und verboten, was ihrem Stil, ihrem Witz vielleicht recht gut, ihnen selbst und der Verbreitung ihrer Werke aber gar nicht gut bekam. Ihre Rache war Respektlosigkeit, Unruhestifterei, Aufsässigkeit. Sie stießen Denkmäler vom Sockel, und das Poltern dröhnte bis in die Zensurbüros und schreckte manchen Überwachungsverein auf. Heine schrieb herablassend und gleichzeitig empört in seiner »Romantischen Schule«: »Goethe hatte Angst vor jedem selbständigen Originalschriftsteller und lob und pries alle unbedeutende Kleingeister; ja er trieb dieses so weit, daß es endlich für ein Brevet der Mittelmäßigkeit galt, von Goethe gelobt worden zu sein.« Und dann Börne über den Untertanencharakter des Wilhelm Tell. Die Kühnheit bekam den jungdeutschen Rebellen verständlicherweise nicht sonderlich gut; und damals wurde die Kritik erstmals und für lange Zeit ins Kabuff gesperrt. Die Literaturwissenschaft wollte mit dergleichen Fadenscheinigkeiten nichts zu schaffen haben und distanzierte sich nachdrücklich von der literarischen Kritik. Gervinus erklärte 1835 in seiner »Geschichte der poetischen Nationalliteratur der Deutschen«: »Ich habe mit der ästhetischen Beurteilung der Sache nichts zu tun: Ich bin kein Poet und kein belletristischer Kritiker.« Ein verhängnisvoller Satz. Die literarische Kritik wanderte endgültig in den Journalismus ab – kein schlechter Weg, aber von vielen als

Trampelpfad in die Willkür, in den Opportunismus, in die Mediokrität gewertet. Georg Lukács hat das vor knapp 50 Jahren – der Satz ist viel zitiert worden – in Form einer boshaften Tatbestandsaufnahme festgestellt: »Für den Schriftsteller ist im allgemeinen eine ›gute‹ Kritik jene, die ihn lobt oder seine Nebenbuhler herunterreißt; eine ›schlechte‹ jene, die ihn tadelt oder seine Nebenbuhler fördert.« Schnitzler war radikaler, als er schrieb: »Nullen – man mag sich mit ihnen abfinden, es gib so viele. Aber eine Null und frech dazu, das ist ein Rezensent« – so in seinen »Aphorismen und Betrachtungen«.

Und Thomas Mann? Anfangs hat er von der Kritik ebenfalls offenbar nicht sonderlich viel gehalten – wie hätte er auch, bei dieser Vorgeschichte und dieser Reputation. Wir kennen die höhnische Bemerkung über die »Theaterkritiker, jene vier bis sechs (oder sind es so viele nicht?!), die den Namen von Autoren verdienen und für ihre Produktion mit Recht den Wert eines selbständigen Kunstgebildes in Anspruch nehmen«. Mehr gab es in seinen Augen nicht. War das der Reflex auf eine kritische Abfuhr, die Thomas Mann schon früh erlitten hatte, als er ein Prosastück mit dem Titel »Farbenskizze« unter fremdem Namen an die Feuilleton-Redaktion einer Lübecker Zeitung zu senden wagte? Wir kennen den Bericht Thomas Manns über jenen schnoddrigen Redakteur aus Berlin, »der unter den höflich gedruckten Ablehnungszettel die Worte schrieb: ›Wenn Sie öfters solche Einfälle haben, sollten Sie wirklich etwas dagegen tun‹« – was Thomas Mann aus der Retrospektive späterer literarischer Ehrungen in amüsierter Milde mit dem Satz kommentierte: »Dergleichen Anfänger-Erlebnisse gehören nun einmal zum Schriftsteller-Leben und besagen gegen zukünftige bessere Erfolge gar nichts.« Doch *ein* positives Anfänger-Erlebnis hatte er bald darauf mit einer Rezension von Samuel Lublinski, einem »armen jüdischen Kritiker und Theoretiker«, der den »Buddenbrooks« eine säkulare Berühmtheit zuschrieb, als sie noch völlig unbekannt waren. Thomas Mann hat sich ein Leben lang daran erinnert. Von anderen Kritikern aber ist nicht viel die Rede.

Dennoch gibt es das Phänomen der Kritik auch bei ihm – jedoch in gewissermaßen transzendierter Weise, als geistige Lebensform. Thomas Mann weiß sich damit in einer langen Tradition, hat auch seine Ahnherren benannt: Nietzsche, *den* Kulturkritiker für ihn, Schiller mit seinem Begriff des Sentimentalischen, in dem Thomas Mann nichts Rührseliges oder spätzeitliche Resignation sah, sondern »das Schöpfertum des Bewußtseins«; nicht zu vergessen Mereschkowski, der bei Puschkin und Gogol den »Übergang vom unbewußten Schaffen zum schöpferischen Bewußtsein« beschrieb. Thomas Mann zitiert das mit freudiger Zustimmung, denn was er da formuliert fand, glich seiner Überzeugung, daß »dem kritischen Element überhaupt für das moderne Dichten, für das literarische Kunstwerk der Gegenwart höchste Bedeutung zukomme«. Aber das kritische Moment ist nicht an literarische Formen gebunden. Und eben hier berührt sich dieser Begriff der Kritik mit der Bedeutung, den die literarische Kritik bei Marcel Reich-Ranicki hat.

Sie werden mir gütigst erlassen, seine zahlreichen kleineren und größeren Arbeiten zu benennen, die Kritiken sind in diesem weiteren Sinne, im Sinne des »schöpferischen Bewußtseins«, wie Thomas Mann das nannte. Auch über Wesen und Funktionsweise der Kritik ist nur herzlich wenig zu sagen – Prinzipien der literarischen Kritik gibt es nicht, erst recht kein Gesetzbuch, wie Schiller noch meinte. »Die Kritik«, so hat es Reich-Ranicki formuliert, »geht aus der unmittelbaren Konfrontation eines Individuums mit einem lebendigen Kunstwerk hervor.« Grundsätze haben im Grunde genommen nie existiert – ein Augenwischer, wer sie für möglich hielte. Wer das zu vage findet, sei daran erinnert, daß selbst Lessing nicht mehr gewollt hat, denn auch er schrieb: »Ich habe immer geglaubt, es sey die Pflicht des Kriticus, so oft er ein Werk zu beurtheilen vornimmt, sich nur auf dieses Werk allein einzuschränken.« Doch verdeckt das nicht auch wieder nur die Misere der Kritik? Wo gibt es ein urteilen ohne Gesetzbuch, ein Richten ohne Paragraphen, ein Schuldigsprechen ohne Anklage und Verteidigung? Den Rechtsstaat, in dem das möglich, sogar notwendig ist, gibt es; es ist der der literarischen Kritik. Und wenn schon nichts auszumachen ist über kritische Grundsätze, dann vielleicht über den Kritikus selbst.

Um Antwort auf die Frage zu finden, wie denn ein solcher beschaffen sein muß, tue ich etwas, was Marcel Reich-Ranicki nie getan hat: ich bediene mich einer Schablone, eines Gewährsmannes und Zuträgers, gewissermaßen nach Zauberberg-Art eines literarischen Mediums, um zugleich Person und Werk Marcel Reich-Ranickis in einigen Zügen zu charakterisieren. Unser Gewährsmann hat einmal die literarische Erscheinungsform jenes »schöpferischen Bewußtseins«, von dem eben die Rede war, und damit den Typus des Literaten, das Wort in seiner vornehmsten Bedeutung gebracht, nachgezeichnet. Er sei »kraft seines durchdringenden Verstandes berufen, zu trennen und zu unterscheiden«, heißt es. Wer wollte diese Fähigkeit Marcel Reich-Ranicki absprechen? Sollten wir nicht doch ein paar Beispiele nennen? Die »Dichterlesungen«, die »Polemik gegen Robbe-Grillet«, die Schrift »In der Sache Oppenheimer und Kipphardt«, den Aufsatz über die »Schwierigkeiten heute die Wahrheit zu schreiben«? Das ist eine ziemlich wahllose Aufstellung. Ich könnte mit gleichem Recht seine »Kritischen Klärungen« nennen, aber auch den Essay über »Arnold Gehlens Kraut und Rüben« wie den über »Irrsal, Wirrsal, Trübsal«, wo er die westdeutschen Kenntnisse über DDR-Literatur abfragt – von diesem oder jenem Tohuwabohu germanistischer oder anderer Art ganz zu schweigen.

Doch weiter zu jener Beschreibung des Phänotyps eines kritischen Literaten. »Das Bestimmen, das Abgrenzen und Klarstellen«, so finde ich in meiner Vorlage, sei seine Fähigkeit und seine Leistung; »Ordnung zu schaffen«, »begriffliche Grundlagen, Klarheit der Unterschiede herzustellen« sein Verdienst. Kaum ein anderer als Marcel Reich-Ranicki hat kritischen Maßstäben wieder zu ihrem Recht verholfen, und dabei ging es nicht um

Fragen einer Normentreue, sondern um solche der Qualität und des literarischen Niveaus. Klarheit der Unterschiede: das betraf etwa die Unterschiede zwischen den beiden deutschen Literaturen, den Bedingungen des Schreibens hüben und drüben, die oft gezeigte List der Vernunft dort, die oft für allzu selbstverständlich genommene Freiheit der Meinung hier. Diesmal erspare ich mir die Beispiele, wir sollten sie alle kennen.

Aber Kritik ist nicht nur kritische Klärung in litteris. Die »Schwierigkeiten einer Distinktion«, so heißt es in jener medialen Schrift, aus der ich zitiere, seien von den Einfaltspropheten und Einfaltsfanatikern immer wieder unterschätzt worden, nicht zuletzt deswegen, weil die Sprache selbst beständig dazu neige, etwas zu verwischen und aufzuheben. Aber sie sei auf mehr aus: auf die Wirklichkeit selbst. Niemand anders als Reich-Ranicki hat deutlicher auf die Unterschiede aufmerksam gemacht, die zwischen Wirklichkeit und Literatur bestehen, und gleichzeitig darauf hingewiesen, wie außerordentlich wichtig die Literatur ist, wenn es um das Verstehen der Wirklichkeit geht; und wenn es um mehr geht, also um die Auseinandersetzung mit der Wirklichkeit. Das zeigt ebenso der Aufsatz »Kennst Du das Land, wo erst die Bücher brennen?« wie der über den Frankfurter Auschwitz-Prozeß, scheinbar harmlos überschrieben mit »In einer deutschen Angelegenheit«. In der Tat, es ist eine deutsche Angelegenheit; es gibt keine bedrängendere; und sie muß es bleiben, weit über unsere Gegenwart hinaus.

Der Kritiker: das ist ein Wahrheitssucher, mag die Wahrheit auch noch so unangenehm sein. Reich-Ranicki hat sich oft genug mit ihr beschäftigt, nicht nur in dem Essay über »Schwierigkeiten heute die Wahrheit zu schreiben«. Ich sollte denn auch besser sagen: mir ist kein einziger Essay von Reich-Ranicki bekannt, in dem es nicht um die Wahrheit, nicht auch um die Wahrheit ginge, und für ihn gilt, was in jener medialen Schrift nachzulesen ist: »Nicht der wirkliche oder vermeintliche Besitz der Wahrheit (...) macht den Wert des Menschen aus, sondern die aufrichtige

Mühe, die er angewandt habe, hinter die Wahrheit zu kommen.« Und sie ist in der Tat manchmal arg verstellt. Sie ist dort verstellt, wo die Schriftsteller, nach ihren Schwierigkeiten befragt, heute die Wahrheit zu schreiben, um den heißen Brei herumschleichen. Aufrichtige Mühe, hinter die Wahrheit zu kommen, das kann selbst bis in scheinbar Nebensächliches hineingehen. Es gibt sogar eine sehr direkte Wahrheit der Wörter. Wo sie – in Übersetzungen – verfälscht wird, hat der Kritiker ebenfalls einzugreifen. Reich-Ranicki hat es getan, anläßlich einer fehlerhaften Übersetzung eines polnischen Romans. Jeder kann das in dem Essay »Übersetzungs-Misere« nachlesen – ein Meisterstück einer sprachlichen Wahrheitssuche.

Der Umgang mit der Wahrheit, die Suche nach ihr, die kritische Haltung allem und jedem gegenüber, nicht aus Mißtrauen, sondern um der Aufrichtigkeit willen – das geht freilich nicht ohne Leidenschaftlichkeit ab. Es heißt bei unserem literarischen Gewährsmann über den kritischen Geist: »Es ist sein polemischer Hang (...), seine Sucht und Lust zu streiten, die in all seinem Werk bald offen zutage liegt, bald heimlich es salzt und pfeffert, und die ihn (...) beherrscht.« Und etwas weiter noch: »Reizbarkeit gegen die Zeit, die Welt, das Schlechte, Dumme, Niederträchtige und Geistwidrige in ihr und die Äußerung solcher Reizbarkeit als polemischer Angriff« – und wer wollte Marcel Reich-Ranicki diese wortgewaltige Reizbarkeit gegen die Zeit und vor allem gegen das Schlechte und Dumme absprechen? »Jede Kritik, die es verdient, eine Kritik genannt zu werden, ist auch eine Polemik«, schrieb Reich-Ranicki. Und noch einmal unser Gewährsmann über den kritischen Literaten: »Er begibt sich ›auf den Markt‹, er verstrickt sich leider in ›Händel‹.« Der Beispiele dafür gibt es bei Marcel Reich-Ranicki mehr als genug. Da ist die Fehde mit Martin Walser und anderen, da gibt es jene Polemik gegen den Schriftsteller Peter Jokostra in dem Aufsatz »Literarischer Schutzwall gegen die DDR«, in der Reich-Ranicki mit fadenscheinigen Argumenten und falschen Behauptungen abrechnet – polemisch, wie sich versteht. Oder, nicht weniger provokativ, Auseinandersetzungen mit anderen Kritikern; und nicht zu vergessen der Band »Lauter Verrisse« – knapp zwanzig literarische Hinrichtungen. Nein, keine Hinrichtungen: gescheiterte Versuche, auch im Schlechten, ja sogar noch im Mittelmäßigen das Gute zu erkennen. Aber es gibt nun einmal keine kollegiale Rücksichtnahme, wo es um poetische Insuffizienz geht. Recht hat er fast immer, und wo er sich irrte, hat er dieses später korrigiert – wie im Falle der ersten Kritik über Grass' »Blechtrommel«. Wie sagte Lessing einst? »Es sei, daß noch durch keinen Streit die Wahrheit ausgemacht worden, so hat dennoch die Wahrheit bei jedem Streit gewonnen.« Die bislang letzte Kritik über Grass wird Marcel Reich-Ranicki freilich kaum revidieren müssen. Sie ist, wie immer, ohne Wenn und Aber. Der »Sturmwind« der Polemik weht nicht, wo er will, wohl aber dort, wo er wehen muß. Um noch einmal in den Worten von Lessings Mühlen-Gleichnis zu sprechen: »Wen meine Flügel mit in die Luft schleidern, der hat es sich selbst zuzuschreiben: auch kann ich ihn nicht sanfter niedersetzen, als er fällt.«

Wir haben Kritik bitter nötig in einer Zeit so bemerkenswerter wie betrüblicher Sprachverdunkelungen. Marcel Reich-Ranicki hat in irgendeiner Buchbesprechung eines bekannten Kritikers gelesen: »Die Begegnung zwischen Verstehen und Kritik im Nirgendwo der Literatur ist ein ständiges Abschiednehmen.« Sein Kommentar: »Ich habe große Lust, in diesem Satz, von dem ich absolut nichts begreife, alles umzustellen. Beispielsweise: ›Das Abschiednehmen von Verstehen und Literatur im Nirgendwo der Kritik ist eine ständige Begegnung‹.« Und er setzt hinzu: »Ist der Satz jetzt schlechter geworden? Oder vielleicht sogar etwas besser?« Das ist Polemik, notwendige Polemik gegen nebuloses Gerede, und immerhin weiß Reich-Ranicki keinen Geringeren als Schopenhauer auf seiner Seite, der einmal sagte: »Und doch ist nichts leichter als so zu schreiben, daß kein Mensch es versteht.« Das möchte man manchen Vertretern der professionellen Literaturvermittlung, also der universitären Literaturwissenschaft, ins Stammbuch schreiben. Aber auch hier geht es wiederum um die Wahrheit. Wir zitieren noch einmal unseren Gewährsmann von früher: »Sieht und merkt er etwas, läßt er sich in Harnisch jagen durch Heuchelei, Rechtsbruch und Volksverdummung, durch die betrügerische Vermengung etwa von Industrie und Heldenlied« – ja, so müssen wir hinzusetzen, dann ist da etwas sichtbar von einer geistigen Lebensform, in der Kritik und Wahrheitssuche unzertrennbar miteinander verbunden sind. Und man kommt der Wahrheit nur mit einiger Leidenschaftlichkeit bei, mit Reizbarkeit. Oder, wie es erneut bei unserem Gewährsmann heißt, mit »polemischer Iraszibilität«. Ruhe mochte früher die erste Bürgerpflicht gewesen sein, aber heute ist Unruhe die erste Kritikerpflicht.

Die Wahrheit der Literatur, die so oft mit der Wahrheit des Lebens identisch ist, erschließt sich nur selten einer akademischen Betrachtungsweise. Sie enthüllt sich vielmehr im unmittelbaren, leidenschaftlichen, mutigen Zwiegespräch mit der Literatur selbst. »Mut zeigt auch der Mameluck«, heißt es bei Schiller, und Mut allein besagt gar nichts. Aber der Mut zur Wahrheit ist nicht gerade häufig auf dieser Welt, denn auch in der Literatur gibt es, wer wollte es leugnen, Verpflichtungen und Rücksichtnahmen, Kumpaneien und gelegentlich sogar falsche Duldungen. Nichts dergleichen hat Marcel Reich-Ranicki davon abhalten können, seine Meinung zu sagen – auch provokativ, wenn es sein mußte: »Wer schreibt, provoziert.« Aufklärung ist immer provokativ. »Widerspruch und Zweifel«, »der Zweifel als Glaube, Skepsis als Leidenschaft«, das ist ein Paradox, das Paradox dessen, der Kritik als geistige Lebensform versteht. Und das Geistige, hören wir ein letztes Mal unseren Gewährsmann, ist das »Lebendige, Gegenwärtige«: »Seine Skepsis ist so fern von Frivolität, wie sein Witz es ist, ein leidenschaftlicher Witz, ohne Frechheit und Übermut, Ausdruck des Lebensernstes, *seine* Art auf das Leben zu reagieren.« Reich-Ranicki schrieb in seinen »Bemerkungen über Literaturkritik in Deutschland« den bezeichnenden Satz: »Wer für den Widerspruch eine Lanze bricht und die Funktion der Verneinung in der Kritik befürwortet, erinnert bloß an ihre elementaren Pflichten: worauf er besteht, ist im Grunde nicht mehr, als daß man die Literatur ernst nimmt und ernst behandelt.« Vergessen wir nicht, daß Reich-Ranicki auch seine ablehnenden Kritiken als Verneinungen verstanden wissen wollte vor dem Hintergrund einer, wie er schreibt, »vielleicht sogar leidenschaftlichen Bejahung«.

Wir wollen das Geheimnis, das vermutlich gar keines mehr ist, endgültig lüften und sagen, wer jener Gewährsmann war, der das Bild des kritischen Intellektuellen zeichnete. Lessing ist es nicht – wer könnte es in Lübeck anders sein als einer seiner großen Söhne, Thomas Mann? Was hier zitiert wurde, hat er allerdings von Lessing gesagt, 1929. Und Thomas Mann selbst hat uns zugleich legitimiert, Vergleiche zu ziehen und Übertragungen auszusprechen. Denn was Lessing geprägt habe, so heißt es in jener Rede, sei ein »Urtypus«. Lessing – das sei »die anfängliche Gründung einer geistigen Lebensform durch das Lebendig-Individuelle«. Aber zum Wesen des Klassischen, so sagt er auch, gehöre »Wiederkehr, Zeitlosigkeit, Immer-Gegenwart. Nur in diesem Sinne sei das Klassische vorbildlich – nicht im Sinne leerer Musterhaftigkeit«. Und so ist es Thomas Mann wohl nicht unangemessen, anspielungsreich diesen Typus zu vergegenwärtigen. Lessing, »der Erzvater alles klugen und wachen Dichtertums«, wie Thomas Mann sagt, verkörpere »eine geistige Lebensform«. Wer wollte uns hindern, in dem Satz Thomas Manns »Lessings Wahrheitsliebe ist die radikalste, sein Talent, die Wahrheit, wie er sich ausdrückt, ›bis in ihre letzten Schlupfwinkel zu verfolgen‹, ist unbändig« – wer wollte uns hindern, den Namen des heute zu Feiernden dafür einzusetzen? Er selbst gibt uns ja doch, um noch einmal Thomas Manns Rede auf Lessing zu nutzen, in seinem kritischen, in seinem schriftstellerischen Werk »die liebenswürdigsten Proben davon«.

Aber auch Marcel Reich-Ranicki legitimiert mich zu Vergleich und Übertragung. Denn er schreibt über Lessing: »Am

Anfang war Lessing. Er ist (...), ›Vater der deutschen Kritik‹. (...) Er diente der Wissenschaft mit dem Temperament des Journalisten und betrieb den Journalismus mit dem Ernst des Wissenschaftlers. Die Tagesschriftstellerei machte aus ihm einen Polemiker und drängte ihn zur Rhetorik. (...) Und der Journalismus ist es, der Lessing nötigte, in manchen seiner kritischen Arbeiten demagogische Mittel nicht zu verpönen. Er war – auch in dieser Beziehung beispielhaft – ein Kritiker, der sich seiner Gegenwart und ihrem literarischen Leben verpflichtet fühlte.« Wollen wir das nicht als ein sicherlich ungewollt so formuliertes, aber um so treffenderes Selbstportrait nehmen? Marcel Reich-Ranicki könnte geschrieben haben, was Lessing schrieb: »In der Tat kann keine Literatur auf die Dauer ohne Kritik bestehen« und er hat es so ähnlich auch geschrieben. »Schreibt man denn nur darum, um immer recht zu haben?« fragt Lessing. Und: »Ich meine mich um die Wahrheit eben so verdient gemacht zu haben, wenn ich sie verfehle, mein Fehler aber die Ursache ist, daß sie ein anderer entdeckt, als wenn ich sie selbst entdecke.« Doch wo hat Reich-Ranicki die Wahrheit verfehlt? Da dürfte es nicht viel geben.

Zwei Dinge können nicht unerwähnt bleiben, die zur Kritik als geistiger Lebensform, die zu Reich-Ranickis Werk und Dasein hinzugehören. Der Kritiker Reich-Ranicki ist zugleich ein großer Vermittler der Literatur. In einer Zeit, in der die Literaturwissenschaft sich stärker denn je in einen Elfenbeinturm zurückgezogen hat, der nur zu oft das Aussehen eines reichlich kleingeratenen Schneckenhauses hat, in einer solchen Zeit hat die literarische Kritik jene Vermittlungsfunktion zwischen Literatur und Lesern übernommen, die eigentlich auch der Literaturwissenschaft zugekommen wäre. Aber was wir heute über die Literatur unserer Zeit erfahren, erfahren wir aus den Kritiken über sie, und nicht selten hellen sie das Bild auf, das wir von der Literatur über uns und unsere Zeit ausgemalt bekommen. »Sprache selbst ist Kritik des Lebens: sie nennt, sie trifft, sie bezeichnet und richtet, indem sie lebendig macht«, hatte Thomas Mann in seiner Rede auf Lessing gesagt. Drehen wir, mit Verlaub, diesen Satz einmal um, so besagt er nicht mehr, aber etwas anderes, was nicht weniger richtig ist: »Kritik ist Sprache des Lebens selbst; sie nennt, sie trifft, sie bezeichnet und richtet, indem sie lebendig macht«, und wir setzen hinzu: indem sie die Literatur lebendig macht. Es ist die literarische Kritik, die die Brücke schlägt zwischen dem Buch und dem Leser, und sie hat im Grunde genommen keine vornehmere Aufgabe als eben diese. Marcel Reich-Ranicki ist ihr wie kaum ein anderer gerecht geworden.

Aber es ist nicht nur die Gegenwartsliteratur, die ohne Kritik nicht zum Leben oder allenfalls doch nur zu einem Scheinleben käme. Wir achten in Marcel Reich-Ranicki auch den Vermittler zwischen der polnischen und den beiden deutschen Literaturen, vor allem aber den Literarhistoriker. Seine Bücher etwa über »Deutsche Literatur in West und Ost« (von 1963) und das »Literarische Leben in Deutschland« (1965 erschienen) sind beste Literaturgeschichten, die über deutsche Prosa nach 1945 und über die sechziger Jahre geschrieben worden sind. Der Artikel über Ludwig Börnes Literaturkritik und dann die »Nachprüfungen«, die »Aufsätze über deutsche Schriftsteller von gestern« von Fontane bis Kafka, von Schnitzler bis Klabund, von Feuchtwanger bis Klaus Mann: das mag Literatur von gestern sein, aber die Literaturgeschichte Reich-Ranickis stellt sie als Literatur von heute vor – und man muß in der Zunft der Germanistik sehr lange herumsuchen, um eine ähnlich fesselnd dargestellte Geschichte der Literatur zu finden. Wäre ich noch einmal Student, ich würde diese Bücher lesen und die sogenannten Standardwerke der Literaturgeschichte vergessen, und zwar für immer. Warum? Weil hier, bei Reich-Ranicki, die Literatur auf einzigartige Weise mit Leben zu tun hat und nicht bloß mit Papier.

Der Kritiker mag radikal urteilen – aber sein Ethos ist am Ende doch das der Mitte; er ist ein Equilibrist aus Überzeugung. Mit Lauheit hat das nichts zu tun. In der Nachbemerkung zu dem Band »Wer schreibt, provoziert« steht zu lesen: »Das Wort ›Mitte‹ hatte einmal einen guten Klang. (...) Aber (...) in Deutschland (...) ist der Begriff ›Mitte‹ schon seit längerer Zeit nicht frei vom Beigeschmack des Zweifelhaften und Problematischen. (...) Wo jedoch die Mitte fragwürdig geworden ist, da hält man auch nicht viel vom Vermitteln und noch weniger von den Vermittlern. (...) Sollte etwa damit die in Deutschland tief verwurzelte Abneigung gegen die Kritik zusammenhängen? Denn der Ort des Kritikers ist in gewissem Sinne die Mitte. Und genau betrachtet soll die Kritik nichts anderes, nichts mehr und nichts weniger sein als Vermittlung – freilich in des Wortes eigentlicher, wesentlicher Bedeutung.« Wer sich hierbei nicht an Thomas Mann erinnert, hat ihn nicht gelesen. Auch er ist ein Philosoph der Mitte. Mitte freilich ist mehr als nur eine träumerische Einsicht Hans Castorps nach dem Erlebnis des hexagonalen Unwesens. Schon in den »Betrachtungen eines Unpolitischen« finden wir, daß die Sendung der Kunst »in ihrer Mittel- und Mittlerstellung zwischen Geist und Leben« bestehe. Und in seiner Lübecker Rede, die Anlaß zum Thema dieser Laudatio gab, hat Thomas Mann die Bürgerlichkeit als Mitte gerühmt und in ihr eine »Weltbesonnenheit« gesehen, »welche sich nicht hinreißen läßt und die Idee der Humanität, der Menschlichkeit, des Menschen und seiner Bildung nach rechts und links gegen alle Extremismen kritisch behauptet«. Die Bürgerlichkeit, so wissen wir, ist dahin, unwiderruflich. Aber Kritik als geistige Lebensform: das heißt ebenfalls ein kritisches Sich-Behaupten gegen alle Extremismen. Und haben wir nicht in Tonio Kröger, dieser Gestalt, die Thomas Mann ein Leben lang beschäftigt hat, auch einen Kritiker vor uns, einen Kritiker des Lebens, der nach einer Mitte suchte, selbst wenn er sie nur ungenau definieren konnte? Aber eines wußte er: daß Radikalität mit Inhumanität zu tun hat.

Ich habe nichts aus dem Leben Marcel Reich-Ranickis berichtet, nur einen verschwindenden Teil seiner Arbeiten genannt, nicht die Frankfurter Anthologie und nicht jene anderen gewürdigt, die er herausgegeben hat. Aber Reich-Ranicki und sein Werk sind in der Civitas der Literatur zu bekannt, als daß dergleichen nötig gewesen wäre. Mir scheint etwas anderes viel bezeichnender zu sein. Kafka hat 1913 einmal in sein Tagebuch notiert: »Alles, was sich nicht auf Literatur bezieht, hasse ich.« Das ist natürlich auf Marcel Reich-Ranicki so nicht übertragbar, denn das Hassen ist nicht seine Sache. Aber Thomas Mann legitimiert uns wiederum zu einer Veränderung, einer Umkehrung. Denn bei ihm können wir irgendwo finden: »Man muß das Negative positiv zu lesen verstehen.« Und das heißt am Ende doch, daß Marcel Reich-Ranicki alles liebt, was mit Literatur zu tun hat. Ubi litterae, ibi patria! Goethe empfahl einmal, die Rezensenten totzuschlagen. Dagegen ist zu sagen, daß wir sie brauchen, und zwar dringlich. Wir brauchen Kritik als geistige Lebensform, und Marcel Reich-Ranicki hat gezeigt, wie das zu verstehen ist.

HUGO DITTBERNER

Der Mann in der Arena

(1988)

Der Fernsehzuschauer konnte vor einiger Zeit eine hübsche Geschichte erleben. Da interviewte Johannes Willms für die Sendung »aspekte« Marcel Reich-Ranicki zu dessen aufrührerischem Aufsatz »Heinrich Mann. Ein Abschied nicht ohne Wehmut«, in dem mit dem Urteil aufgeräumt wird, Heinrich Mann gehöre zu den großen deutschen Autoren unseres Jahrhunderts. Der weltläufige Journalist nun schien eine Weile in die Rotkäppchenrolle zu schlüpfen, indem er schwärmte, Marcel Reich-Ranicki würde Superlative verabscheuen und auch wohl nicht allen Ernstes Heinrich Mann aus der deutschen Literaturgeschichte hinauswerfen wollen. So daß der so Umgarnte nicht anders konnte, als mit kreidesanfter Stimme zu gestehen, daß er niemand aus der deutschen Literatur hinauswerfen wolle, aber... Auf das Aber kommen wir später. Es sei immerhin vorweggenommen, daß es hier von ausgemachter Milde und Nachsichtigkeit war, so daß Leser des Aufsatzes verblüfft den Atem anhielten. Ein deutsches Fernsehmärchen also – oder der weise Wandel eines Drastikers? Denn eines ist gewiß: Marcel Reich-Ranicki war bisher ein Mann des Superlativs und des Verrisses, er gönnte oder mißgönnte höchste Weihen des Erfolges, und er hielt sich auf seine exklusive Strenge stets etwas zugute. Er hat das Bild des Kritikers wie kein anderer in der deutschen Nachkriegsgeschichte zu prägen gewußt und hat dabei nicht nur Einfluß auf Verlegergeschmack und Literaturbetrieb genommen, sondern der Kritik einen neuen Stellenwert in der Gesellschaft zugewiesen, indem er sie konsequent und vorrangig als Gewerbe faßte, als Machtspruch auf dem Markt.

Es fällt aber auf, wie wenig in der wahrlich umfangreichen Diskussion über Marcel Reich-Ranicki davon die Rede ist, daß er ein guter Schriftsteller und zuerst dies ist. Er versteht es, Interesse und Spannung zu wecken, den Leser zu Argumentation und Urteil zu führen und ihm das Gefühl zu geben, an einem wichtigen Vorgang teilzuhaben. Schon mit dem ersten Satz fordert er das Verstummen konkurrierender Rede, sei es mit jenem apologetischen Resümee über Martin Walsers »Jenseits der Liebe«, sei es mit drohendem Zugeständnis: *Es ist schon richtig, daß Stefan Heym, wie bei uns mitunter behauptet wird, zu den berühmtesten Schriftstellern der DDR gehört. Allerdings* (...). Ob aus Unbedingtheit und Übersteigerung heraus, ob ausgehend von einem Zugeständnis: Das Wichtige und Kunstvolle seines Schreibens ist das inszenatorische Geschick, mit dem er sich als Tribun vor das Publikum (man kann inzwischen sagen: vor die Nation) treten und in einer lebenswichtigen Angelegenheit das entscheidende Wort erheben läßt. Sein Schreiben ist öffentliche Rede, derart übrigens, daß sich das Publikum dank allerlei Finessen des Humors, der stark sarkastische Qualitäten hat, aber auch dank der erheiternd drastischen Pose des Redners gut unterhalten wissen darf. Das liegt nicht zuletzt, sieht man von der oft atemverschlagenden Schärfe des Urteils ab, daran, daß unser Tribun seine Urteilsrede im Ton eines behaglichen Erzählers und also ironisch vortragen kann, indem er etwa den Kunstgriff anwendet, den auch ich in diesem Satz benutzt habe, und ›unser Stefan Heym‹ sagt, worin ›unser Held‹, aber auch ›unser Pappenheimer‹ anklingt. Das Publikum wird auf diese Weise zum Souverän erhoben und dabei sorgsam vom Gegenstand der Rede getrennt – oder, im anderen, rühmenden Falle, ihm nahegebracht, ohne daß diese Distanz oder Nähe sich unbedingt oder ausschließlich einer Argumentation verdanken müssen. Der Tribun tritt vor und beherrscht die Szenerie; er läßt erkennen, daß es ein Problem gibt und wie es zu lösen ist, daß freilich die Lösung einen Schock auslösen und mehr oder minder einen Skandal aufdecken wird – oder die Schuld einer unverdient vorenthaltenen Anerkennung, ja Huldigung einfordern muß. So einfach dies Modell ist, mit dem sich so erfolgreich das Zentrum öffentlicher Aufmerksamkeit gewinnen und behaupten läßt, so ergiebig läßt es sich variieren und ausbauen zu den verschiedensten Formen eines Prozesses. Das mag der Grund dafür sein, daß man Marcel Reich-Ranicki als Scharfrichter oder Literaturpapst (eine etwas gedankenlose Übertragung) gesehen hat. Doch ist er weder Scharfrichter noch Literaturpapst, sondern Tribun: der Tribun, der die größten Kohorten öffentlicher Meinung hinter sich zu sammeln weiß.

Die eigentliche Begründung für meine Behauptung, daß Marcel Reich-Ranicki ein guter, jedenfalls wirksamer Schriftsteller sei, beziehe ich aus dem Tatbestand, daß seine Tribunalinszenierungen spielerisch und als spielerische gelungen sind. Wir, die Schriftsteller, sind geneigt, uns mit den Opfern der Inszenierungen zu identifizieren, und nehmen sie (bitter) ernst. In Wahrheit aber sind sie nur Kunstgriff, Spiel, ja, um es mit Thomas Mann zu sagen (und die konzeptionelle Nachbarschaft anzudeuten): Travestie. Das Publikum genießt sie und erfreut sich an ihnen. Das reklamierte Wichtigste, heißt das auch, ist die schönste Hauptsache der Welt (und also den Mächtigen der Welt Nebensache). Kritik als Literatur, als Travestie des Tribunals hält die Distanz aufrecht, aus der heraus man nicht nur urteilen, sondern das Urteilen genießen kann. Sie entzündet sich zwar an Anlässen, aber sie lebt aus eigenem Recht, dem Bewußtsein, selber ein Kunstwerk zu sein. Sie verlangt nach Bühne und (Medien)Auftritt – und sie hat eine, nun nicht mehr überraschende, Affinität zum artistischen Literaturkonzept: Thomas Mann, Vladimir Nabokov, der vielgeteilte Tucholsky, der Romanautor Koeppen, heutzutage Hermann Burger, Ulla Hahn sind die Lieblinge: Und sie alle sind artistische Erben, mehr Nutznießer als Neuerer, ihnen ist Literatur Medium eher des rekapitulierenden Spiels als der originären Erkenntnis oder schöner Pioniertaten. An Marcel Reich-Ranickis Leidenschaft für Martin Walser, am Abstoßen der (ernst gemeinten) Erkenntnisoptionen der Walserschen Literatur, am genießerischen Huldigen des gelungenen Spiels kann man es studieren. Und von Thomas Mann schätzt er am meisten nicht »Buddenbrooks«, »Zauberberg«, nicht »Tonio Kröger« oder »Tod in Venedig«, sondern »Lotte in Weimar«.

Ein Gegenschnitt soll die Position verdeutlichen. Friedrich Schlegels romantische Theorie von der progressiven Universalpoesie, wonach Autor und Leser an der unendlichen Reflexion des Kunstwerks teilnehmen, ihre Aufnahme in diesem Jahrhundert durch Benjamin und andere, die darin enthaltene Emphase des einzelnen Kunstwerks und seiner Reflexion ist Reich-Ranickis Sache nicht. Das Werk tritt bei ihm hinter dem Autor und hinter der Literatur als Ganzem zurück; er hat bekannt, daß er oft zu dem einzelnen Werk erst dann etwas zu sagen weiß, wenn er sich durch Sekundärliteratur und andere Kritiken herausgefordert fühlt; er sieht sich nicht als Rezensent eines Buchs, sondern als Kritiker, der in die Literaturdiskussion eintritt (und sie, fahren wir fort, in seinem Tribunal entscheidet). Die Distanz bleibt spielerisch gewahrt, jede Symbiose, erst recht jene in Form der Jüngerschaft (so betörend und mitunter geradezu flötend er huldigen kann), wird abgelehnt. Es ist eine Position, die sich im Virtuosen zu Hause fühlt und dem Magischen mißtraut, die in der Kunst auf die Technik mehr sieht als auf die Poesie. Und in diesem Sinne technischer Versiertheit, virtuoser Redebeherrschung und Urteilslust, humorvoller Travestie (der auch Understatement und pointierte Andeutung zur Verfügung stehen, obwohl sie im genußvollen Ausschreiben und Auskosten ganz bei sich ist): in diesem Sinne ist Marcel Reich-Ranicki ein guter Schriftsteller, ein Kritiker, der seine Ästhetik nicht nur anhand der Werke anderer einfordert, sondern auch im eigenen Schreiben verwirklicht, und zwar, pikanter- und raffinierterweise, indem er, der Schriftsteller, sich eine Inszenierung erfindet, in der er Leser unter Lesern, Tribun unter Bürgern sein kann.

Wer die inszenatorische Leistung des Schriftstellers Reich-Ranicki wahrnimmt, kann erkennen, welcher Suggestion er (mit positiver oder negativer Reaktion) ausgesetzt ist, wie sehr er zugleich die Hitze der (Rede)Schlacht erlebt und den Sog verspürt, sich genüßlich zurückzulehnen; wie fasziniert er den Aktionen der Matadore in der Arena folgen kann, ohne selbst in Gefahr zu geraten. Die Expositionen der Kritiken erfüllen dabei die Funktion eines Wetterleuchtens über der Arena; sie sind oft meisterhaft, wie diese:

Die Fairneß erfordert es, mit zwei Feststellungen zu beginnen. Erstens: Dieter Wellershoff ist ein ernster und ein fähiger Mann, ein Verlagslektor, Herausgeber und Essayist, dem allerlei Verdienste nachzurühmen sind. Sie bleiben, versteht sich, von dem Urteil über seinen neuen Roman ganz und gar unberührt. Und zweitens soll keineswegs verheimlicht werden, daß sich einige Rezensenten zu diesem Roman respektvoll und entschieden positiv geäußert haben.

Nicht nur ist hier mitgesprochen, was folgen, was über Wellershoff, und zwar vor den Augen eines amüsierten Publikums, kommen wird; man erhält eine Lektion darüber, wie wenig Fairneß und das, was sich versteht, in dieser Arena Gültigkeit haben werden; denn es zählt nun einmal nichts anderes als gerade das, was ›unserem‹ Wellershoff abgesprochen werden soll. Das heißt: Das Inszenatorische, das Spielerische hat so viel Eigengewicht, daß es die Signale der Argumentation zu Floskeln macht, die jeder sehen soll, um nicht an sie zu glauben. Das gilt übrigens auch für die positiven Argumente (die verreißen oder huldigen) der Rede – oder es würde gelten, wenn nicht ihre Tradition in der Öffentlichkeit, ihr Ernstnehmen in der Betroffenheit und dessen Folgen (in Werbung, Zitat, Zurwehrsetzen des Schriftstellers etc.) die Inszenierung (nachträglich) vergessen machte. Immerhin, daß die Wirkung, daß Lob und Verriß durch Marcel Reich-Ranicki gleichermaßen der Popularität und dem Verkauf eines Buchs günstig sein können, ist eben dadurch zu erklären, daß sie beide Teil einer gelungenen Inszenierung sind. Der gute Schriftsteller wirbt aufgrund seiner Qualitäten (denen der Leser Genuß verdankt) auch noch für das, was er schlecht findet. Man erhofft während der Lektüre des (guten oder schlechten) Buchs ein

Weiterwirken, einen Nachhall des Genusses, den man bei der Lektüre der Kritik verspürt hat. So stellt die Kritik ihren Gegenstand in den Schatten (und den Verlagen geht es weniger um das Urteil als um die Aufmerksamkeit dieses Kritikers, eine Aufmerksamkeit, deren Nutznießer man mit seinem Produkt zu werden hofft).

Doch ist Marcel Reich-Ranicki nicht nur ein Meister der (eigenen) Inszenierung, der Komposition. Er beherrscht auch, und dies ist den Lesern offenkundiger, das Gegenteil: die Dekomposition, die Enthüllung der (fremden) Inszenierung. Nicht zufällig verwendet er den Titel ›Der Kaiser ist nackt‹ mehrfach. Wo immer er Kothurnen sieht, Weihrauch wittert, pompöses Gerede hört, ist er unbestechlich und treffsicher zur Stelle. Wann immer die Legende die Leistung vernebelt oder gar ersetzen soll, und Marcel Reich-Ranicki gerät in die Nähe dieses Ereignisses, weiß man, was folgen wird. Arno Schmidts geblähte Sprachwelt, Peter Handkes hoher Ton, zuletzt Hubert Fichtes Kolossalanspruch werden aufgespürt und der Prüfung eines kritischen Geschmacks unterzogen, der Verdienste und zumal Erfolge wohl anzuerkennen weiß (in jener oben vorgeführten Tribunenart freilich), das Verlassen einer allgemeinen Leserfreundlichkeit unter der Maske des Meisters aber, und sei's beckmesserisch, ahndet. Nicht in jedem Falle zwar, denn die erotischen und artistischen Großmeister und die poetischen Großmeisterinnen besitzen durchaus seine Sympathie. Aber wer das Parterre verläßt und mit Heines Antäus den kraftspendenden Kontakt mit der Wirklichkeit (wozu vor allem das Publikum mit seinen Interessen, seinen Gewohnheiten, seinem Geschmack gehört) aufgibt, ist des Tadels des Vermittlers, wie Reich-Ranicki sich sodann zu verstehen pflegt, gewiß – wenn da auch in letzter Zeit mehr Toleranz und Verständnis signalisiert wird (aber eher abstrakt). Er fordert Zeitgenossenschaft, Überprüfbarkeit der Erfahrung, Ökonomie der Mittel, die Abwesenheit von Langeweile; und wer hier passen muß, der hat vor seinem Urteil schlechte Karten, der kann auch nicht mehr leisten, was Reich-

Ranickis Vorliebe für das Drastische wenn nicht fordert, so doch für fast unverzichtbar hält: schockieren, Ärgernis sein, unübersehbares Ereignis. Der Schriftsteller wird von seiner gesellschaftlichen Rolle her gesehen (und notfalls zu ihr zurückgeführt), nicht im Nachvollzug seiner persönlichen Mythen und Emphasen. Exemplarisch (freilich ist fast jede Stelle exemplarisch) hier der Schnitt, den Reich-Ranicki im Werk Arno Schmidts (gegen Ende der fünfziger Jahre) ansetzt: *(...) dem Schriftsteller Schmidt* (scheint) *die Entwicklung in den letzten zehn oder zwölf Jahren entgangen zu sein. Er möchte unbedingt Joyce und Freud entdecken und will sich nicht damit abfinden, daß sie längst entdeckt wurden und daß es heutzutage heroischer Einzelgänger nicht bedarf, um ihre Bedeutung zu verkünden.*

Dieser Irrtum Schmidts mag symptomatisch für sein jetziges Verhältnis zur Umwelt und zur Gegenwart sein, zu jener ›Nessel Wirklichkeit‹, die jeder Schriftsteller – wie er selber einst gefordert hat – fest anfassen und zeigen sollte. Und damit ist wohl auch angedeutet, warum Schmidts Bücher heute niemanden mehr schockieren, warum er aufgehört hat, ein Ärgernis zu sein.

Die Erfahrung lehrt, daß eine Kunst, die sich besonders greller und lauter, extremer und extravaganter Mittel bedient, in bestimmten historischen Situationen den Nerv der Zeit treffen und eine starke Wirkung ausüben kann – und dann um so schneller veraltet.

Der Kritiker lehnt das Extreme und Extravagante nicht ab (ja, in letzter Zeit scheint er es gar besonders zu suchen, um darin das Exemplarische zu finden), aber es sollte sich durch seine Wirksamkeit in der Zeit rechtfertigen. Schmerz und Stolz der Avantgarde, Eigensinn im historischen Refugium schätzt er nicht. Denn was oft halb scherzhaft klingt, meint er durchaus: Der Schriftsteller hat sich dem Urteil der Nation zu stellen. Er hat sein Publikum zu akzeptieren.

Mag sein, daß sich diese offiziöse Gebärde in seinem Schreiben (und Reden) durch seine langjährige Tätigkeit für die »Encyclopaedia Britannica« profiliert und verstärkt hat (schon früh, bald nach dem Krieg, war Reich-Ranicki im diplomatischen Dienst Polens in London, wofür er sich den Namen Ranicki zulegte). Mag sein, daß eine vorhandene Affinität zum Repräsentativen und Lexikographischen ihm diese Mitarbeit nahegelegt und erleichtert hat. Immerhin ist das Lexikon sowohl der Ort der Inszenierung wie der Enthüllung, werden dort die Menschen zugleich im Ornat und nackt gezeigt, kann dort aus Kompetenz Autorität, aus dem wissenden Ich das urteilende Wir werden, in Verantwortung vor Weltöffentlichkeit und Geschichte. Der Leser unseres Kritikers ist dafür dankbar. Liest er doch stets im Gefühl, nicht seine Zeit zu verschwenden und Wesentliches zur Kenntnis zu nehmen, sorgfältig Gearbeitetes, umfassend Versiertes, auf höchstem (lexikalischen) Niveau. Und so sind denn auch Reich-Ranickis Kritiken, wie er selbst voller Selbstbewußtsein feststellt, niemals nur Rezensionen von Büchern, sondern vor allem Fortschreibungen der Literaturgeschichte. (Daher auch eine feststellbare Scheu, zuerst und ungeschützt zu urteilen.) Und noch seine mündlichen Beiträge haben den Charakter extemporierter Lexikonartikel, die man jederzeit und beliebig aus dem Bereich der deutschen und wohl auch der amerikanischen (und polnischen) Literatur abrufen kann.

Die Kompetenz, die sich zu inszenieren und fremde Scharlatanerie zu entlarven weiß; die kritische Zeitgenossenschaft, die Verantwortlichkeit und Deutlichkeit einfordert und übt; die Kennerschaft, die auf Erfahrung hält und, auf dieser Grundlage, die artistische Könnerschaft und das Universum der Erotik liebt – das sind Umrißlinien, die noch zusammengefügt, Teile, die noch vom Zentrum beatmet werden müssen. Dies Zentrum aber ist die Leidenschaft für die Literatur, zumal für die deutsche Literatur.

In seiner Lobrede auf Martin Walser schreibt Marcel Reich-Ranicki: *Doch hat jeder auch eine zweite Heimat, und manch einer hat nur diese zweite Heimat. Ich meine die Literatur.* Man kann sagen: Die deutsche Literatur ist die Heimat Marcel Reich-Ranickis, und das ist historisch nicht ohne eine tiefe Ironie und für uns, die deutschen Intellektuellen, ein Zeichen der Hoffnung. Waren es doch vor allem die Motive des Antiintellektualismus und der haßvollen Angst vor dem Ostjudentum, aus dem sich der Antisemitismus so unheilvoll gespeist hat. Ähnlich wie er Thomas Mann im Ringen um Wert und Ansehen der deutschen Kultur in der Welt als den Antipoden Hitlers begreift, so wird man einst Marcel Reich-Ranicki als den Kämpfer für die unverstümmelte, ›ungesäuberte‹ und nicht durch Trägheit versäumte Einheit der deutschen Literatur (und zwar nicht nur nach dem Zweiten Weltkrieg) begreifen können. Die Titel seiner Bücher schon sagen es, und weil es so offensichtlich ist, hält man es vielleicht für selbstverständlich und gleichsam naturwüchsig und glaubt: Dies brauche man nur als Geschenk in Empfang zu nehmen. Es ist aber das Ergebnis von Erkenntnis, Engagement und Liebe. Ob Marcel Reich-Ranicki, unter dem Titel »Ruhestörer«, die Rolle der Juden in der deutschen Literatur in Erinnerung (und damit in eine erneuerte Tradition) ruft, ob er »Die deutsche Literatur in Ost und West« der selbstgenügsam partikulären Betrachtungsweise entreißt, ob er die Qualitäten früherer Autoren (und hier wiederum vor allem jüdischer) *nachprüft* oder Tendenzen der Jahrzehnte aufklären hilft, ob er, mit einem gigantischen Interpretationsunternehmen, den Stellenwert des deutschen Gedichts im kulturellen Bewußtsein steigert oder sich programmatisch unter dem Streitruf ›Nichts als Literatur‹ sammelt – die Emphase für Einheit und Rang der deutschen Literatur ist stets unverkennbar. Gewiß, er erschreibt sich damit auch seine eigene geistige Herkunft und Zukunft, und das mag eine drängende persönliche Motivation gewesen sein. Er tut dies übrigens, angesichts seines persönlichen Schicksals (seine Eltern und sein Bruder wurden, nur weil sie Juden waren, von Deutschen ermordet), nobel und mit persönlich diskreter, freilich vehement aufklärerischer Deutlichkeit und Beharrlichkeit. Inzwischen jedoch sind seine Aktivitäten längst über das Maß persönlicher Leistung hinausgewachsen und zu einem historischen Ereignis geworden. Selbstbewußtsein der deutschen Literatur, Ausstrahlung in die Gesellschaften des deutschsprachigen Raumes und in die benachbarten Kulturen sind zwar nicht das alleinige Werk Marcel Reich-Ranickis (denn soweit geht unsere Vergeßlichkeit gegenüber Brecht nicht, daß wir uns nicht seiner Frage erinnerten: Hatte er nicht wenigstens einen Koch bei sich?) – aber sie haben sich unlösbar mit seinem Wirken verbunden, so sehr immerhin, daß sein Werturteil über deutsche Literatur niemals unbeachtet und folgenlos bleibt. Das aber ist Heimat, und es ist erworben.

Wäre er nur der drastische Inszenator der lexikalischen Autorität im Namen der deutschen Literatur, wäre er nur der Erfinder und Unterhalter der Arena, in der er als ein kritischer Don Quixote der schönen Literatur und ihren artistischen und erotischen Reizen nachjagt, wir alle müßten ihn lieben. Das aber will er offensichtlich nicht. Die Bereitschaft zum Schrecklichen, zum blutigen Verriß (oder zur kompromittierenden Huldigung) soll uns auf Distanz halten oder gar aus seiner Arena verscheuchen, wenn wir denn je Zutritt hatten. Es ist kein ziviler oder gar tierischer Ernst dabei, das nicht; das ist auch, wie erwähnt, innerhalb des Inszenatorischen nur mit einem Stilbruch, also einer Minderung der eigenen schriftstellerischen Qualität möglich; gleichwohl verbreitet er Furcht und Entzücken, fordert Tapferkeit und den Gleichmut, der die Entfernung aus der Literaturgeschichte, jedenfalls vom Markt, der sich neuerdings gänzlich mit dem Urteil der Geschichte im Einklang weiß, hinzunehmen bereit ist.

Kürzlich hat Marcel Reich-Ranicki gestanden, daß ihn nicht das Buch interessiere, sondern die Literatur. Es ist dies eine von seinen griffigen Prägungen, die das Nachdenken zwar aushalten, aufgrund ihrer Überspitzung und der sich daraus ergebenden (polemischen) Stoßrichtung aber ein Moment des Forcierten haben, das sich der Wahrheitssuche sperrt. Ähnlich empfindet man, wenn er über Lessing schreibt: (...) *der Journalismus ist es, der Lessing nötigte* (!), *in manchen seiner kritischen Arbeiten demagogische Mittel nicht zu verpönen* (!). Oder wenn er kategorisch erklärt: *Jede Kritik, die es verdient, eine Kritik genannt zu werden, ist auch eine Polemik.* In solchen Prägungen schießt er über das hinaus, was ein wohlmeinender, informierter Mensch sofort zugestehen würde. Nun aber muß dieser unbehaglich schweigen, da der frontale Widerspruch nicht das probate Mittel zur Klärung des Sachverhalts wäre, sondern allenfalls eine Differenzierung, die sich auf ein langes Gespräch einlassen müßte. Man kennt es aus anderen Zusammenhängen: Es sind gerade solche Pikser, die kleinen, schwer aufzuklärenden Ungerechtigkeiten in den Übertreibungen, die uns auf die Palme bringen; daß wir bereit sein sollen, für etwas, das uns selbstverständlich ist und unter vernünftigen Menschen nicht strittig sein sollte, in ein, dann schon bald: hitziges, Streitgespräch einzutreten. Das aber ist der Zweck der Pointierungen. Wir werden (wie weiland Lessing) genötigt, in polemischen Aufwallungen demagogisch zu reagieren – und somit zur Rechtfertigung des überzogenen Kritikbegriffs unseres Kritikers beizutragen: so sollen die Zuschauer im Rund der Arena meinen. Zumal von unserem Kritiker noch Autoritäten aufgerufen werden, die das kriegerische Ausüben des kritischen Handwerks zu legitimieren scheinen. Benjamin, der herabspricht: *Nur wer venichten kann, kann kritisieren.* Tucholsky gesteht: *Ich will dem Mann schaden, wenn ich ihn tadele. Ich will die Leser vor ihm warnen und die Verleger auch –.* Nun ja, da heult die Menge, und der vernunftliebende einzelne ist betreten und gar recht unglücklich, wenn er betroffen ist. Man versteht, daß an solchen Erkenntnissen und Bekenntnissen, die sich der extremen Prüfung und der radikalen Selbstbesinnung verdanken, ein Korn Wahrheit ist. Aber man spürt auch ein Schaudern angesichts solchen Furors. Nicht wahr, es ist ein anderes, ob man beschreibt, daß die Folgen einer Kritik unangenehm oder gar schrecklich sein können – oder ob man solche Folgen will oder gar wollen muß, um ein echter Kritiker heißen zu dürfen.

Ist es nicht eine Überschreitung der kritischen Kompetenz, wenn die Entscheidungen des Marktes und der Geschichte gleich mitbesorgt werden sollen? Man kann auch härter fragen: Gibt es eigentlich im Bereich des bürgerlichen Geisteslebens keine Regularien, die vor Aggressionen, die im Namen der Kritik verübt werden, schützen? An dieser Stelle verkündet unser Kritiker, daß er ja nicht morde, sondern Totenscheine ausstelle. Welch magistrale Macht! Welch schwärmerische Nähe zur Rabiatmedizin. Der Patient wird vom Tropf genommen, und es ist aus. Eine erregende Geschichte: aber eine Kritik? Hier merken wir, daß es denn doch Nachteile hat, daß der Schriftsteller Reich-Ranicki seine Kritik in der Arena inszeniert. Daß er sich in Wahrheit, und übrigens analog zu Adorno, in Konkurrenz zur kritisierten Literatur befindet und sich an ihre Stelle setzen will. Daß er nicht Kritiker, sondern Meta-Kritiker und Konkurrent ist. Da kann er die Verantwortung, aber auch Lust und Abscheu, Bedenken und Begeisterung vor dem einzelnen Buch nicht gebrauchen, sondern nur alles, den machtverleihenden Gesamtzusammenhang der Literatur...

So etwa die, ihrerseits nun überzogene, Reaktion auf den polemischen Impuls in den programmatischen Räsonnements von Marcel Reich-Ranicki. Was soll denn eine Buch-Kritik leisten? Sie soll das Buch vorstellen und beurteilen, sie soll unterscheiden und entscheiden, sie soll auf den Autor antworten und dem Leser zu einer eigenen Antwort raten oder nicht. Ja, sie soll auch sagen: Dies ist großartig und das ist völlig mißlungen, so sehe ich die Literatur. Aber sie soll dies fair tun. Was hat es für einen Sinn, im Straßenverkehr um Rücksicht zu bitten, im Fußballspiel das Foulspiel zu ahnden und der Polizei die Verhältnismäßigkeit der Mittel zu verordnen? Zumal man dabei keine Stuntmen, keine Paul Breitners und keine Rambos heranzieht. Doch lassen wir Rambo und die Totenscheine, lassen wir die Metaphern. Es gibt in der Literatur keine Ehrengerichte, und es gibt kein Kartellamt, das über die Funktions- und Machthäufung in diesem Bereich wacht. Und es wird zunehmend eine Öffentlichkeit vorausgesetzt, die die Regeln des Scheckbuch-Journalismus als Lebensregeln akzeptiert, die erwartet, daß man aggressiv ist und Totenscheine auszustellen weiß, wenn man schon nicht morden kann.

Mag sein, die polemische Vehemenz hängt damit zusammen, daß Marcel Reich-Ranicki kein glückliches Verhältnis zur Philosophie hat. Die Literatur als Medium der Erkenntnis spielt in seinen Argumentationen keine große Rolle. Mit der Logik spielt er gern und läßt sie im Ungefähren, wo sich ein intelligenter Mann ihrer nicht unbedingt bedienen muß. Er zitiert den Satz von Friedrich Schlegel: *Goethe ist zu sehr Dichter, um Kunstkenner zu sein*. Und er fährt fort: *Dies mag eine etwas leichtfertige Behauptung sein, hier indes scheint sie durchaus nicht absurd.* Wenn auch Friedrich Schlegel, der Erfinder dieser Wahrheit, nicht recht haben mag, heißt das, so habe doch ich nun damit ins Schwarze getroffen. Die Wahrheit ist etwas, das Marcel Reich-Ranicki hier und dort findet und zur Anwendung bringt (meist in Form der geliebten Zitate und also auch aus geborgter Autorität), doch wie es um die Grundlagen solcher Wahrheit und der Wahrheitsfindung steht, schert ihn herzlich wenig. Wenn er sagen würde: Ich bin eitel – dann könnten wir uns mit brüderlichem Verständnis den Sachfragen zuwenden und ein wenig nach der Wahrheit forschen; aber er sagt: Alle berühmten Kritiker waren eitel, also ist die Eitelkeit die Voraussetzung der Kritik.

Andererseits freilich denkt er in ausgeprägten Hierarchien und hierarchischen Ordnungsschemata. Er agiert als Portier am Literaturhimmel und dazu noch als Platzanweiser beim großen Bankett. *Aber war Katia Mann, die Frau des ersten deutschen Schriftstellers dieses Jahrhunderts, die Mutter der Publizistin Erika, des Romanciers Klaus Mann, des Historikers Golo Mann, des Germanisten Michael Mann, der Feuilletonistin Monika Mann und der Journalistin Elisabeth Mann, war Katia Mann, die Erwählte, wirklich glücklich?* So gesehen eigentlich schon, wurde doch alles abgedeckt, was der literarische Ehrgeiz sich an Rubriken wünschen kann.

Und andererseits geht er freizügig mit Superlativen um und

verschenkt Jahrhundertetiketten. Mit Vorliebe tut er, der sonst den Legenden auflauert, dies beim Begutachten von Briefen, Tagebüchern und anderem Legendenwerk, indem er mit bedauerndem Unterton konstatiert: Dieser Mensch ist zwar ein Kotzbrocken, aber ein Genie, und man weiß ja, daß Genies Kotzbrocken sind. Er nennt auch zum Beispiel Joyce, aber eine poetologisch-kritische Auseinandersetzung mit dessen Werk fällt aus oder gerät, in anderen Fällen, dürftig. Statt dessen Dämonisierung: *Es war der Preis, den dieser unvergleichbare, dieser deutscheste aller deutschen Schriftsteller unseres Jahrhunderts für sein Deutschtum zu zahlen hatte.* (Die hochgerüstete Rede will Thomas Manns »Elend unter kalifornischer Sonne« würdigen.) György Konrad wird sich freuen, in einem beliebigen Zusammenhang *der wohl bedeutendste ungarische Epiker unserer Jahre* geheißen zu werden. Was soll das? Was hat er davon? Nun, da er es erreicht hat, kann er und dürfen wir es ja sagen: Er möchte die Literatur ermöglichen, die ihm paßt; er möchte, daß diese Literatur erfolgreich ist, und er möchte (Simmel läßt grüßen), daß die erfolgreiche Literatur ihm paßt. Er ist als Schriftsteller übrigens besser als die Literatur, die er so ermöglicht: besser als Ulla Hahn und der junge Thorsten Becker, besser als Hermann Burger, ja, übrigens auch besser als Wolfgang Koeppen in jener legendenumwucherten Trilogie. Aber man merkt an diesem Beispiel, wie genial es ist, in diesem Bereich Komparativ und Superlativ zu verwenden.

Die Kunst des Zitierens steht ihm in besonderem Maße zu Gebote. Die Zitate sind die Arenen im Kleinen. Hier wird ein Feld abgesteckt, auf dem man sich nur mit Hilfe des Kritikers bewähren kann. Je nachdem, ob er den Probanden leitet – oder nicht. Thomas Mann etwa können im »Tonio Kröger«, da Martin Walser nun einmal dies Werk zur schlechtesten Erzählung des Jahrhunderts erkoren hat, bedenkliche Sprachschnitzer und epische Zwangshandlungen attestiert werden, manches ist *einem höchst zweifelhaften Jugendstil* und großer Sentimentalität verpflichtet – und doch handelt es sich nach dem Urteil

Marcel Reich-Ranickis um eine Jahrhunderterzählung, aus inhaltlich-gehaltlichen Gründen, weil hier von Thomas Mann das Thema der Heimatlosigkeit des künstlerischen Menschen in der (modernen) bürgerlichen Welt paradigmatisch behandelt sei. Etwa gleichzeitig mit »Tonio Kröger« erschien Heinrich Manns Trilogie »Die Göttinnen«. Auch dies ein Werk über den künstlerischen Menschen, freilich über den sinnenhaften, tätigen Renaissancemenschen, dem damals (gewiß kompensatorisch und auch, denkt man an die spätere Funktion des Ästhetischen im Faschismus, bedenklich) viele europäische Intellektuelle das rettende Hochgefühl abgewinnen wollten. Unser Kritiker findet auch hier Schnitzer und Gewebefehler, aber er fühlt sich nicht bemüßigt, rechtfertigende, ja nicht einmal gerecht werdende Zusammenhänge herzustellen, obwohl nicht wenige Zeugen, darunter etliche Schriftsteller, den prägenden Einfluß dieses Buchs, seinen paradigmatischen Stellenwert bekundet haben. Warum? Er wirft, aufs Ganze gehend, Heinrich Mann das Fehlen von Geschmack und von Arbeitsmoral vor. Er habe zu oft geschludert (Heinrich Mann nannte es: improvisieren), und *er zeichnete in einer oft künstlich anmutenden Sprache Welten, in denen alles künstlich ist – die Figuren ebenso wie Milieu und Hintergrund.* Das ist ein oft bewährtes realistisches Programm; aber wollte Heinrich Mann dem genügen? Und: Will Reich-Ranicki behaupten, Thomas Manns Sprache (ich spreche nicht von den Tagebüchern) mute nicht künstlich an; und wie steht es um die »Königliche Hoheit«, um den »Erwählten«, um »Krull« – ist das nicht künstlich?

Heinrich Manns artistisches Frühwerk steht im Banne der italienischen Oper; seine Initiation ist das Erlebnis, wie während einer Puccini-Aufführung die Zuschauer der ersten zehn Reihen aufstehen, um die Arien mitzusingen. Er schreibt als Regisseur und nach einer Dramaturgie, die sich gerade nicht in einer realistischen Illusion vergessen machen möchte, sondern das (mitsingende, aber auch kritische) ›Einfallen‹ des Publikums mitinszenieren möchte. (Nach Brecht dürfte das nicht mehr ganz fremd sein.) Die Hintergründe der Romane sind als theatralische Gesellschaften und, in Spannung dazu, als freie Landschaften allegorisch gesetzt (Nietzsches Wort: *Wir sind so gern in der freien Natur, weil diese keine Meinung von uns hat,* kennzeichnet die Spannung zum verordneten Rollenspiel).

Lea Ritter-Santini hat untersucht, wie Heinrich Mann in seiner Sprache, gerade in solchen Partien, die einem heutigen Geschmack fragwürdig und outriert erscheinen mögen, Kunstwerke, vor allem Bilder seiner Zeit zitiert, gleichsam eine Sprachcollage formend. Und Musil hat dies, wenn auch negativ wertend, in jenem Zitat, das Marcel Reich-Ranicki gegen Heinrich Mann anführt, erkannt: *Die Figuren bei ihm sind wie mit der Schere aus bedrucktem Papier geschnitten. Er wird sagen, daß ihn das Natürliche an ihnen nicht reizt. Auch nicht ihr Geist, sondern seine Idee. Dieser Idee gibt er ein von Anfang bis Ende künstliches Leben.* Thomas Manns epischer Integration, deren Einholen der essayistischen Reflexion in den Handlungsgang, steht hier eine sprachliche Integration gegenüber – etwas, das Thomas Mann stets als modern (zunächst abwertend) empfunden hat, was er an den Spätwerken als Heinrich Manns Greisenavantgardismus (freilich noch immer mit ironischem Unterton) erkannte.

Nun muß man dies nicht wissen; man muß es nicht einmal in der Weise akzeptieren, daß man sagt: Das mag so sein und zur Charakterisierung der Werke als Zeitdokument beitragen, aber wir heute wollen das nicht lesen und schon gar nicht in den Kanon des Lesenswerten aufnehmen. Aber man sollte wenigstens zur Kenntnis nehmen: Heinrich Mann war ein Künstler, ein Intellektueller, ein Literat europäischen Zuschnitts – nicht zuerst, wie Thomas Mann: ein deutscher Schriftsteller. Wer die ersten Kapitel des »Unrat« laut liest, erkennt die Qualitäten seines Werks unmittelbar: das Hochgespannte der Sprache, ihre artistische Schmiegsamkeit, ihre satirische Treffsicherheit, Urbanität und republikanisches Pathos. So hat in der deutschen Literatur kein anderer geschrieben. Auf diesem Hintergrund freilich muß man, zumal aus der Phase der Verwirklichung der Republik in Deutschland, viel Erstarrtes, Mißglücktes, Erzwungenes zugestehen, darin hat sich der Jagdinstinkt des Kritikers nicht geirrt.

Doch der will seinen Großen alles schenken und die anderen schnell vergessen machen. Thomas Mann rechnet er so an, daß dieser fortwährend über sich spreche, was immer auch das Thema sei; Heinrich Mann kreidet er dies an. Er hat seine Gründe; denn er ist es, der seit Jahren versucht, eine (Wieder-) Aufwertung Thomas Manns durchzusetzen. Vor zehn-, fünfzehn Jahren fanden viele den Rang Thomas Manns nur durch die Essays und das Frühwerk gestützt; in den letzten Jahren haben die Tagebücher dem Autor neue Hochachtung gewonnen. Aber diese Tagebücher haben, in ihrer stilistischen Gegensätzlichkeit zu großen Teilen des Werks, die Bedenken gegen das Übertriebene und Parfümierte seiner Ausstattungsprosa nicht behoben, sondern gestärkt. Nur sieht man jetzt darauf noch mehr als auf einen Spleen – und hat an den Essays und an den Tagebüchern das, woran man sich halten kann. Gleichwohl, und das gilt für Heinrich wie für Thomas Mann, die partielle Fragwürdigkeit löscht nicht die Bedeutung eines Autors, auch nicht eines Werks (oft ist da übrigens geradezu das Gegenteil der Fall). Also sollte man sie nicht in dem einen Fall heranziehen, um einer Schlagzeile Wirkung zu verschaffen (»Ein Abschied nicht ohne Wehmut«), und sie im anderen Fall dem Ruhme dienen lassen. Augenmaß und Fairneß stehen einem Urteilenden wohl an.

Was übrigens soll hier *Wehmut* bedeuten? Der Kritiker hat Heinrich Mann ja, nach eigenem Bekunden, nie geliebt, allenfalls teilweise eine Zeitlang aufgrund seiner historischen Rolle geschätzt (deshalb wohl auch ihn frühzeitig in Warschau herausgegeben). Krokodilstränen also, die jemand in Erinnerung an frühere Verblendung und Gutmütigkeit vergießt, der sich daranmacht, einen Namen in die Fußnoten der Literaturgeschichte zu schieben.

Muß der Kritiker vernichten können, um ein Kritiker zu sein?

Wenn er, wie Benjamin, wie Reich-Ranicki, der erste sein will, dann bietet sich das an. Die Menschen lieben die Sensation, gerade die blutrünstige. Das war nicht nur in den Kollosseen der Antike so, das ist auch in den heutigen Arenen so. Es ist aber für jeden Schriftsteller und also auch für den Kritiker gefährlich, auf eine Wirkung zuzuschreiben. Es gibt kein monolithisches Publikum; und schnell gerät man in trübe Gesellschaft. Die Menschen, die mit der Literatur leben, nehmen erst nicht mehr ernst und dann nicht mehr wahr, während die Menge ihre Nasen an den Scheiben plattdrückt, hinter denen ein feudales Clubleben sich breitmacht. Es ist nicht ganz die Gruppe 47, es hat auch nicht jedes Mitglied eine Rasierklinge bei sich, um vor laufenden Kameras die Aggression der Kritik zu dokumentieren, es ist aber etwas enorm Wichtiges und Unterhaltsames, wie man ja am Interesse des Publikums merkt, das sonst vielleicht der Literatur gar nicht gewonnen werden könnte. Selbst heute, da nur ein Vortrag über Fontane als Kritiker angekündigt ist, ist der Saal restlos ausverkauft. Vortragender wird Marcel Reich-Ranicki sein, unter dem Titel »Fontane, der Vernichter«. Der Vortrag ist als Nachwort zu einer zwölfbändigen Anthologie deutscher Literaturkritik entstanden.

Der Blick für die Schwachstellen ist trefflich, das inszenatorische Geschick ist groß, die intellektuelle Präsenz von selten nachlassender Intensität, der Stil transparent und wirksam, wenn auch auf die Dauer aufgrund der gleichbleibenden Lautstärke etwas monoton, der Ordnungswunsch ist gewaltig. Marcel Reich-Ranicki ist ein Sortierer, der unermüdlich sein Haus, und das ist die deutsche Literatur (und was an ausländischer, vornehmlich amerikanischer Literatur auf den Markt drängt), bestellt. Es überrascht – und überrascht bei näherem Hinsehen gar nicht –, daß er, der immer wieder als Leitästhetik ein leserfreundliches Realismuskonzept durchklingen läßt, eine ausgemachte Schwäche für artistische Überhöhungen hat, für repetitives Sprachspiel, für Ornament und illustrative Gebärde; daß er, dem man Solidität und Augenmaß (als glückliche Eigenschaften des Sortierers) zutrauen würde, einen unbezähmbaren Hang zum Superlativ des, mitunter peinlichen, Lobs und des Verrisses hat.

Wie auch immer man dies bewerten mag: Er hat gewirkt – freilich ist, wie so oft und zumal in einer intensiven Medienkultur, das Fragwürdige besonders wirksam geworden: die selbstgefällig-überhebliche Verrißkultur, eine Haltung, die vorgibt, zur Gesellschaft vermitteln zu wollen, sich aber Geboten der Fairneß und Aggressionskontrolle nur gnädig fügt; die Zubereitung und Ermunterung der Literatur als Show und Kunststückliteratur (so daß Lektoren daran mitarbeiten sollen, welcher Zusammenschnitt aus dem neuen Buch in Klagenfurt am wirksamsten sei); eine spezifische Wettbewerbs- und Preisszene, in der die Juroren miteinander wetteifern, möglichst vielen Gremien anzugehören, um Macht auszuüben; und wie schon einmal, zur Zeit der Gruppe 47, die angestrebte Hierarchie einer geschlossenen Clubwelt, Genuß und Verteidigung des Exklusiven; vor allem aber ein Niederreißen der Grenzen zum Markt, das Argumentieren vom Erfolg her und zu ihm hin: So unabhängig sich Marcel Reich-Ranicki gegenüber den Verlegern fühlt, so groß sein Bürgermut beim Schreiben an und für Joachim Fest sein mag, so sauber sein Trennungsstrich zur Deutschen Verlags-Anstalt, die wirtschaftlich mit der FAZ zusammenhängt, sein wird – Geschmack und Urteil (zumal angesichts der unübersehbaren Reserven gegenüber philosophischer Reflexion) geraten in den Sog des Markts, in das Netz von Werbekalkulation, Publikumsfiktion, persönlicher Eitelkeit, von Gewohnheit, von freundschaftlicher und väterlicher Patronage, wenn der Anruf beim richtigen den Absturz des falschen bescheinigen soll, wenn ein Stirnrunzeln, dessen Zeuge das Fernsehen sein könnte, zum Herzjagen bei Autor und Verleger führt. Nun, nun; das ist alles etwas empfindsam, wird man meinen; und so ist es auch, es ist, wie gesagt, alles nur eine Inszenierung. Deshalb aber nicht ohne, oft schwerwiegende, Folgen.

Der Zungenschlag, mit dem Marcel Reich-Ranicki die Kritik

als Gewerbe bezeichnet, die drastischen Lock- und Drohgebärden zum Markt hin sind mir, um es so deutlich zu sagen, wie unser Kritiker es wünscht, zuwider, so sehr, daß ich hiermit vorschlage, die Anzahl der Jurymitgliedschaften auf, sagen wir, zwei, drei zu beschränken und einen Ehrenrat zu bilden, der den Menschenrechten auch auf unserer Wildbahn zu Stimme und Wirkung verhelfen kann. Es wird immer das Problem sein: Wer lehrt die Lehrer, wer kritisiert die Kritiker? Man kann aber darauf achten, daß Kritiker Kritiker sind und nicht Marktstrategen. (So daß Hans Magnus Enzensberger schon, auf seine Weise: in Form einer Zeitdiagnose, den Kritiker abschaffen will.) Es ist wohl auch kein Zufall, daß Marcel Reich-Ranicki seine heutige Position erst als leitender Redakteur (der FAZ) erreicht, aber auch gewährt bekommen hat. Die Leidenschaft und Vehemenz, die ihn als freien Kritiker so sympathisch machte (und mir immer noch macht, wie ich gern zugebe), bekommt, aus einer institutionellen Machtposition geübt, doch eine andere Qualität. Mit einem Wort: Der Kritiker sollte eine Stimme haben, aber keine (institutionelle) Macht; solange es den freien Schriftsteller gibt (der mit seiner, auch wirtschaftlichen, Existenz für seine schriftstellerische Arbeit einsteht), sollte es den freien Kritiker geben. Nicht als Muß, selbstverständlich, aber als Maß. Es ist nicht gut, von lauter Geschäftsführern umgeben zu sein, sobald man ein Gedicht veröffentlicht.

Fast, möchte ich glauben, ist Marcel Reich-Ranicki soweit, dies einzusehen. Er hat ja (bis auf den Nobelpreis für sich) alles erreicht. Er hat, und darin liegen Triumph und Tragik, der deutschen Literatur wie kein anderer wieder zu Status und Selbstbewußtsein einer Nationalliteratur verholfen. Mir ist die Vision einer Weltliteratur lieber, die sich des je Nationalen und der Autoritäten nicht so hierarchisch und geschäftstüchtig versicherte, die nicht vergißt, daß das Gedicht eine Sache zwischen dir und mir ist. Aber vielleicht kommt das ja noch.

Kritiker – Lektor – Autor

(1988)

I

Was ein Literaturkritiker macht, weiß jeder. Er liest die neuen (und manchmal auch die alten) Bücher der Autoren und gibt über sie öffentlich und gegen Bezahlung sein Urteil ab. Er übt einen anerkannten Beruf aus, der entstand, als die bürgerliche Gesellschaft im Geist der Aufklärung sich ihrer Literatur bewußt wurde, und ist nur seinem eigenen Literaturverständnis und seinem Arbeit- beziehungsweise Auftraggeber verpflichtet. Für viele der wenigen Feuilletonleser ist er die Person, die Autoren vorzeigt oder verschwinden läßt, der Magier des kleinen Welttheaters ›Literaturbetrieb‹.

Was ein Lektor für Belletristik tut, weiß fast niemand. Er übt einen Beruf aus, der erst zu Beginn dieses Jahrhunderts entstanden ist, als einige Verlage den Status eines Handwerksbetriebs hinter sich ließen. Und dieser Beruf ist heute einem raschen Wandel unterworfen: In den noch größer gewordenen Verlagen ist er entweder Redakteur (der aus einem von der Verlagsleitung eingekauften Projekt ein gut lesbares und leicht verkäufliches Buch zu machen hat) oder Produkt-Manager, das heißt der Schwerpunkt seiner Arbeit liegt darin, das von ihm gefundene Werk eines Autors marktgerecht zu machen (und das reicht von der Umschlagsgestaltung über den adäquaten Umfang bis hin zum Auffinden von Sponsoren). Ansonsten liest auch er, der Lektor, für seinen Arbeitgeber, geht dabei aus von seiner eigenen Lesegeschichte und muß die ökonomischen Planziele und das literarische Prestige des Verlags berücksichtigen.

Der Autor schreibt das Manuskript. Ohne ihn gibt es keine Literatur, also auch keinen Lektor, keinen Verlag, keinen Kritiker. Zum Schreiben seiner Texte braucht der Autor niemanden, und selbst das Denken an den Leser kann ihn am Schreiben hindern oder sein Schreiben verderben. Aber der Text existiert nur als gelesener.

II

Im Herbst 1976 erschien ein nicht gerade leicht lesbarer Roman mit 301 eng bedruckten Seiten in einem guten, aber etwas entlegenen Verlag. Sein Autor hatte zuvor schon ein Gedichtbuch und einen Band Erzählungen veröffentlicht. Zuerst hatte der Verlag das Manuskript abgelehnt, dann wollte der Verleger eine Auflage von 1000 Exemplaren wagen aufgrund folgender Rechnung: 500 Exemplare für die Insassen der Irrenanstalten des Landes und 500 Exemplare für die Literaturliebhaber, die allerdings nach der Lektüre auch in die Anstalt kämen. Der Roman erschien dann doch in 2500 Exemplaren; in der 2. Auflage waren es nochmals 1500 Exemplare; und es gab bei einer Buchgemeinschaft eine Sonderauflage von 1200 Exemplaren. Der Roman wurde staunend und mit Gegenrezensionen besprochen und rief sogar erregte Leserbriefe hervor. Bis zum Sommer 1977 sind 36 Rezensionen veröffentlicht worden, davon allein 30 im Land des Autors, nur 5 in der Bundesrepublik (eine davon in der »Frankfurter Allgemeinen Zeitung«, eine im RIAS Berlin) und eine in Holland. Bald folgte ein Bild-Materialienband über dieses Werk. Es wurde sogar verfilmt. Der Film wurde auf den Festspielen in Berlin und Locarno gezeigt, fand aber nur einen kleinen Verleih, der später in Konkurs ging. Die Veröffentlichung dieses Romans war ein nationales Literatur-Ereignis – wir jedoch in der Bundesrepublik haben damals kaum das Buch und schon gar nicht den Film zur Kenntnis genommen.

Ich kam zu jener Zeit aus dem Ausland zurück und fragte nach neuen Büchern und neuen Autoren. Ein befreundeter Autor wies mich auf einen Textabschnitt in der Anthologie »Fortschreiben« hin; wenig später druckte die »Frankfurter Rundschau« – ein Jahr nach Erscheinen des Romans – die Rezension eines mir bekannten Kritikers ab. Daraufhin las ich den Roman, war vom ersten Satz an von der aufwendigen, todesschwangeren und lebenssüchtigen Sprache fasziniert und teilte dem mir unbekannten Autor meine Begeisterung in einem Telefonat mit. Der Autor dankte für diese erste positive Reaktion aus dem bundesrepublikanischen Verlagswesen, da, wie ich nun erfuhr, das Manuskript des Romans auch dem Suhrkamp Verlag vorgelegen hatte; dort aber war dem Autor das gesagt worden, was Samuel Fischer schon Thomas Mann bei seinem »Buddenbrook«-Roman vorgeschlagen hatte: kürzen, und zwar um zwei Drittel des Textes. Hierauf hatte sich unser Autor freilich nicht eingelassen.

Wir trafen uns in seinem Haus auf dem Kirchberg neben dem Friedhof, und ich fragte ihn, ob dieser Roman nicht im Fischer Taschenbuchprogramm erscheinen könne, und sein nächstes Buch nicht in einer eigens für die deutschsprachige Gegenwartsliteratur gegründeten Reihe. Er stimmte beidem gerne zu; sein bisheriger Verleger hatte keine Einwände.

III

Um seine Leser zu erreichen, muß der Autor einen Weg zu den vorhandenen Vervielfältigungs-, Verteilungs- und Verkaufswegen finden. Diesen Zugang vermitteln Verleger, Programmacher oder Lektoren. Ist das Manuskript des Autors angenommen, dann nimmt alles weitere seinen Lauf nach den Gesetzen des Marktes; so läßt sich dieser Vorgang ganz schematisch darstellen. Interessanter und schwieriger wird es, wenn man davon ausgeht, daß der Autor, dem nur seine Art zu schreiben wichtig ist, eine eigenwillige Person und der Lektor für unbekannte Literatur engagiert ist.

Der Kritiker studiert die Verlagsprogramme, wählt, wenn er fest angestellt ist, aus, was er selbst besprechen möchte, für welche Bücher er Außenaufträge erteilt und welche in seinem

Feuilleton nicht besprochen werden. Alle literarischen Bücher einer Saison kann er nicht lesen; also orientiert er sich an den eingeführten Autoren- und Verlagsnamen. Er sichtet das riesige Angebot nach den Schemata des Bekannten, nach dem unterstellten Interesse seiner Leser und nach der Wahrscheinlichkeit, mit der die deutliche Besprechung eines bestimmten Buches seinem eigenen Ansehen dient.

Der Lektor dagegen hat es mit Ungedrucktem zu tun. Er liest die zumeist unverlangt eingegangenen Manuskripte immer in der Erwartung, auf eine andere Sprache und Art der Darstellung zu stoßen, was dann im nachhinein die neue Literatur genannt wird. Bei seiner Lektüre kann er sich auf nichts verlassen. Es gibt nur den Text, keine Gesprächspartner und keine allgemein gültigen literarischen Kriterien; er weiß nicht einmal, worauf seine Erwartung zielt. Die bekannte Literatur ist ihm dabei der Parameter, der ihm die Abweichungen des unveröffentlichten Textes anzeigt. Das Schwierigste für ihn aber ist, diese Abweichungen gegenüber der Summe der veröffentlichten Erzählweisen zu bewerten. Hierbei können ihm nicht einmal die Absichtserklärungen des Autors helfen. Er selbst muß mit einer ungewöhnlichen Interpunktion, mit nicht bekannten Sprachbildern, mit einer ver-rückten Form zurechtkommen und sie als mißglückt oder als den anderen Ton etc. erkennen.

Technische Innovationen lassen sich messen; dieses Auto fährt schneller, jenes Waschmittel wäscht weißer, ein neues Medikament hat geringere Nebenwirkungen. Kunstwerke, auch die Werke der Literatur, sind nicht besser als andere, sie sind nur anders, sie haben ein anderes Wahrnehmungs- und Wiedergabeverhalten der Welt gegenüber. Deshalb kann ein Autor zwar viel von einem anderen Autor lernen, er darf aber nicht so schreiben wie ein anderer. Und deshalb auch muß die jeweils nachfolgende Generation mit der Literatur der vorangegangenen abrechnen, um ihre eigene Stimme zu finden.

Hat der Lektor einen Text gefunden, der für ihn die bekannte Umwelt neu darstellt, und ist sein Vorschlag angenommen worden (auch im Verlag gibt es unterschiedliche Lesarten, zudem ist dieser Verlag, wie auch die Öffentlichkeit, prinzipiell an neuen Autoren interessiert, nicht aber gerade an diesem), so versucht er zu erkennen, ob der Autor radikal genug seine eigenen Intentionen verwirklicht hat. Als ›erster Leser‹ ist er Gesprächspartner des Autors, um ihm zu helfen, Falsches, Schiefes, Undeutliches zu korrigieren. Erst wenn der definitive Text vorliegt, folgt das Gespräch über Format, Ausstattung, Klappentext etc., denn der Lektor kennt die geringen Werbemittel des Verlags, die tausendfache Konkurrenz im Sortiment, die Trägheit des Publikums. Hilfesuchend schaut er deshalb auf den Kritiker.

IV

Im Frühjahr 1979 erschien der schmale Band mit den drei Erzählungen unseres Autors in einer Startauflage von 8000 Exemplaren. Ich schickte das Buch den 26 Kritikern der Südwestfunk-Bestenliste so früh wie möglich und mit einem persönlichen Brief zu. Diesmal war der Erfolg erstaunlich: Nur einen Monat nach Erscheinen setzten diese Kritiker den Erzählungsband sogleich auf Platz 1 ihrer Liste, was zur Folge hatte, daß dieses Buch nun in vielen Zeitungen, Zeitschriften und Rundfunkanstalten besprochen wurde – nur »Die Zeit« begnügte sich mit einer Kurzkritik. Noch wichtiger aber war wohl, daß einer der bekanntesten Literaturkritiker, Marcel Reich-Ranicki, das Buch noch Ende August in der Tiefdruckbeilage der »Frankfurter Allgemeinen Zeitung« ausführlich und enthusiastisch besprochen hatte – wobei er nicht vergaß, auf den schwer lesbaren ersten Roman hinzuweisen. Der Band kam bald in die zweite Auflage. Der Name des Autors ist seitdem auch in der Bundesrepublik bekannt, seine Bücher sind gefragt.

V

Der Verlag hat das erste Buch eines namenlosen Autors veröffentlicht, aber es hat noch keine Leser. Zwischen dem unübersehbaren Angebot an literarischen Neuerscheinungen und der unspezifischen Neugierde des Lesers vermittelt der Kritiker. Er spricht, in der Rolle des ›ersten Vorlesers‹, zu seinem Publikum über seine Lektüre dieses neuen Buches, wobei er in eigener Verantwortung den öffentlichen Kunstverstand vertritt mit seinem Besprechungs-Text, der die Konkurrenz mit anderen Rezensionen für sich entscheiden will. Seine Besprechung will unterhalten und belehren, und sie versucht zugleich, das literarische Werk auf einen Begriff zu bringen, den dieses selbst mit allen ästhetischen Mitteln vermieden hat. Und so kann es geschehen, daß der Text des Autors für den Kritiker nur der Anlaß ist, zu seinem eigenen Text zu kommen, und daß der Kritiker einen Autor oder eine neue Tendenz ›entdeckt‹, die es ja ohne ihn schon gibt, allerdings unbemerkt.

So macht die Literaturkritik Namen bekannt: die der Autoren und die der Kritiker. Sie vermittelt zwischen Autor und Leser das Buch, das es ohne den Verlag/Lektor gar nicht gäbe. Der Verlag wiederum übernimmt zu Werbezwecken Zitate aus den Besprechungen; und der Rezensent empfiehlt, wenn er bekannt genug ist, den Autor bei literarischen Wettbewerben, bietet ihm Platz für Originalveröffentlichungen, spricht ihm als Juror Literaturpreise zu und hält womöglich noch die Laudatio. In der Öffentlichkeit gilt er nun als der Ziehvater des Autors, bis er ein späteres Buch dieses Autors nicht bespricht oder negativ kritisiert und inzwischen andere, neuere Autoren fördert. Im machtvollen Gebrauch seiner Subjektivität beherrscht er die öffentliche Kommunikation, indem er das Ergebnis seiner Lektüre publiziert – ein seltenes Privileg und doch Teil eines Marktzusammenhanges.

VI

1978 – also noch vor Erscheinen des Erzählungsbandes – hatte unser Autor zum ersten Mal beim Klagenfurter Bachmann-Wettbewerb vorgelesen, ein Kapitel aus dem Roman, an dem er nun schrieb – die Kritik war etwas ratlos und zugleich neugierig auf die Fortsetzung des Romans. Als es um die Vergabe der Preise ging, erhielt der Autor eine Stimme. Immer wieder zwang ihn Krankheit, die Arbeit an dem Roman zu unterbrechen. In der Zwischenzeit veröffentlichte er Gedichte in der strengen Idyllen-Form. Im Herbst 1982 erschien endlich der Roman als gebundenes Buch in einer Auflage von 6000 Exemplaren. Er wurde auf der Seite 1 der Buchmessebeilage der FAZ von Marcel Reich-Ranicki besprochen; die anderen Zeitungen zogen nach, nur in der »Zeit« ist keine Besprechung erschienen. In den Magazinen seines Landes erschienen mehrfach Porträts dieses Autors. Es gab sogar Doppelbesprechungen in den Rundfunkanstalten, einen Bericht über den Ort der Romanhandlung in »Titel Thesen Temperamente« und ein Streitgespräch zwischen Rolf Becker und Marcel Reich-Ranicki im ZDF (»aspekte«). Sechs Monate lang stand der Roman auf der Südwestfunk-Bestenliste. Die erste Auflage war bald vergriffen. 1983 wurde dem Autor der erste Hölderlin-Preis der Stadt Bad Homburg – seine erste literarische Auszeichnung in der BRD – verliehen, deren Juror Marcel Reich-Ranicki auch die Festrede »Spielmeister am Rande des Abgrunds« hielt; im gleichen Jahr hatte der Autor auch den »Fragebogen« des »FAZ-Magazins« beantwortet. 1984 erhielt er den Literaturpreis seines Heimatkantons. 1985 erschien der Roman auf französisch. Erste Examensarbeiten entstanden über sein Werk in germanistischen Seminaren. Und er, selbst fast noch ein ›junger‹ Autor, stellte in »Literatur in Kreienhoop« (Radio Bremen, Fernsehen) als Mentor eine junge Autorin vor. Damit übernahm er auch vor den Fernsehkameras die Rolle des Literatur-Vermittlers, die er als Kritiker schon lange in seiner Heimat und, seit einigen Jahren, auch in der FAZ spielt. Im gleichen Jahr erhielt er auch mit zehn von elf Stimmen den Klagenfurter Bachmann-Preis (Vorsitzender der Jury: Marcel Reich-Ranicki).

Seitdem wird er ständig zu Lesungen eingeladen. Der Verkauf seiner Bücher hat weiter zugenommen: Der »Diabelli«-Erzählungsband liegt in der vierten Auflage vor, und jener erste, schwierige und in der Bundesrepublik fast vollkommen übersehene Roman »Schilten« ist als Taschenbuch inzwischen über 16 000mal verkauft worden. Im Frühjahr 1986 war er der bis dahin jüngste Dozent der Poetik-Vorlesungen an der Frankfurter Universität. Bei der Besprechung dieser Vorlesung geht der Rezensent der »Zeit« auch auf den vier Jahre zuvor erschienenen Roman ein und kommt bei Durchsicht aller Bücher dieses Autors zu dem Schluß: (...) *ist sicher (noch) nicht der bedeutende Romancier, für den ihn manche (schon) halten.* 1987 hielt er die Laudatio auf die neue Stadtschreiberin von Bergen-Enkheim Ulla Hahn (auch hier gehörte Marcel Reich-Ranicki der Jury an) und wurde als korrespondierendes Mitglied in die Darmstädter Deutsche Akademie für Sprache und Dichtung gewählt. Hermann Burger gilt nun als einer der bekanntesten Schweizer Autoren und als einer der wichtigsten der jüngeren Generation in der deutschsprachigen Gegenwartsliteratur, so daß das Zürcher »Tages Anzeiger Magazin« im Dezember 1987 einen Bericht über ihn zur Titelgeschichte machte.

Inzwischen sind zwei neue Bücher unseres Autors erschienen, und der designierte Nachfolger unseres Kritikers besprach sie ausführlich in der FAZ: *Burger ist nicht Schriftsteller oder Philosoph, er ist schreibender Leser* (...). Seine Frankfurter Vorlesung hatte Hermann Burger »Die allmähliche Verfertigung der Idee beim Schreiben« genannt.

WOLFRAM KNORR

Keiner schießt mit spitzeren Pfeilen

(1989)

Fels des Anstoßes
Ende 1988 schied er aus der Redaktion der FAZ – der »Literaturpapst« Marcel Reich-Ranicki, der 15 Jahre lang den Literaturteil der überregionalen Tageszeitung leitete und gestaltete und die deutschsprachige Literaturszene dominierte. Wegen seiner scharfen, klaren Kritiken und seiner bedingungslosen Förderung neuer Talente war Ranicki auch ein Fels des Anstoßes. Natürlich wird er weiterhin als Kritiker und Mitstreiter aktiv bleiben. Ein Glück für die lahme Zunft.

»Jeder, der mich besucht, wird diesem Test unterzogen. Besteht er ihn nicht, muß er wieder gehen!«

Ach, du lieber Gott.

Mit Schlitzohrengesicht und imperial gestrecktem Arm deutet er an die Wand hinter der Couch, an der die Platzhirsche der Dichtkunst hängen, stolze Trophäen seiner langjährigen Pirsch im Freigehege der Literatur.

»Weil Sie aus der Schweiz kommen, kürze ich ihn ab. Wer ist das?!« Er klopft auf einen Zwölfender. Auch ohne richtig hinzugucken, kennt man ihn: Die Antwort macht das aber nicht leichter: »Na ja, Max Frisch.« Um, angesichts der zahllosen Prominenten-Köpfe, die seine Wand pflastern, die Nase vorn zu behalten, bleibt nur das eigenmächtige Eingreifen ins Ratespiel: »Und das ist Wolfgang Koeppen.«

»Ausgezeichnet. Sie haben ihn erkannt? Koeppen selbst klagte nämlich, man würde ihn hier nicht erkennen.«

Ins Schwarze getroffen. Der Kandidat hat 99 Punkte und darf sich setzen. Nein? Nein. Schon wirbelt der Doyen der deutschsprachigen Literatur herum und deutet mit donnerndem Übermut auf eine schwarze Büste, die auf einer Säule in der Nähe des Panoramafensters ruht. »Vor dieser Thomas-Mann-Büste«, feixt er und wippt mit seinem ausgestreckten Zeigefinger, als recke er ihn zum Pranger, »habe ich vor einigen Jahren Martin Walser zwingen wollen niederzuknien – er hat es nicht getan, der Feigling!«

Keine Frage, dieser Mann, der 15 Jahre lang den Literaturteil der »Frankfurter Allgemeinen Zeitung« (FAZ) gestaltete, verwaltete und prägte, der als »Literaturpapst« tituliert wird und deshalb auch ein Fels des Anstoßes ist, weil er scharf zugespitzte Pfeile aus seinem Köcher zieht, wenn er Belletristisches ins Visier nimmt, der den deutschsprachigen Literaturbetrieb dirigiert wie ein allmächtiger Orchesterleiter, zahlreiche Bücher schrieb und mit Ehrungen ausgezeichnet wurde, dieser Mann ist eine Rarität in unserer watteweichen Kritikerszene, ein Original, fast ein Entertainer.

Marcel Reich-Ranicki, seit Ende des vergangenen Jahres pensioniert und selbstverständlich auch weiterhin als Kritiker, Buchautor und Honorarprofessor tätig, hat in seinen 68 Jahren etwas geschafft, was vor ihm höchstens Alfred Kerr noch erreichte: in der Intellektuellen-Zunft der Rezensenten ein weithin bekannter Mann zu sein, sogar mit unübersehbaren Show-Talenten.

Als er kürzlich zur ZDF-Talksendung »live« geladen wurde und sich offensichtlich zwischen Harald Juhnke und Staranwalt Rolf Bossi pudelwohl fühlte, wurde er von der Moderatorin Amelie Fried nach der »Frauenliteratur« gefragt. Mit der Flinkheit eines Hechts im Karpfenteich schnappte er nach dem gefundenen Fressen und fragte schmetternd zurück: »Meine liebe Frau Fried, was ist das, ›Frauenliteratur‹? Hab' ich noch nie gehört.« Und schon hatte er die Lacher auf seiner Seite.

Selbst sein »literarisches Quartett« (ebenfalls im ZDF, und zu später Stunde) erfreut sich immer größerer Beliebtheit, weil Reich-Ranickis Präsenz so heftig schillert. Auf seine Gesichtszüge kann er einen ganzen Reigen von Gemütsbewegungen choreographieren. Äußert sich ein Gesprächspartner zu seiner Unzufriedenheit, verzieht er seinen Mund, als müsse er mit einem Karton Sägemehl oder einem Sack Holzwolle dahinter fertig werden. Holt er zu einer heftigen Replik aus, scheinen seine Augen wie Maiskörner aus seinem Gesicht zu platzen.

Gemessen an seinem dramatischen mimischen Furor, gepaart mit seiner schneidenden, klaren Stimme, wirken seine Mitdiskutanten zumeist trübselig und mutlos, so als warteten sie darauf, in einem Bezirkskrankenhaus geimpft zu werden – von Doktor Ranicki persönlich.

»Aber verwechseln Sie mich bitte nicht mit einem Showmaster«, mahnt er leicht indigniert, legt eine Hand an die Stirn und fährt sinnierend fort: »Es ist nur so, daß ich etwas suggestiver rede als die anderen, und das führt zu einer gewissen Dominanz.«

Mit seiner Suggestivkraft hat er es weit gebracht: Von der »Gruppe 47« zum FAZ-Literaturchef, vom Diskussionsteilnehmer in Funk und Fernsehen zum Vortragsredner, vom Jurymitglied und gefürchteten Virtuosen des Ingeborg-Bachmann-Wettbewerbs in Klagenfurt bis, vor allem, zum Nervtöter der sensiblen deutschen Dichter- und Kritiker-Seelen. Vom »Oberlehrer« über den »Rechthaber« und »Bescheidwisser« bis zum »Kunst-Richter« reicht die Skala derer, die seine Dominanz zum Erbrechen finden.

Doch ohne Ranickis Präsenz und gnadenlose Verrisse, ohne seine nicht weniger furchtlosen Förderungen von Lyrikern und Romanciers, die er für Talente hält, und ohne seine Jury-Shows läge die Szene lau danieder. Denn was Ranicki schreibt oder wo er auftritt, da bietet er immer aufregende Software. Er tummelt sich kregel in der Branche und versucht die Literatur von ihrem elitären Gehabe zu entrümpeln. Als »Literaturpapst« bezeichnet zu werden, mag er schon nicht mehr hören – auch wenn er es natürlich ganz gerne hört.

»Was mich reizt«, sagt Ranicki, »ist die Quadratur des Kreises: nämlich seriöse, gute und deshalb oft schwierige Literatur einem breiteren Publikum zu offerieren. Das Fernsehen ist also für mich eine zusätzliche Möglichkeit, über Literatur zu reden. Warum also soll ich dafür die elektronischen Medien nicht nutzen?«

Sein leidenschaftliches Engagement für die deutschsprachige Literatur und seine heftig-barocken Auftritte haben Gründe, die sicherlich auch auf seine bewegte Biographie zurückzuführen sind.

Als Marcel Reich im polnischen Włocławek, einer Mittelstadt an der Weichsel, geboren, wuchs er in zwei Sprachen auf. 1929 siedelte die Familie nach Berlin um, wo fünf Brüder seiner Mutter lebten. Am Wilmersdorfer Fichte-Gymnasium machte er noch 1938 das Abitur, doch sein Wunsch, Germanistik zu studieren, wurde ihm nicht erfüllt. Der Jude Reich erhielt keinen Studienplatz. So arbeitete er als Lehrling und Nachhilfelehrer, ehe er, kurz vor der »Reichskristallnacht«, nach Polen deportiert wurde. Im Warschauer Ghetto arbeitete er als Dolmetscher und als Musikkritiker einer Ghettozeitung. Als die »Umsiedlung« in den Osten begann, floh er mit seiner späteren Frau und tauchte bei einer Familie unter, die beide bis Kriegsende versteckt hielt. Ermordet wurden seine Eltern, sein Bruder, zwei Brüder der Mutter mit ihren Ehefrauen, die Mutter seiner Frau.

Befreit von der sowjetischen Armee, wurde er Mitglied der polnischen KP, nannte sich Ranicki, kam zur polnischen Militärmission nach Berlin, dann ins polnische Außenministerium in Warschau, wurde 1948 Konsul des polnischen Generalkonsulats in London und trat ein Jahr später zurück. Die Schauprozesse entsetzten ihn. Ranicki flog fristlos aus dem Dienst und aus der Partei, geriet in Einzelhaft und wurde nach einigen Wochen ohne Prozeß wieder entlassen.

Danach arbeitete er als Lektor, Autor und Kritiker für polnische Blätter. 1953 erhielt er für ein Jahr Publikationsverbot, und im Jahre 1958, als 38jähriger, besuchte er die Bundesrepublik – und kehrte nie mehr nach Polen zurück.

Von 1960 bis 1973 arbeitete er bei der »Zeit« als fest bestallter Kritiker, ehe er 1973 zur FAZ wechselte und sein einflußreiches Literaturressort aufzubauen begann.

Der »Senkrechtstarter« (Ranicki über Ranicki) wurde später entweder bezichtigt, sich »als Kronzeuge gegen den Osten im Westen« hofieren zu lassen, oder als bloßer »Wiedergutmachungs«-Fall bezeichnet. In Wahrheit aber haben sich wohl alle Kritiker über Ranickis schlackenlose Unverblümtheit geärgert, mit der er die literarische Spreu vom Weizen trennte.

Er schrieb sich eben nicht auf einer Kriechspur durch eine elitär-ermüdende Grauzone hinauf in die Höhen einer Popularität, sondern mit einem Supertreibstoff-Stil, der luzide ist, »allgemein verständlich, an den gesunden Menschenverstand appellierend, also populistisch« (»Pflasterstrand«).

Das gibt er auch unumwunden zu – »ich stand, als ich zur FAZ kam, vor einem kaum lesbaren Literaturteil, sehr elitär« – und bekennt sich zur unentbehrlichen Härte des Kritikers; gleichwohl entweichen ihm mitunter Bekundungen, die auch ein Missionsbedürfnis bloßlegen. Nicht nur im Sinne eines Volksfürsorglers, sondern vor allem als Mäzen und Macher von Literatur. Seine Betriebsamkeit, sein schon fast fiebriger Elan, mit dem er gegen und für Autoren kämpft, hat ganz gewiß seine Triebfeder in dem elementaren Wunsch, *den* großen Autor und *das* Buch der Epoche zu entdecken. Ein Käpt'n Ahab der Literatur, ruhelos auf der Suche nach dem Weißen Wal.

Doch was er findet – etwa Ulla Hahn oder Hermann Burger –, wird barsch als Ranicki-Petitessen verhöhnt, zu Makrelen gemacht. »Ich habe«, sagt er, »mit mehr oder weniger Glück neue Autoren entdeckt, aufgebaut und begleitet. Der umstrittenste Fall ist Ulla Hahn. Das ging ja so weit, daß man behauptet hat, Ulla Hahn und Hermann Burger gebe es überhaupt nicht, die hätte ich erfunden, seien meinem Kopf entsprungen.«

Kungeleien und Mauscheleien hielt man ihm vor, sogar Despotismus in seinem FAZ-Ressort; doch er war es eben auch, der sich mit *seinen* Autoren gegen die konservative FAZ behauptete.

In der Kultur schuf er Freiräume, weil er wollte, daß »offen und ehrlich geschrieben« wird: »Ich habe den Mitarbeitern die Sicherheit gegeben, daß sie Verrisse schreiben können und dann Feinde haben werden, aber von uns dann natürlich nicht fallengelassen werden.«

Offenheit und Schutz, räumen manche ein, mag er ja durchgesetzt haben, aber sein literarischer Geschmack sei überholt. Er liebe die Anschaulichkeit, lebendige Figuren und Plastizität der Szenen; kurz, seine Vorstellungswelt sei der Realismus, und an dem messe er die zeitgenössische Literatur. Deshalb seine Unfähigkeit, neue Tendenzen zu erkennen. Die ignoriere er oder poltere nur starrsinnig auf dem Holzweg herum, wenn es darum gehe, diesen im Rückwärtsgang wieder zu verlassen.

Da freilich wird der Reizauslöser aller Eiertänzer und Mimosen wütend: »Barer Unsinn. Ich habe nie Realismus gefordert. Ich habe engagierte und gesellschaftskritische Literatur in einem Land verlangt, in dem meiner Meinung nach die meisten Schriftsteller sich um die Auseinandersetzung mit dem Dritten Reich herumgedrückt haben.«

Kann man denn Wolfgang Koeppen, Max Frisch, Friedrich Dürrenmatt, Karl Krolow, Sarah Kirsch, Günter Kunert, Thomas Bernhard, Ulla Hahn und Hermann Burger, um nur einige zu nennen, die er tatkräftig unterstützte, unter einen gemeinsamen Hut bringen? Natürlich nicht. Der gewiefte Literaturvermittler, der erfrischend schamlos subjektiv ist (»Kritik kann nur subjektiv sein«), will nichts weiter als klare Urteile – und die fällt er im Dienst des Lesers. Nur wenn er Bücher liest, hat auch die Literatur eine Chance, erfolgreich zu sein.

»Ein Kritiker«, sagt er, »kann keinen Romancier erziehen, aber vielleicht den Leser. Sie können ganz sicher sein, wenn der ›Stiller‹ nicht so erfolgreich gewesen wäre, hätte Max Frisch nicht so relativ schnell den ›Homo faber‹ geschrieben. Erfolg ist sehr wichtig, übt einen bewußten und unbewußten Einfluß aus.«

Dabei tatkräftig mitzuhelfen ist sein innerstes Bedürfnis, und schon blättert er in einem Dürrenmatt-Buch, um nach ein paar

»sehr, sehr klugen Worten« zu fahnden, unter denen er einige findet, die er als Tugend herausstreicht: Weil gute Autoren »den menschlichen Unterhaltungstrieb einkalkulieren, schreiben gerade große Schriftsteller amüsant. Sie verstehen ihr Geschäft.«

Das beherrscht, als Kritiker, auch Reich-Ranicki. Und vielleicht dümpelt hier die wahre Ursache für den Ärger um Ranicki – daß er auch noch amüsant ist. Auf sein ZDF-»Quartett« angesprochen, gibt er folgendes zum besten: »Daß Frau Löffler (gemeint ist Sigrid Löffler vom österreichischen Nachrichtenmagazin »profil«) die Unzufriedene spielt, ist natürlich nicht inszeniert. Nein, im Gegenteil, sie ist natürlich sie selbst, und ich werde versuchen, ihre Unzufriedenheit etwas zu bremsen.«

An diesem Versuch, Herr Ranicki, möchten wir doch bitte teilnehmen dürfen.

HAJO STEINERT

Der letzte Literaturpapst dieses Jahrhunderts: Marcel Reich-Ranicki

(1989)

> In der Tat gibt es keine Position in unserer bürgerlichen Gesellschaft, die papstähnlicher wäre als die des Kritikers. *Martin Walser*

Es ist soweit. Für die Beschäftigung mit einem literarischen Phänomen wie dem folgenden waren Hausbibliothek und Privatarchiv nicht mehr ausreichend. Eine Videoanlage mußte her. Und nun gleicht mein Arbeitsplatz eher einem elektronischen Schaltbord als einem Schreibtisch. Zu bedienen ist neben dem Textverarbeitungssystem ein Fernsehapparat plus Zusatzgerät mit Digitalanzeige, in das man jene weithin bekannten Kassetten schiebt. Und neben Disketten, Karteikästen, Aktenordnern, Videos, Fotokopien, Bücherstapeln und dem gottlob immer noch unerläßlichen Schuhkarton mit Zeitungsausschnitten glänzen einige ausgesuchte Fernsehzeitschriften. Selbst von hier aus blicken mich die zwei Weisen, von denen die Rede sein soll, ehrfurchtgebietend an.

Geboren wurden beide 1920 in Polen, der eine in Wloclawek, der andere in Wadonice. Gemein ist beiden eine frühe Liebe zu Büchern. Doch dem einen – ein Jude – blieb die Universität verschlossen; er wurde gleich nach dem Abitur in Berlin ins Warschauer Ghetto deportiert und konnte erst auf Umwegen ein höheres geistiges Amt anstreben. Der andere – ein Katholik – durfte Literatur studieren, später auch Theologie, und veröffentlichte sogar Gedichte; auf dem Höhepunkt seiner Karriere folgte er einem Ruf nach Rom. Literaturpapst indes wurde der ohne

Studium, und zwar spätestens 1973, als er die Leitung des Literaturteils der »Frankfurter Allgemeinen Zeitung« übernahm. Der mit Studium wurde im Jahre 1987 nur »der andere Papst«, wie ihn »Die Zeit« schelmisch nannte aus Anlaß zweier Fernsehsendungen über beide Würdenträger in einer Woche.[1] Doch nicht Johannes Paul II. will ich im weiteren meine Reverenz erweisen – der ist austauschbar, sein Amt ist gesichert über den eigenen Tod hinaus –, sondern dem Literaturpapst. Marcel Reich-Ranicki heißt er, und er ist der letzte in diesem Jahrhundert.

Eine »Auseinandersetzung« sollte der im April 1987 gezeigte Film des Kritikers Martin Lüdke sein.[2] Es war am Ende eher eine Hommage. Sie gipfelte in dem Satz: »Was er schreibt, wird öffentliche Meinung!« – Kann es ein größeres Kompliment für den Vertreter eines Fachs geben, das traditionsgemäß um nichts so sehr ringt und bangt wie um öffentliche Anerkennung? Bei Lüdke hat die Bezeichnung »Der Literaturpapst«, so auch der Titel des Films, jeglichen diffamierenden Beigeschmack verloren; sie ist geradezu eine Ehrenbezeichnung. Die Zeiten jedenfalls, da man sich mit einem »Literaturpapst« auseinandersetzte, um den Stellvertreter einer ganz und gar autoritären Institution zu entlarven, sind in weite Ferne gerückt. Lang scheint es her, daß man einen »Großkritiker«, einen »Kunstrichter« und wie man das seit Lessing sonst noch metaphorisch überhöhte Amt eines Literaturkritikers nennt, vom Thron zu stürzen beabsichtigte.

Nicht von Goebbels und Genossen, die das totale Verbot der Kunst- und Literaturkritik aussprachen und statt dessen eine systemgemäße »Kunstbetrachtung« forderten, ist hier die Rede, sondern von jenen Intellektuellen, die, getragen von einer Woge des antiautoritären und politischen Protestes, kurzerhand den »Tod der Literatur« ausriefen. Daß damit neben den belletristischen Formen auch und vor allem die Literaturkritik gemeint war, rückte in der bis heute unvermindert kritischen Rückbesinnung auf jene Jahre ein wenig in den Hintergrund. Im berühmtberüchtigten »Kursbuch 15« des Jahres 1968 schrieb Hans Magnus Enzensberger: »Für literarische Kunstwerke läßt sich eine wesentliche gesellschaftliche Funktion in unserer Lage nicht angeben. Daraus folgt, daß sich auch keine brauchbaren Kriterien zu ihrer Beurteilung finden lassen. Mithin ist eine Literaturkritik, die mehr als Geschmacksurteile ausstoßen und den Markt regulieren könnte, nicht möglich.«[3] Und auch Walter Boehlich, der sich noch vier Jahre zuvor sicher war, daß allein schon das Lesen ein »Akt der Selbstbefreiung« sei, zu dem selbstverständlich »der Kritiker das Seine beitragen« könne – dieser Walter Boehlich, der überdies dem »engagierten Linken, der alles an seiner gesellschaftlichen Avanciertheit« messe, eine deutliche Absage erteilte[4], holt jetzt zum Rundumschlag aus: »Die Kritik ist tot, welche? Die bürgerliche, die herrschende. Sie ist gestorben an sich selbst, gestorben mit der bürgerlichen Welt, zu der sie gehört, gestorben (...) mit dem bürgerlichen Gott, der ihr seinen Segen gegeben hat.«[5] Im gleichen »Kursbuch« flocht Karl Markus Michel einen »Kranz für die Literatur«, und auch Peter Hamm beteiligte sich mit einer eigenen Streitschrift am Sturz der Götter und fiel in die todessüchtige Metaphorik jener Zeit ein: »Beide, der bürgerliche Großkritiker und der bürgerliche Großschriftsteller, sind zu Bauchrednern geworden, die längst nicht mehr wissen, von was und für wen sie sprechen (...), der Großkritiker stirbt aus mit jener Großliteratur, der er sich stets so gerne anhängte.«[6] Was immer als Gegenteil zu einer »bürgerlichen Kritik« verstanden wurde (eine proletarische, eine sozialistische?), die befriedigende Antwort blieb aus. Ungeachtet solcher Begräbnisse schrieben sie freilich weiter, die Dichter wie die Kritiker. Ausgestorben ist ja niemand. Und es waren nicht die Namenlosen, die just zu dieser Zeit über das Tagesgeschäft hinaus mit literaturkritischen Überlegungen, in Buchform geordnet, aufwarteten: Dieter Wellershoff, Reinhard Baumgart, Karl Heinz Bohrer, Helmut Heißenbüttel, Heinrich Vormweg und natürlich auch, selbst wenn es »lauter Verrisse« wurden, Marcel Reich-Ranicki.[7] Sie galten: Alfred Andersch, Stefan

Andres, Thomas Bernhard, Peter Bichsel, Horst Bienek, Günter Eich, Günter Grass, Peter Härtling, Günter Herburger, Günter Kunert, Reinhard Lettau, Hans Erich Nossack, Helga M. Novak, Anna Seghers, Martin Walser, Peter Weiss, Dieter Wellershoff. Nicht mit den einzelnen Argumenten, die zu den Verrissen der Bücher von diesen Autoren führten, setzten sich die Kritiker der Kritik auseinander, in toto wollte man der – so fleischlos gewordenen – Institution der Literaturkritik den Todesstoß versetzen. Vergeblich.

Verglichen mit den späten sechziger Jahren läuft das literaturkritische Geschäft in den achtzigern deutlich unangefochtener, was nicht unbedingt heißt: geschmierter. Denn paradoxerweise sind es gerade Sturzversuche, die für Öl im Getriebe sorgen. Doch um die war es in diesem Jahrzehnt, abgesehen von einigen Remplern, schlecht bestellt. Gewiß, Hans Magnus Enzensberger frischte seine wenig freundliche Gesinnung gegenüber der praktizierten Literaturkritik auf. Doch tat er dies nicht im »Kursbuch«, das konsequenterweise keine Kritiken druckt, sondern in der »Neuen Zürcher Zeitung«, die sich sehr wohl ihres literaturkritischen Auftrags bewußt ist und regelmäßig Rezensionen bringt; und außerdem blieb das Echo vergleichsweise dünn, als er hier im Dezember 1986 wie aus heiterem Himmel behauptete: »Daß der Kritiker keine Rolle mehr spielt, liegt auf der Hand. Er ist von der gesellschaftlichen Bühne abgetreten, weil er nicht mehr gebraucht wird.«[8] Ein jüngerer Kritiker, Willi Winkler, bestätigte ihn auf einem der Kritikerkonzile des Berliner Literarischen Colloquiums im Frühjahr 1987. Doch sein flott geschriebenes Feuilleton diente eher dem Amüsement als der Provokation: Der Leser brauche den Kritiker nicht mehr, weil der Literaturkonsument heute wie selbstverständlich die Elaborate der Zeitungsschreiber verinnerlicht hätte und mühelos repetieren könne.[9] Dies bestätigt freilich auch – wenngleich auf ungeahnte Weise – die pädagogischen Ambitionen eines Kritikers, die übrigens von Willi Haas über Peter Härtling bis zu Heinrich Vormweg nicht verschwiegen und von Reich-Ranicki in der kernigen Sentenz zusammengefaßt werden: »Bessere Bücher, bessere Leser.« Zugegeben, Hans Magnus Enzensberger trug mit seiner roten Karte für die Literaturkritik immerhin dazu bei, daß die Deutsche Akademie für Sprache und Dichtung einen Wettbewerb mit der Preisfrage ausschrieb: »Hat Literatur die Kritik nötig?« Doch die Bejahung der Frage schien schon einprogrammmiert. Lange vor Einsendeschluß druckte die FAZ in der Tiefdruckbeilage ihre Marschrichtung ab. Nicht etwa in einem eigenen Kommentar, sondern – viel wirkungsvoller – in einem Artikel eines Mitarbeiters. In Gerhard Köpf fand man einen leibhaftigen Schriftsteller, einen Vertreter also der vermeintlich anderen Seite, der die Preisfrage mit einem regelrechten Katalog von Argumenten heftig bejahte.[10] Und nach wie vor ist die Tatsache, daß Schriftsteller selbst nicht ungern als Literaturkritiker auftreten, der beste Beweis für einen Ruf geradezu nach der kritischen Beschäftigung mit Literatur.

»Gerempelt« wurde nach Kräften in den achtziger Jahren vornehmlich in der eigenen Liga. Einzelne prominente Kritiker beschimpften sich – bei zumeist bloß zuschauender Teilnahme von Autoren und Lesern – mit Vorliebe gegenseitig. Wenn es einmal einen Göttersturz gab (wie in dem noch zu beleuchtenden Fall Raddatz), so war dies nicht Protesten aus dem Kreis von Lesern und erst recht nicht von Schriftstellern zu verdanken, sondern der Aufmerksamkeit von Kritikerkollegen, die manchmal auch Luchse sind. Fast immer, wenn die kaum Kritikerstreit oder -debatte zu nennenden Anfechtungen Gewicht annahmen, war er mit von der Partie, Marcel Reich-Ranicki, nicht als Schiedsrichter, sondern entweder als Angegriffener oder als Angreifer oder beides in einer Person. Das ziemt sich eigentlich nicht für einen Würdenträger, von dem man von Amts wegen Souveränität und vor allem Unfehlbarkeit erwartet, weshalb sich die Bezeichnung »Literaturpapst« wohl nur mit einem gewissen Augenzwinkern gebrauchen läßt. Daß Autoren dies zuweilen ganz anders sehen, ruft Martin Walser in Erinnerung, der unseres Kritikers ganze Schärfe nach der Veröffentlichung des Romans

Jenseits der Liebe (1976) zu spüren bekam, woraufhin er mit Empörung und Verbitterung die Abhandlung *Über Päpste* schrieb. Darin hatte ich mit Rotstift angekreuzt: »Das Feuilleton ist die Kirche, in der die Kunst ihre Messen zelebrieren läßt. Die katholische Kirche hat viel, viel länger gebraucht, ihren Päpsten ein Unfehlbarkeitsdogma zu erwirken, als das bürgerliche Feuilleton. Ganz genau 1870 Jahre hat die katholische Kirche gebraucht, um ihren Pastor Aeternus so infallibel zu machen. Die Samstagskirche des Feuilletons hat ihren Päpsten diese Ex-cathedra-Macht in rund einhundert Jahren geschaffen.«[11] Was würde Marcel Reich-Ranicki jetzt vermutlich antworten, wenn wir die Kritik der Kritik der Kritik weiter ausführten? – »Die Kritiker sind dazu da, an dem Ast zu sägen, auf dem sie sitzen. Unter uns: Sie können es getrost tun, denn – so paradox es auch klingen mag – je mehr man an ihm sägt, desto fester wird er.«[12] Zum festen, schon zu festen Ast der Literaturkritiker tragen allerdings noch andere Faktoren bei. Die antiautoritären Bestrebungen von 1968 jedenfalls sind heute, und das will selbst im Zeitalter postmoderner Beliebigkeit etwas heißen, einem Vertrauen in geistige Autoritäten gewichen, oder zumindest: man läßt dies gewähren, was auf das gleiche herauskommt. Vielleicht ist in unserem kulturellen Leben heute die Institution der Literaturkritik sogar der Bereich, in dem die Autoritätsstruktur noch mit am besten funktioniert.

Kaum noch ein Autor ist heute bereit, seine Betroffenheit über einen Verriß öffentlich, wie vor zehn Jahren Martin Walser, einzugestehen. Ich erinnere mich noch des Tages, als ich beim Verlag Kiepenheuer & Witsch Archivmaterial für ein Interview mit Dieter Wellershoff zu dessen 60. Geburtstag sichtete. Ein mehrseitiger Essay des Autors über die Grausamkeiten der Kritiker erregte natürlich meine besondere Aufmerksamkeit. Als ich ihn gerade fotokopieren wollte, rief man mir »Um Gottes willen« entgegen. Dies sei eine Geheimware, nicht für den Druck freigegeben. Aus gutem Grund wurde hier der Vorstoß eines betroffenen Schriftstellers gebremst. Welcher

Verlag will es sich schon mit den Kritikern verderben? Um bei diesem Verlag zu bleiben: Es war Heinrich Böll, der 1985 zwar über »diese Päpste und Tyrannen, diese fast absoluten Herrscher, die geschützt sind durch den Heiligen Plural und die noch heiligere Objektivität«, Klage führte, aber auch über das Verhalten der meisten Autoren – die Verleger überging er – gegenüber den Machtansprüchen des literaturkritischen Gewerbes: »Wir dickfellig-dünnhäutigen Dulder!«[13] In der Tat: Noch nie in diesem Jahrhundert konnte sich die Literaturkritik so frei und hemmungslos entfalten wie in den siebziger und erst recht in den achtziger Jahren.

Jedes Provinzblatt meint heute, nicht mehr ohne Rezensionen auskommen zu können – das Umschreiben von Klappentexten wird hier immer raffinierter. Die Frühjahrs-, Herbst-, Weihnachts- und Zwischendurchbeilagen der renommierten Tageszeitungen schwellen unaufhörlich an – und bieten in der Tat Stoff für ganze Jahreszeiten. Schon in Schülerzeitungen üben sich Literaturkritiker von morgen, um dann in Studentenzeitungen, Stadtzeitschriften und allen möglichen Alternativblättern zur Vollendung zu gelangen. Der von gut zwei Dutzend prominenten Kritikern zusammengestellten SWF-Bestenliste harrt die literarisch interessierte Nation entgegen wie der Fußballfan dem neuesten Stand der Bundesliga. In dem Schwarzwaldstädtchen Tuttlingen eifert man mit dem Modus der Stegreifkritik von Pult zu Pult dem Klagenfurter Modell nach[14]; in Kranichstein hat der Deutsche Literaturfonds mit seinen Literaturtagen ein ernstzunehmendes Gegenkonzil geschaffen zum Österreichischen Fernsehen, dem Veranstalter des Ingeborg-Bachmann-Wettbewerbs zu Klagenfurt. Literaturkritiker unterschreiben Lehraufträge an Universitäten und wachsen mit ihren am freiwilligen Lektürealltag der Studenten und nicht an ministeriell-germanistischen Richtlinien orientierten Lehrplänen zu ernsthaften Konkurrenten von Doktorvätern heran. Denn im Zeitalter der Spontaneität ist der Reiz groß, der von Reich-Ranickis Grundsatz ausgeht: der Kritiker reagiere auf die Literatur »von Fall zu

Fall«, ohne verbindliche Normen, ohne festes Theoriegebäude. Daß man auch bei Lessing schon die entsprechenden Stellen finden kann, gibt dem Theoriefeind die höchst seriös anmutende Legitimation, eher den Literaturbeilagen am Wochenende zu trauen als den unendlichen Listen mit Sekundärliteratur zu Semesterbeginn. Dem aufgeweckten Germanistikstudenten wird allerdings auch nicht die Methode entgangen sein, wie sich Marcel Reich-Ranicki in die literaturkritische Tradition einreiht. Sie ist ebenso simpel wie raffiniert, auf jeden Fall sehr verführerisch. Ganz gleich, ob er sich Lessing, Fontane, Benjamin, Tucholsky oder Friedrich Sieburg widmete – indem er über sie schrieb, schrieb er immer auch über sich selbst. Von Lessing, dem Gefährten im Kampf um die Anerkennung der Literaturkritik als Institution, holte er sich über jene Grundpositionen hinaus die Legitimation des kritischen Urteils, mag es auch noch so vernichtend für den Verfasser des Kunstwerks ausfallen[15]; an Fontane liebt er die Schlüsselbegriffe »unmittelbare Empfindung«, »gesunder Menschenverstand« und damit die Ablehnung eines »Paragraphen-Codex« für die Kritik sowie die Ablehnung von »Mitteltönen« zwischen den beiden Eckpfeilern Lob und Tadel[16]; in einem Atemzug zitiert M. R.-R. hier Benjamin: »Wer nicht Partei ergreifen kann, der hat zu schweigen (...). Nur wer vernichten kann, kann kritisieren«[17]; mit Tucholsky verbindet ihn das reservierte Verhältnis zu Literaturwissenschaft und Theorie[18], gleiches übrigens mit dem ansonsten von einer ganz anderen intellektuellen Couleur zeugenden Friedrich Sieburg, an dem er besonders die »Klarheit der Diktion« schätzt sowie das Erspüren von Literatur als »Lebensgefühl« und vor allem: Machtbewußtsein.[19] Um also seine eigenen Auffassungen von Literaturkritik zu untermauern, bringt es Marcel Reich-Ranicki fertig, denkbar ungleiche Geister zu einer Art Ahnengalerie zu verbinden.

Nicht nur in ihren Gazetten, in Jurys, Verlagen und Vorlesungssälen, neuerdings verschärft in Fernsehanstalten tummeln sie sich herum, die Literaturkritiker, allen voran Marcel Reich-

Ranicki, der immerhin als »Zeuge des Jahrhunderts«[20] auftreten durfte und seit dem 25. März 1988 nicht mehr nur als Experte geladen, sondern darüber hinaus in den Stand eines Moderators von »aspekte« im ZDF gehoben wurde. Ihm wurde somit die Aufgabe erteilt, nicht nur das Literaturbewußtsein der Nation zu erweitern, sondern überdies dem deutschen Fernsehen aus einer Misere zu verhelfen, das bis dato keinen Bernard Pivot aufbieten konnte, der in Frankreich mit seiner Literatursendung »Apostrophes« eine für hiesige Verhältnisse kaum denkbare Wirkung bei seinen Zuschauern erzielt. Mehr noch! Nicht allein dem Massenmedium Fernsehen, selbst einem linken Szeneblatt wie dem Frankfurter »Pflasterstrand«, gereicht es heute zur Ehre, wenn sich Herr Reich-Ranicki zu einem Interview bereit erklärt[21]; und das vom neuen Zeitgeist angefeuerte Magazin »Wiener« läßt den Literaturpapst als eine Art »Frau Irene« Rede und Antwort stehen auf eine Serie von Fragen, einige als besonders schwierig einzuordnende Dichter der Zeit betreffend.[22] Und die alternative »taz« schämt sich nicht einer offenen Liebeserklärung: »Seit einer Veranstaltung im Literarischen Colloquium (...) liebe ich Marcel Reich-Ranicki. Als er sich nämlich, nach zwei Stunden erbärmlichen Gequatsches vom Podium, aus der ersten Reihe meldete, war es mit der Langeweile vorbei (...) – ein kleiner, dicker, alter Mann, aber mit Verve, Elan, Schwung und einer Begeisterung, die einfach anstecken muß in dem von quälender Sauertöpfigkeit und akademischer Prätention geprägten Metier ›Literaturkritik‹. Auch die letzte Sendung des Auto-Scooter (...) lebte einzig durch Marcel Reich-Ranicki, den Ekstatiker.«[23]

Ein Video von dieser Sendung besitze ich leider nicht, wohl aber von Martin Lüdkes Film *Der Literaturpapst*. Ich schiebe die Kassette ein, und überaus Typisches tritt zutage: M. R.-R. hält eine Laudatio zu Ehren des Hölderlin-Preisträgers, er diktiert(!) einer Sekretärin einen Verriß in die Maschine genauso wie einen mahnenden Brief an eine geschätzte Autorin: »Die Nation wartet auf Ihre Gedichte!« Seinem Kritikerkollegen Lüdke erteilt er

Nachhilfeunterricht. (Wie erst mußte er mit seinen Redakteuren umgehen? Böse Zungen behaupten, daß sich die jüngeren FAZ-Redakteure der Meinung ihres Chefs, punktuell zumindest, »mehr oder weniger freiwillig« anschließen.[24]) Der Literaturpapst redigiert Manuskripte im Zug, grübelt im Flugzeug, ist unterwegs zum Verlag, überhaupt ist er wie sein Kollege von der katholischen Kirche viel unterwegs, wenngleich sich seine Gemeinde nur innerhalb der Nation befindet, im Gegensatz zum Papst aus Rom, dessen Reich sich über den ganzen Erdball erstreckt, wie Martin Walser in jenem ketzerischen Papier nicht ohne Genugtuung verkündet. Und auch in diesem Punkt weist Walser seinen Kritiker in die räumlichen Schranken: »Eigenartigerweise reicht das Reich des Kritikers nur so weit, wie die Zeitung reicht, in der er schreibt.«[25] Da befindet sich Walser freilich auf einem Stand, der zu Alfred Kerrs Zeiten aktuell war, als die Zeitung tatsächlich das einzige breitenwirksame Forum für die tonangebenden Kritiker bot. Ein Literaturpapst von heute weiß verschiedene Medien und Institutionen wie die Zeitung, den Verlag, die Bestenliste, die Preisjury, den Hörfunk und das Fernsehen nicht nur in ihren singulären bzw. parallelen Funktionen für seine Zwecke auszunutzen, sondern darüber hinaus in ihrer wechselseitigen Abstimmung. Man könnte dies auch Personalunion nennen. Ein Beispiel: Es hat dem Ruhm der Lyrikerin Ulla Hahn nicht nur geschadet, daß sie von Reich-Ranicki besprochen wurde, der ihre Gedichte zudem im eigenen Blatt zum Vorabdruck brachte, in der *Frankfurter Anthologie* zum Gegenstand von klugen Interpretationen machen ließ, die Lyrikerin als Rezensentin einstellte, im Fernsehen wieder auf die Qualität ihrer Texte pochte, von einem engen Mitarbeiter den Weg zu einem Stadtschreiberamt journalistisch begleiten ließ und den gleichen Verlag hat wie sie. Dies alles wird natürlich auch als gleichsam väterliche Betreuung gewertet, weshalb das Verhältnis Marcel Reich-Ranickis zu dieser Autorin auch reichlich Unsicherheit in der Zunft hervorrief, wenn nicht Argwohn und Häme. Der Aufwand, der dabei betrieben wurde, stand allerdings manchmal in einem merkwürdigen Verhältnis zur Intention der Polemik. Einer für wenig bedeutend gehaltenen Lyrikerin wurden paradoxerweise ganze Seiten gewidmet; auch dies ist der Existenz eines Literaturpapstes zu verdanken, dessen Macht also immerhin bis in die Redaktionsräume anderer Zeitungen reicht – und weiter noch: bis nach Klagenfurt, wo die Fernsehkameras im Namen Ingeborg Bachmanns surren. Ich schiebe wieder eine Videokassette ein.

Wir sehen ihn als Jurysprecher am Pult. Seine Gestalt scheint so zentral, daß selbst das Kratzen am Kopf wie eine literaturkritische Geste anmutet. Einmal macht er einem verstörten Debütanten schonungslos klar, daß er eigentlich noch nicht auf diese Veranstaltung gehöre; ein anderes Mal lobt er einen strahlenden Youngster über den grünen Klee. Ja, er spricht ex cathedra, und aus seinem erzieherischen Auftrag macht er auch keinen Hehl: »Kritik ist immer pädagogisch!« – Pausentaste. Hier sind wir in der Tat an einem wesentlichen Grundsatz Marcel Reich-Ranickis angelangt, einem ersten Gebot geradezu, das er in entschiedener Anlehnung an die aufklärerische Tradition Lessings wieder und wieder verkündet. Mit Entrüstung, stelle ich mir vor, muß man etwa 1970, als A. S. Neills *Theorie und Praxis der antiautoritären Erziehung* noch ganz vorne in den Regalen stand, zur Kenntnis genommen haben, daß der »beliebte Vergleich des Kritikers mit dem Schulmeister« nicht das Schlimmste sei, was einem Kritiker widerfahren könne, daß die pädagogische Absicht »seit eh und je« zum Gewerbe gehöre.[26] Fünfzehn Jahre später, aus dem Verfasser von *Lauter Verrisse* ist mittlerweile der »Zeuge des Jahrhunderts« geworden, gilt es eher als ein beruhigendes Zeichen von unerschütterlichem Verantwortungs- und Traditionsbewußtsein, wenn er sagt: »Ich habe meine Tätigkeit als Kritiker immer als eine pädagogische aufgefaßt, und der Vorwurf, den ich bisweilen zu hören bekam, ich sei ein Schulmeister, hat mich nicht im geringsten getroffen. Ja, natürlich bin ich ein Schulmeister. Sämtliche Kritiker von einiger Bedeutung waren Schulmeister, haben sich als Pädagogen verstanden.« Und jetzt kommt der entscheidende Zusatz: »Der Adressat ist nicht der Schriftsteller, sondern der Leser. Ich habe mir nie eingebildet, Schriftsteller erziehen zu können. Schriftsteller sind nicht lenkbare, nicht erziehbare Wesen.«[27] Indes steckt in diesem Eingeständnis auch eine gehörige Portion Vernunft, wenn nicht Schlitzohrigkeit. Ein Kritiker, der allen Ernstes mit dem Anspruch ans Werk ginge, den Schriftsteller erziehen zu können (ein geheimer Wunsch bleibt dies trotzdem), müßte sich vom Publikum die berechtigte und auch oft genug gestellte Frage gefallen lassen, ob er, der Kritiker, es denn besser machen könne, ob er gar ein verhinderter Schriftsteller sei, was es ja in der Geschichte der Literaturkritik (siehe Kerr, siehe Kraus) durchaus gab. Damit sich der Gefragte ein mehr oder weniger verkniffenes »Nein« oder »Nicht unbedingt« und den verwinkelten Hinweis auf Lessings Fundamentalsatz »Der Rezensent braucht nicht besser machen zu können, was er tadelt« ersparen kann, adressiert er sein Werk lieber an den Leser, der sich vermutlich auch viel besser erziehen oder zumindest beeinflussen läßt. (Ich kenne keinen Fall, in dem sich ein unbescholtenes Blatt unter pädagogischer Führung eines Kritikers zum Bestsellerautor entwickelte, wohl aber Leser, die sich ein entschlossenes Kritikerwort zu Herzen nahmen und mit dem Gang in den örtlichen Buchladen dazu beitrugen, daß das von Kritikerhand gepriesene Buch ganz oben steht auf der Bestsellerliste.)

Mit seiner explizit am Leser orientierten pädagogischen Auffassung von Literaturkritik grenzt sich Marcel Reich-Ranicki von einer Traditionslinie ab, die ihre Wurzeln in der romantischen Auffassung von Kritik findet. Von Friedrich Schlegel über Walter Benjamin bis hin zu Peter Handke – der Reich-Ranicki unter anderem deshalb attackierte, weil er die Arbeit des Schriftstellers nicht »anregen« könne[28] – sind die Vertreter und Adepten romantischer Kritik sehr wohl der Meinung, daß sich der Kritiker aktiv, produktiv in den Vollendungsprozeß des Kunstwerks einmischen sollte. Romantische Kritik will, so schrieb Friedrich Schlegel 1804, »nicht bloß aufklärend und erhaltend« sein, sondern produzierend durch »Lenkung, Anordnung, Erregung«, mit dem sensationellen Ergebnis überdies, daß der Kritiker am Ende das Kunstwerk besser versteht als sein Verfasser. Ziel ist die Objektivierbarkeit der einzelnen Kritik: »Die Kritik ist die Mutter der Poetik. Kritik muß sich ebenso objektivieren lassen als die Postulate der Mathematik.«[29] Diese über die Von-Fall-zu-Fall-Kritik an einzelnen Kunstwerken hinausweisende Funktion führt folglich dazu, daß das kritische Tagesgeschäft maßgeblich an Bedeutung verlieren mußte zugunsten einer Generalisierung des Reflexionsniveaus; eine Konsequenz, die den Intentionen Reich-Ranickis natürlich diametral entgegensteht. Ein schlagendes Beispiel für die romantische Rezensionspraxis: Zwischen 1796 und 1799 schrieb August Wilhelm Schlegel noch rund 300 Rezensionen für die »Jenaische Allgemeine Literaturzeitung«, ab 1801 keine einzige Rezension zeitgenössischer Bücher mehr. Ein anderes Beispiel, das Marcel Reich-Ranicki selbst anführt, ist Walter Benjamin, durchaus eine Vaterfigur der Achtundsechziger. Der habe sich nämlich in den Jahren 1926 bis 1933 zwar dem kritischen Tagesgeschäft gewidmet, doch zumeist nur Abseitigem. Mit seiner geradezu »aristokratisch-hochmütigen« Einstellung habe er sich um die wesentlichen Neuerscheinungen gedrückt.[30] Tatsächlich hat Benjamin weder Musils *Mann ohne Eigenschaften* noch Hesses *Steppenwolf* rezensiert, weder Arnold Zweigs *Grischa* noch Brochs *Schlafwandler*, weder Feuchtwangers *Erfolg* noch Werfels *Abituriententag*, weder Seghers' *Aufstand der Fischer von St. Barbara* noch Falladas *Kleiner Mann – Was nun?* und genausowenig die Feuilletons von Tucholsky, die Reportagen Kischs, die Lyrik Benns und Brechts, die Essays der Brüder Mann – die Liste ist noch längst nicht komplett.

Kein Zweifel, auch Zeitgenossen beziehungsweise unmittelbare Vorgänger Reich-Ranickis verschwiegen ihre pädagogische Verantwortung gegenüber ihren Lesern zugunsten einer kreativen gegenüber dem Verfasser des zu kritisierenden Kunstwerks, was natürlich nicht heißt, daß nicht auch Rezensenten ihres Schlags vom Leser als Erzieher hätten akzeptiert werden können. Sowohl Egon Holthusen als auch Curt Hohoff, Ernst Robert Curtius als auch Max Rychner, Friedrich Sieburg als auch Günter Blöcker leiteten ihr kritisches Mandat weniger vom Leser als vom literarischen Kunstwerk ab und standen somit eher in der Tradition einer romantischen als aufklärerischen Auffassung von Kritik. Ja, mehr noch: Die Leser waren für diese Kritiker eher ein lästiges Übel, zumindest große Fragezeichen. Wenn Friedrich Sieburg eine Sammlung Kritiken *Nur für Leser*[31] nannte, so steckt in diesem ostentativen Titel nicht nur eine kaum zu widerlegende Tatsache, sondern auch eine gehörige Portion trotziger Selbstironie. Denn auch er sah einen Sinn seines Amtes zuallererst darin, dem Tun und Lassen der Literaten auf die Spur zu kommen, besser noch: ihnen zuzugehören. »Kritik ist die Form der Literatur, deren Gegenstand die Literatur ist«, lautet Ernst Robert Curtius' immer wieder zitiertes Credo.[32] Nur Alfred Kerr konnte dies noch hochtrabender ausdrücken, zur Beruhigung gleichsam für die Kritiker, die sich das Scheitern eigener Verseschmiederei nicht so ganz eingestehen wollen: »Dichtung zerfällt in Epik, Lyrik, Dramatik und Kritik.« Curt Hohoff setzt hinzu: »Der Kritiker braucht keinen Anlaß, es ist die Literatur. Sie dient, zusammen mit der Dichtung selbst, der Sprache.«[33] Und Günter Blöcker soll der letzte sein, dessen Bereitschaft zu einer grundsätzlichen Funktionsbestimmung der Kritik wir hier zitieren: Es komme primär auf »das Erkennen des dichterischen Werkes« an, »alles andere ist sekundär!«[34] – Damit meinte er zweifellos auch den Leser: »Der Blick des Kritikers ist geradeaus gerichtet, auf das Kunstwerk. Er schielt weder nach dem Künstler noch nach dem Leser, weder nach dem Auftraggeber noch nach dem Stallgefährten. Er folgt seinem kritischen Bedürfnis, seinem Talent – sonst nichts; und dieses Bedürfnis, dieses Talent drängt ihn, das Gesetz des Kunstwerks zu ergründen, den Grad der Vollendung, seine Stellung in der Zeit. Welchen Gebrauch die Welt von seiner kritischen Erkenntnis macht, steht auf einem anderen

Blatt, es liegt außerhalb seiner Absichten und seines Vermögens.«[35]

Nein, gute Väter waren die Kritiker der Adenauer-Ära nicht und wollten sie auch nicht sein. Sie fanden dafür ihren Grund in der Geschichte. Das Schielen auf das Publikum, seine leicht einkalkulierbare Erziehbarkeit, wurde ihnen von den nationalsozialistischen »Kunstbetrachtern« zur Genüge vorexerziert. Jetzt war der didaktische Zeigefinger verpönt. Daß dies indes zu einer währenden, mitunter rabiaten Mißachtung der unmittelbaren deutschsprachigen Gegenwartsliteratur führte, paßte nicht in das Konzept Marcel Reich-Ranickis, der im Juli 1958 bei einem Mann vorstellig wurde, der sich durch eine geradezu atemberaubende Ignoranz gegenüber wesentlichen Neuerscheinungen auszeichnete, wenn man einmal von seiner Leidenschaft für Arno Schmidt, seiner Entdeckung Enzensbergers und Alexander Kluges und vor allem seiner berühmten Kritik an Martin Walsers *Halbzeit* absieht. Er war in diesem Punkt durchaus ein Verwandter – und diese Verwandtschaft ist immer schon etwas anrüchig – der Germanisten, allen voran Emil Staigers, dessen Dankesrede zur Verleihung des Zürcher Literaturpreises nicht zuletzt deshalb einen regelrechten Literaturstreit auslöste, weil einer ihrer Bestandteile der radikale Zweifel an einer Beschäftigung mit Gegenwartsliteratur war.[36] Der Name des von Marcel Reich-Ranicki bald nach seiner Ankunft in Deutschland Aufgesuchten: Friedrich Sieburg, Leiter des Literaturblatts der FAZ (bis 1964) und bekannt für seine reservierte Haltung vor allem gegen den literarischen Debütanten.

Doch Marcel Reich-Ranicki ließ sich von derartigen Warnungen nicht beirren. *Debütanten, Debütanten* überschrieb er, da noch Kritiker bei der »Zeit«, eine Sammelrezension neuer deutscher Romane des Jahres 1967 und vergab dabei einen unerwarteten Bonus an die Jugend: »Hier kommt es weniger darauf an, ob etwas Lesbares oder gar Lesenswertes veröffentlicht wurde, als vielmehr darauf, ob die neue Publikation eine schriftstellerische Begabung erkennen läßt.« Und weiter: »Erstlinge sind, von

Ausnahmen abgesehen, eher als Symptome denn als Leistungen von Interesse.«[37] – Fragt sich natürlich, ob der Tonfall des Prüfers, der darüber zu befinden hat, ob der Volksschüler reif für das Gymnasium sei, den tatsächlichen Wert eines Debüts trifft. Wie auch immer, nennen wir hier nur zwei »Symptome«, die in den sechziger Jahren entdeckt zu haben sich Marcel Reich-Ranicki rühmen darf: Rolf Dieter Brinkmann und Wolf Wondratschek.[38]

Im Jahre 1987 verkündet Reich-Ranicki, jetzt ohne ironische Untertöne und sehr fürsorglich, im Fernsehen: »Der Autor ist mein Schützling!« Gemeint war damit zweiflellos auch der Schriftsteller Thorsten Becker, dessen Debüt *Die Bürgschaft* eine von ihm höchstpersönlich verfaßte Hymne erfuhr. Bei allen Eingeständnissen, in seiner Kritik durchaus übertrieben zu haben, bekennt sich der Ekstatiker ausdrücklich zum Talent des Thorsten Becker.[39] Mehr noch: Der Autor erhielt im Jahre 1986 den FAZ-Literaturpreis. Marcel Reich-Ranickis Laudatio endete mit dem Schlußsatz: »Und lassen Sie sich nicht beirren – nicht von den Politikern und den Verlegern, nicht von Ihren Kollegen, den Schriftstellern, und schon gar nicht von uns, den Kritikern.«[40] Wie er sich beirren lassen sollte!

Auf der Frankfurter Buchmesse 1987 gab es keinen verzweifelteren Menschen als Thorsten Becker. (Mein Versuch eines Interviews mit ihm scheiterte kläglich.) Er hatte sein zweites Buch geschrieben, *Die Nase*, es war schlecht, befand, nein, nicht sein Förderer, sondern, schlimmer noch, der mit der Kritik beauftragte Redaktionsangestellte, Franz Josef Görtz.[41] Der Vater hat seinen Sohn fallengelassen. Bei einem Zweitling kommt es eben nicht mehr auf das »Symptom«, sondern auf »Leistung« an. Und da wurde auch Marcel Reich-Ranicki nachgerade Opfer seines eigenen rhetorischen Rezepts der Übertreibung. Es war einer der sogenannten Gegenpäpste, Joachim Kaiser, der ihn, den »Temperamentsclown«, ob eines seiner Gebote in der »Süddeutschen Zeitung« zur Raison rief und indirekt verantwortlich machte für falsche Erwartungen an einen Autor, der sich vorschnell auf dem Olymp deutscher Gegenwartsliteratur wähnte. »Bewußtes Übertreiben amüsiert, aber es entwertet auch«, schrieb Kaiser.[42] So wurde am Stuhl des Papstes zumindest gerüttelt. Wohlgemerkt, nicht der fallengelassene »Schützling«, ein Waisenkind jetzt, suchte die öffentliche Gegendarstellung, sondern ein anderer der Kritikergemeinde.

Bei Thomas Brasch liegt die Sache etwas anders. 1980 erhob Marcel Reich-Ranicki die Stimme: »Ein überaus sensibler, ein hochbegabter Poet ist dieser Brasch, eine der größten Hoffnungen unserer Literatur.«[43] Als sich sieben Jahre danach dieser Thomas Brasch die Fürsorge des Kritikers verbat, war dies freilich nicht zurückzuführen auf eine Rezension, sondern auf den Versuch einer Verteidigung des frischgebackenen Kleist-Preisträgers gegen die Laudatio der DDR-Schriftstellerin Christa Wolf. (Hier nicht näher zu erläuternde kulturpolitische Einwände Reich-Ranickis spielten dabei die hervorragende Rolle.) Thomas Brasch antwortete in der »Frankfurter Allgemeinen Zeitung«: »Die so oft schmerzhaften Auseinandersetzungen, an denen auch Christa Wolf teilnahm, bedürfen so wenig des Kommentars des Literaturchefs der FAZ, wie ich dessen Schutzes bedarf.«[44] Kein Sturz, aber immerhin ein Einspruch.

Doch wie gerührt dürfen wir sein, ihn auf dem Video Abschied nehmen zu sehen von Klagenfurt! Wie ihm da salbungsvoll die goldene Medaille umgelegt wird! Sicher ist, der gute, böse Gott in Kärnten hat nicht abgedankt, er wurde nicht gestürzt, er trat freiwillig ab mit den zukunftweisenden Worten: »Es sollen andere zum Zuge kommen.« Allein, daß einer der anderen im darauffolgenden »Jahr eins« nach Reich-Ranicki ausgerechnet Eckhard Henscheid war, der es bekanntlich nicht lassen konnte, mit gleichbleibendem satirischen Sägeblatt am Ast der Autorität des Literaturpapstes zu sägen, war kurios genug und stärkte noch den Ruhm des Gescholtenen. Ob in der »Welt«, der »Titanic« oder in »Konkret«: Henscheid bestätigte, was Peter Handke schon 1968 zum Ausdruck brachte: »Es ist schwierig, über die Arbeiten des Literaturkritikers Marcel Reich-Ranicki keine Satire zu schreiben.«[45]

Prominente rücken ins Videobild. Da ist zunächst Adolf Muschg. Er erzählt die Episode, wie er und Reich-Ranicki in Amerika an einem mächtigen Wasserfall entlanggehen, der indes den fortwährend über deutsche Literatur Dozierenden nicht daran hindert, auch diese vergleichsweise unumstößliche Naturerscheinung einer entschlossenen Krtik zu unterziehen: »Müßte weiter links fallen!« – So etwas trägt zur Legendenbildung bei. – Eine Geschichte für sich ist das Verhältnis Reich-Ranickis zu Martin Walser und umgekehrt. Auf der Mattscheibe beteuert Walser, freilich in der Gewißheit, heute zu den Auserwählten zu gehören, seine arge Betroffenheit über einen einstigen Verriß: »Ich fühlte mich sehr kaputtgemacht!« An anderer Stelle beschreibt er, wie er vom Literaturpapst schon im Traum verfolgt und zu dessen Doppelgänger wird.[46] Worte aufrichtiger Dankbarkeit dagegen findet Wolfgang Koeppen. Er nennt Marcel Reich-Ranicki, vergessen wir nicht, seinen eigentlichen Entdekker, den »einzigen Freund«. »Er schreibt über mich, also bin ich«, hat er an anderer Stelle einmal gesagt.[47] Wem diese Namen nicht genug sind, möge in der von Walter Jens herausgegebenen Festschrift zum 60. Geburtstag Reich-Ranickis nachschauen oder in einem Taschenbuch, das von einem Vertreter einer anderen Generation, dem nicht einmal halb so alten Kritiker Jens Jessen, herausgegeben wurde. Da finden sich: Peter Rühmkorf, Siegfried Lenz, Hilde Spiel, Jurek Becker, Sarah Kirsch, Günter Kunert, Peter Härtling, Ingeborg Drewitz, Karl Krolow, Erwin Wickert, Manfred Bieler, Heinrich Böll, Horst Bienek, Hermann Burger, Hans J. Fröhlich, Hans Bender.[48] – Aber, wird man einwenden, sind das nicht alles Schriftsteller, die von Reich-Ranicki mehr oder weniger gefördert wurden, die teilweise sogar Mitarbeiter im FAZ-Literaturblatt sind und sich also um einen Beitrag zur Festschrift gar nicht drücken konnten? Gewiß, aber welcher Literaturkritiker bekommt heute schon eine »Festschrift«?

Aber auch Kritikerkollegen sparten nicht mit anerkennenden Worten. Friedrich Luft sei hier stellvertretend zitiert: »Er ist wahrlich ein Großkritiker, einer der ganz wenigen, die unserer Tage diesen Titel, der ein Ehrentitel sein sollte, verdienen.«[49] (Kaum zu glauben, daß sich Friedrich Luft nicht selbst auch zu den »ganz wenigen« zählt ...) Im Film verbeugt sich Hellmuth Karasek vom Nachrichtenmagazin »Der Spiegel«, von Amts wegen der Nachfolger in Klagenfurt: »Er ist ein sehr großer, aber einfacher Rhetoriker!«

Da wurden im »Spiegel« zehn Jahre früher schon andere Töne angeschlagen. Christian Schultz-Gerstein nahm Reich-Ranickis Verhalten in Klagenfurt und den Verriß von Martin Walsers *Jenseits der Liebe* zum Anlaß, von einem ganz und gar »furchtbaren Kunst-Richter« zu sprechen. Ob die Analogie zum Fall Filbinger ein Jahr zuvor beabsichtigt war oder nicht, selbst solche Attacken überstand der Literaturpapst unbeschadet. Was war geschehen? Schultz-Gerstein schrieb: »Stets hatte er um sich eine moralische Leibwache von wohlmeinenden Deutschen mit schlechtem Nachkriegsgewissen, die an den einstigen Gefangenen des Warschauer Ghettos Wiedergutmachung übten, indem sie ihm seine Leidenserfahrungen als Bonus auf seine geistigen Gaben anrechneten.«[50]

Es mag stimmen, daß – wie Walter Boehlich in einem weiteren »Spiegel«-Artikel schrieb – der direkte Adressat dieser Polemik nicht Reich-Ranicki selbst, sondern eben dessen »Wortredner« waren. Gleichwohl ließ sich ein gewiß unbeabsichtigter antisemitischer Unterton nicht überhören. Ein seltener Fall von Kritikersolidarität: Walter Jens, Siegfried Lenz und Joachim Kaiser stellten sich an die Seite des angegriffenen Kollegen Marcel Reich-Ranicki.[51] – Rabiater ging es übrigens nur zu, als die Zeitschrift »Konkret« in ihrer Mainummer des Jahres 1975 den legendären Walser-Verriß *(Jenseits der Liebe)* so kommentierte: »Wer über das politische Bekenntnis eines Schriftstellers so redet (...), verliert seinen Anspruch auf bloß literarische Befassung. Fragen der Hygiene verlangen nach anderen Worten. Im

Wiederholungsfall werden sie gegeben werden.«[52] – Kein Kommentar.

Derartige Töne wurden in den literaturkritischen Glaubenskriegen zwischen der »Frankfurter Allgemeinen Zeitung« und anderen Blättern gottlob nicht angeschlagen. Es war die »Neue Zürcher Zeitung«, die eine ganze Riege aufbot (Redaktor Martin Meyer, Peter Hamm und Michael Krüger zum Beispiel), um die Welt vom bösen Umgang Reich-Ranickis und der FAZ mit den Schriftstellern Botho Strauß und Peter Handke zu informieren.[53] Was sich hinter der entstandenen Debatte verbirgt, ist der alte Streit zwischen den, vereinfacht gesagt, beiden Richtungen deutscher Literaturkritik, der schulmeisterlich-urteilenden auf der einen, Reich-Ranickis Seite, der verstehend-analysierenden auf der anderen. Immerhin war der Streit heftig genug, daß sich so mancher Zaungast (allen voran, wie immer, Wolfram Schütte von der »Frankfurter Rundschau«) kommentierend einmischte.[54] Die betroffenen Autoren? Sie schwiegen, sie »duldeten«, wie Heinrich Böll sagen würde.

Und doch gibt es in den achtziger Jahren wenigstens einen Göttersturz zu vermelden. Wobei freilich eingeräumt werden muß, daß sich Fritz J. Raddatz, dermaleinst Feuilletonchef der »Zeit«, selbst gestürzt hat. In seinem Buchmessen-Leitartikel des Jahres 1985 fiel er auf eine Satire der »Neuen Zürcher Zeitung« herein. Im Brustton des Literaturhistorikers verkaufte er tatsächlich Goethes Klage über die Zerstörung der Schrebergärten wegen der anrückenden Bücherstände in Bahnhofsnähe als wahre Geschichte.[55] Es gab wohl kaum ein deutsches Feuilleton in dieser Oktoberwoche, das nicht ohne Schadenfreude den Fall Raddatz kommentierte. – Als im Jahre 1989 Marcel Reich-Ranicki als FAZ-Redakteur abtrat, tat er das vergleichsweise leise. Ungehindert hatte er sein Pensionsalter erreicht – ungestürzt. Literaturpapst wird er – nicht zuletzt dank anderer Medien – wohl bis zu seinem Tode bleiben. Er wird der letzte in diesem Jahrhundert gewesen sein.

Anmerkungen

1 Dieter E. Zimmer, *Der Literaturpapst*; Helmut Schödel, *Der andere Papst*, in: »Die Zeit«, 23. April 1987.
2 *Der Literaturpapst – Auseinandersetzungen mit dem Kritiker Marcel Reich-Ranicki*, von Martin Lüdke, ARD, 28. April 1987, 23.00 Uhr.
3 Hans Magnus Enzensberger, *Gemeinplätze, die Neueste Literatur betreffend*, in: Kursbuch 15 (1968), S. 195.
4 Walter Boehlich, *Kritik und Selbstkritik*, in: Gert Kalow (Hg.), *Sind wir noch das Volk der Dichter und Denker? 14 Antworten*, Reinbek 1964, S. 47.
5 Ders., *Autodafé (Kursbogen)*, in: Kursbuch 15 (1968).
6 Peter Hamm (Hg.), *Kritik / von wem, für wen / wie*, München 1968, S. 37f.
7 Marcel Reich-Ranicki, *Lauter Verrisse*, München 1970.
8 Hans Magnus Enzensberger, *Rezensenten-Dämmerung. Funktionen moderner »Kritik«*, in: »Neue Zürcher Zeitung«, 12. Dezember 1986. Siehe auch Ulrich Greiner, *Schlafende Schafe, erwacht!*, in: »Die Zeit«, 10. Juli 1987; Gerhard Köpf, *Die Preisfrage: Hat Literatur Kritik nötig?*, in: »Frankfurter Allgemeine Zeitung«, 21. November 1987.
9 Willi Winkler, *Warum der Leser den Kritiker nicht mehr braucht*, in: Sprache im technischen Zeitalter 105 (1988), S. 16–19.
10 Gerhard Köpf, a.a.O.
11 Martin Walser, *Über Päpste*, in: »Die Zeit«, 25. März 1977.
12 Marcel Reich-Ranicki, *Literarisches Leben in Deutschland, Kommentare und Pamphlete*, München 1965, S. 217.
13 Heinrich Böll, *Wir dickfellig-dünnhäutigen Dulder*, in: Jens Jessen (Hg.), *Marcel Reich-Ranicki. Materialien und Dokumente*, München 1985, S. 15–22.
14 Florian Felix Weyh, *Lieber wenig als nichts?*, in: »Kölner Stadt-Anzeiger«, 7. Dezember 1985.
15 Marcel Reich-Ranicki, *War Lessing ein großer Kritiker? Zum 200. Todestag des immer bewunderten und bemitleideten, doch weder geliebten noch beliebten Klassikers*, in: Klaus Bohnen (Hg.), *Lessing. Nachruf auf einen Aufklärer*, München 1984, S. 134–150.
16 Ders., *Ein Profi des kritischen Geschäfts. Fontane als Rezensent*, in: »Die Zeit«, 21. August 1970.
17 Ders., *Auf der Suche nach dem verlorenen Echo. Walter Benjamin: Der Literaturkritiker*, in: »Die Zeit«, 24. November 1972.
18 Ders., *Flirt mit der Literatur. Die Buchkritiken des großen Feuilletonisten Kurt Tucholsky*, in: »Die Zeit«, 14. September 1973.

19 Ders., *Gerechtigkeit für Friedrich Sieburg? Noch einmal über den mächtigen Literaturkritiker von gestern,* in: »Die Zeit«, 17. Februar 1967.

20 *Zwischen Diktatur und Literatur. Marcel Reich-Ranicki im Gespräch mit Joachim Fest,* nach der Sendereihe des ZDF *Zeugen des Jahrhunderts,* herausgegeben und mit einem Vorwort versehen von Karl B. Schilling, Frankfurt/Main 1987.

21 *»Die Miserabilität eines Buches springt ins Auge«. Ein Gespräch mit Marcel Reich-Ranicki,* in: »Pflasterstrand«, 12. März 1983, S. 29–33.

22 *Marcel Reich-Ranicki, der Kahlschläger,* Interview mit Roland Mischke und Helmut Ziegler, in: »Wiener« 6 (1987), S. 25–27.

23 Mathias Bröckers, *Wolfman Jack des Feuilletons,* in: »die tageszeitung«, 5. Juni 1986.

24 Michael Buselmeier, *Die Landschaft der Freiheit,* in: »Manuskripte« 97 (1987), S. 24–26.

25 Martin Walser, a.a.O.

26 Marcel Reich-Ranicki, *Lauter Verrisse,* S. 33f.

27 *Zwischen Diktatur und Literatur,* S. 16.

28 Peter Handke, *Marcel Reich-Ranicki und die Natürlichkeit,* in: ders., *Ich bin ein Bewohner des Elfenbeinturms,* Frankfurt/Main ^{4}1976, S. 203–207.

29 *Literaturkritik und literarische Wertung,* hg. v. Peter Gebhardt, Darmstadt 1980, S. 35.

30 Marcel Reich-Ranicki, *Auf der Suche nach dem verlorenen Echo.* (s. Anm. 17)

31 Friedrich Sieburg, *Nur für Leser,* Stuttgart 1955.

32 *Geschichte der deutschen Literaturkritik (1730–1980),* hg. v. Peter Uwe Hohendahl, Stuttgart 1985, S. 302ff.

33 Curt Hohoff, *Schnittpunkte,* Stuttgart 1963, S. 100.

34 *Geschichte der deutschen Literaturkritik (1730–1980),* S. 304f.

35 Günter Blöcker, *Literaturkritik,* in: K. Otto (Hg.), *Kritik in unserer Zeit,* Göttingen 1960, S. 26.

36 *Geschichte der deutschen Literaturkritik (1730–1980)* S. 307.

37 Marcel Reich-Ranicki, *Debütanten, Debütanten,* in: »Die Zeit«, 17. November 1967.

38 Ders., *Übungsstücke eines Talents. Ein neuer Erzähler: Rolf Dieter Brinkmann, geboren 1940,* in: »Die Zeit«, 7. Mai 1965; ders., *Nur Sätze und doch Geschichten. Ein neuer Name der jungen Generation: Wolf Wondratschek,* in: »Die Zeit«, 18. April 1969.

39 Ders., *Eine deutsch-deutsche Geschichte. Thorsten Becker, ein junger Autor aus West-Berlin,* in: »Frankfurter Allgemeine Zeitung«, 9. November 1985.

40 Ders., *Der Ohrwurm des Feuilletons, Rede zur Verleihung des F.A.Z.-Preises für Literatur,* in: »Frankfurter Allgemeine Zeitung«, 7. März 1986.

41 Franz Josef Görtz, *Grunzen und Schmatzen. Thorsten Beckers Erzählung »Die Nase«,* in: »Frankfurter Allgemeine Zeitung«, 6. Oktober 1987.

42 Joachim Kaiser, *Zwischen Charme und Schmäh. Thorsten Beckers »Nase« oder Das Problem der Übertreibung,* in: »Süddeutsche Zeitung«, 16. Januar 1988.

43 Marcel Reich-Ranicki, *Der Kaiser ist nackt oder: Über den Herbst unserer Literatur,* in: Frankfurter Allgemeine Zeitung«, 7. Oktober 1980.

44 Thomas Brasch, *Antwort auf Marcel Reich-Ranicki,* in: »Frankfurter Allgemeine Zeitung«, 13. November 1987.

45 Peter Handke, *Ich bin ein Bewohner des Elfenbeinturms,* S. 203.

46 Martin Walser, *Ein Traum in West Virginia,* in: *Literatur und Kritik. Aus Anlaß des 60. Geburtstags von Marcel Reich-Ranicki herausgegeben von Walter Jens,* Stuttgart 1980, S. 3.

47 Wolfgang Koeppen, *Er schreibt über mich, also bin ich,* in: *Literatur und Kritik*, S. 185–190.

48 Ebd.

49 Friedrich Luft, *Über die Figur des Großkritikers,* in: *Literatur und Kritik.* S. 74.

50 Christian Schultz-Gerstein, *Ein furchtbarer Kunst-Richter,* in: »Der Spiegel«, 21. August 1978.

51 Walter Jens, *Eiferer im Schattenkampf. Zur Polemik gegen Marcel Reich-Ranicki,* in: »Süddeutsche Zeitung«, 13. Oktober 1978; Siegfried Lenz, *Schweigen aufgeben,* in: »Der Spiegel«, 9. Oktober 1978; Joachim Kaiser, *Zu bürgerlich, zu erfolgreich oder zu direkt. Anmerkungen zur Spiegel-Fehde gegen Marcel Reich-Ranicki und dessen Sympathisanten,* in: »Frankfurter Allgemeine Zeitung«, 16. Oktober 1978.

52 Hermann Gremliza, *Jetzt reicht's, Ranicki,* in: Konkret 5 (1975), S. 10.

53 *Literatur und Kunst* (Beilage), in: »Neue Zürcher Zeitung«, 1. März 1985; Marcel Reich-Ranickis Antwort dazu erschien am 7. August 1985 in der FAZ unter dem Titel *In eigener Sache.*

54 Wolfram Schütte, *Mit dem Bumerang aus dem Glashaus,* in: »Frankfurter Rundschau«, 9. März 1985.

55 Fritz J. Raddatz, *Bücher-Babylon. Die Buchmesse läßt viele Fragen offen,* in: »Die Zeit«, 11. Oktober 1985.

ULRICH GREINER

»Hell, klar und entschieden«

(1990)

Wenn die Rede darauf kommt, daß ich unter seiner Ägide im Literaturblatt der *FAZ* gearbeitet habe, dann fragen die Leute: Wie war das denn mit Reich-Ranicki? Und in der Frage schwingt ein Ton des Verdachts mit: Mit diesem Literaturpapst in derselben Redaktion zu sitzen, das könne nur Sklaverei bedeuten. Einem Mann, der für seine donnernden Verrisse und gewaltigen Machtworte berühmt ist, traut man Toleranz offenbar nicht zu.

Für den Umgang mit Marcel Reich-Ranicki gibt es einen Geheimtip: Man muß ihm widersprechen. Denn Widerspruch liebt er über alles. Nicht, daß er ihn duldete – wie manch einer, der sich seiner Toleranz rühmt und Widerspruch mißmutig hinnimmt. Nein, er fordert ihn heraus, grimmig und fröhlich. Er lebt, denkt und schreibt mit und aus dem Widerspruch. Unter den vielen Dingen, die ich von ihm lernte, ist dies vielleicht das Wichtigste: die kräftigende, schöne Lebendigkeit des Widerspruchs.

Einem der mehr als ein Dutzend Bände seiner Kritiken und Essays gab er den Titel »Wer schreibt, provoziert«. Er provoziert immerzu. Alles ist ihm fraglich, weniges heilig, darunter vor allem die Literatur. Nie bin ich jemandem begegnet, der die Literatur so liebt wie er. Er liebt sie wie das tägliche Brot. Er achtet und hegt sie als Institution. Er ist selber eine. Nicht die Schriftsteller und nicht die Verleger liebt er. Keiner ist sicher vor seinem Urteil. Er liebt, was sie Gutes tun für die Literatur. Und ob etwas gut sei oder nicht, diese altmodische Frage stellt er gnadenlos immer von neuem und beantwortet sie. Deutlichkeit ist ihm wichtiger als Subtilität. Das macht ihn angreifbar. Das führt zu Irrtümern. Aber nur der Urteilslose ist frei davon.

»Wo immer ich schreibe«, sagte Joseph Roth über sich selbst, »wird es ›radikal‹, das heißt: hell, klar und entschieden.« Das gilt auch für Marcel Reich-Ranicki. Und wenn Roth hinzufügt, der anständige Radikalismus, den er in der *Frankfurter Zeitung* repräsentiert habe, sei nicht der Radikalismus der *Frankfurter Zeitung*, dann gilt auch dies für MRR und die *FAZ*. Die Liberalität ihres Literaturblattes ist die Reich-Ranickis, nicht die der *FAZ*.

Er ist ein Aufklärer alten Schlages, ein Bewunderer und Schüler Lessings. Er haßt das Irrationale, das Dumpfe und die raunende Tiefe, die bloß Geheimnistuerei ist. Mag sein, daß er deshalb jene Literatur manchmal unterschätzt, die dem Dunklen und Chaotischen abgerungen ist. Im Zweifelsfall steht er auf der Seite der hellen Vernunft.

Im Zweifelsfall steht er auf der Seite des Lesers. Er ist kein Freund jener Kritik, die sich solidarisch nennt und immer Gefahr läuft, in Kumpanei mit dem Autor zu enden. Er kennt keinen Respekt, weder vor den toten noch vor den lebenden Klassikern. Also hat man Respekt vor ihm, und jeder liest seine Kritiken voller Neugier. Da herrschen Tempo und Temperament, und selbst wo Reich-Ranicki irrt, ist er spannender als jene, die langweilig recht haben.

Vergegenwärtigt man sich seine Biographie, die Flucht aus dem Warschauer Getto, die Mitarbeit in der Kommunistischen Partei Polens, den Parteiausschluß und die Inhaftierung, das Schreibverbot und seine Übersiedelung in den Westen, seine dreizehn Jahre währende Mitarbeit bei der *ZEIT*, die 15 Jahre bei der *FAZ*, die vielen Bücher, Anthologien, seine Allgegenwart im literarischen Leben, dann denkt man, daß einer, der soviel erlebt und erlitten, der soviel gelesen und geschrieben hat, eigentlich viel älter sein müßte als seine Jahre. Aber wahrscheinlich ist er viel jünger.

Hat er sich in letzter Zeit verändert? Zwar: Er hat die Leitung der Literaturredaktion der *FAZ* an Frank Schirrmacher abgegeben, er ist nicht mehr der Literaturchef eines der einflußreichsten Blätter des Landes. Aber: Chef ist er doch geblieben. Wenn er im »Literarischen Quartett« des *ZDF* auftritt, dann ist es keine Frage, wer der Chef ist. Und wenn er schreibt, in der *FAZ* und ab und zu wieder in der *ZEIT*, wenn er Vorträge hält oder wenn er die literarischen Abende der Jüdischen Gemeinde in Frankfurt einleitet, kurz: wenn er sich öffentlich zu Wort meldet, dann ist er noch immer der Alte mit dem jugendlichen Temperament. Dann funkeln die Augen hinter den dicken Brillengläsern, und es geht los. Nein, die Augen sind nicht schlechter geworden, die Brille hatte er schon immer. Nein, die Stimme ist nicht brüchig geworden, das Urteil nicht schwankend, der Zorn nicht geringer. Er ist, sagte ich, eine Institution. Wie könnten Institutionen älter werden? Er ist ja noch immer vernarrt in die Literatur. »Wie könnten Narren müde werden?« sagte Kafka.

GERHARD SCHULZ

Der Literatur zu dienen

Über Literaturgeschichte in der Literaturkritik Marcel Reich-Ranickis

(1990)

Urteile, so will es scheinen, bedürfen der Gesetze, auf denen sie gründen. In der Rechtspflege gilt das im wörtlichen Sinne allerdings nur für den Bereich des römischen, also kodifizierten Rechts. Ein pragmatisches Recht wie das angelsächsische setzt sich stets zu Präzedenzfällen in Beziehung, fordert also statt des einen Gesetzbuches eine ganze Bibliothek von Fällen.

Kodifiziertes Gesetz als Grundlage der Literaturkritik ging im Laufe des 18. Jahrhunderts zu Ende. Die aus der Antike abgeleiteten Regelpoetiken verloren im Zeitalter der Aufklärung ihren Einfluß. Lessing führte Shakespeare ins Feld, Goethe folgt ihm darin voll hymnischer Bewunderung, und Herder sammelte Zeugnisse europäischer Volkstradition. An die Stelle normativer Klassik trat am Ende des Jahrhunderts die verbindende Vorstellung einer europäischen Romantik, die von den Werken des Mittelalters über Dante, Shakespeare, Cervantes und Calderón bis zu Goethe reichte, die so viele Muster wie Werke hatte und der man selbst angehörte als Dichter oder Kritiker.

Es war der junge Friedrich Schlegel, der solchen Wandel theoretisch fixierte und damit bewußt machte. »Die Poesie ist eine republikanische Rede; eine Rede, die ihr eignes Gesetz und ihr eigner Zweck ist, wo alle Theile freye Bürger sind, und mitstimmen dürfen«[1], heißt es in den *Lyceums*-Fragmenten von 1797, den Beginn eines neuen Denkens in der Geschichte deutscher Literatur und Kritik bezeichnend. Denn Schlegels frühe

Gedanken zu Methode, Rang und Ziel der Kritik sind nichts anderes als eine seinem Poesiebegriff entsprechende Unabhängigkeitserklärung für sie. An die Stelle des kodifizierten Gesetzes einer normativen Poetik treten die Beobachtungen von Präzedenzfällen innerhalb der eigenen, sich fortentwickelnden Tradition. Aus ihnen allein entstehen die Maßstäbe für das Urteil über Gegenwärtiges, das dann selbst wieder Teil der Geschichte wird. Literaturgeschichte und Literaturkritik haben seitdem ein neues Verhältnis zueinander entwickelt.

Es liegt Anmaßung in Friedrich Schlegels Anspruch an die Kritik, aber dergleichen ist verständlich in Zeiten von Revolutionen, sei es der lauten oder leisen, die Schlegel, wie bekannt, in ihrer Bedeutung gleichsetzte. In der Fortdauer des Anspruchs jedoch liegen Gefahren verborgen, die aus der Verkennung des eigenen Orts in der Geschichte entstehen. Die Rede ist von Alfred Kerr, denn kein zweiter deutscher Kritiker hat Schlegels Unabhängigkeitserklärung der Literaturkritik so wörtlich genommen und derart absolut gesetzt wie er. Kritik – in seinem Falle vor allem Theaterkritik – wurde »Spektakel, ein geistiges Schauspiel«, »effektvolle Selbstpräsentation« und »Selbstgenuß« als »Stilprinzip«, kurz: »Er hat den Kritiker zur beinahe mythischen Figur des geistigen Lebens gemacht.« Aber er ging damit »einen gefährlichen Weg, einen Irrweg«[2], der, bildlich gesprochen, darin bestand, daß Kerr nicht nur das Bürgerliche Gesetzbuch hinauswarf, sondern mit ihm auch die Bibliothek von Präzedenzfällen, daß also für ihn weder römisches noch angelsächsisches Recht galten, sondern allein er selbst Maßstab der Dinge war. Kerr, obwohl germanistisch gebildet, hat sich im Urteilen um den Bezug auf Literaturgeschichte kaum gekümmert. So brillant seine Urteile von Fall zu Fall waren, so sehr geriet er durch die Mißachtung historischer Perspektiven auch in die Verkennung der Gegenwart, was der Emigrant nachträglich verbittert zur Kenntnis nehmen mußte. »Denn wie man Kritik auch auffassen mag, als unzweifelhaft darf man voraussetzen, daß es ihre dringlichste, ihre vornehmste Aufgabe ist, der Literatur zu dienen – oder dem Theater, der Musik, der Kunst. Ebendiese dienende Funktion hat Alfred Kerr ein Leben lang leidenschaftlich negiert. Er hat nie gezögert, die Kritik seinem persönlichen schriftstellerischen Ehrgeiz unterzuordnen. Hat er sie also mißbraucht? Der harte Vorwurf läßt sich nicht von der Hand weisen. Wenn er zutrifft, dann war es der glanzvollste Mißbrauch in der Geschichte der deutschen Kritik.«[3]

So lautet Marcel Reich-Ranickis abschließendes Urteil angesichts einer Auswahl von Kerrs Theaterkritiken. Es ist unvermeidlich zugleich eine Selbstaussage. Die Vorstellung vom Kritiker als Diener der Literatur ist, wie sich im Zusammenhang zeigt, keine hausbackene Floskel, sondern bezieht sich auf die einzige Rechtfertigung, die eine nicht normative Literaturkritik besitzen kann: auf ihre Verantwortung vor der Öffentlichkeit. Der normative Kritiker war der Schulmeister, der Schreiben lehren wollte. Der pragmatische Kritiker ist frei von solcher Pflicht, aber er ist, wie der Richter, eine öffentliche Person, besorgt um den gesellschaftlichen Respekt vor der Literatur. Hinsichtlich der ständigen Widersprüche zwischen subjektiven und gesellschaftlichen Rechts- wie Geschmacksvorstellungen können sich beide, Richter wie Kritiker, nur auf Präzedenzfälle berufen. Darauf gründet das Verhältnis von Literaturkritik zu Literaturgeschichte.

Urteile werden stets umstritten bleiben, wo nicht nach dem Buchstaben eines Gesetzes geurteilt werden kann. Berufungsinstanzen freilich gibt es nur in der Rechtspflege. Ihre Rolle in der Literaturkritik kann allein die Vielzahl der Kritiken übernehmen. Literaturgeschichte aber ist in der Lage, Maßstäbe und wesentliche Voraussetzungen für die Urteilsbegründungen im jeweils gegebenen Fall zu schaffen. »Ob Grimmelshausen oder Goethe, Fontane oder Faulkner – Romane verdanken ihre Entstehung immer einem so einfachen wie elementaren Umstand: Jemand hat etwas zu erzählen.«[4] Der zu betrachtende Fall – Günter Grass' *Die Rättin* – wird gerade in diesem Punkt seine Mängel erweisen und sich damit als Roman disqualifizieren, was immer sonst von dem Buch noch zu halten sein mag, ob Schöpfung einer neuen Kunstform oder Mißwuchs einer alten. Mit den historischen Dimensionen umreißt der Kritiker seine Prämissen.

Aus den historischen Bezügen wachsen Erkenntnisse über die Autoren und ihre Werke als Gegenstand der kritischen Untersuchung hervor. Ausgangspunkt für die Betrachtung der Tagebücher Thomas Manns ist Goethe im Urteil des Jungen Deutschland und der Schluß daraus: »Nicht die Attacken, mit denen ein genialer Dichter in den Jahrzehnten nach seinem Tod bedacht wird, gefährden seinen Nachruhm, sondern das Ausbleiben solcher Attacken. Er, Thomas Mann, hat in dieser Hinsicht keinen Anlaß zu Klagen.« Die Selbstdarstellung zuweilen grotesker, aber jedenfalls monomaner Selbstbesessenheit und Eitelkeit eines wahrhaft bedeutenden Künstlers, das Nebeneinander von charakterlicher Fragwürdigkeit und künstlerischer Größe werden auf solche Weise in erweiterte Perspektiven gesetzt, weshalb denn auch der Schluß wieder zu Goethe zurückführt und zu dem Wort eines seiner schärfsten Gegner. »Goethe – meinte Börne – war ›das größte künstlerische Genie und der größte Egoist seines Jahrhunderts‹. Er fügte hinzu: ›Ohne dieses zu sein, hätte er jenes wohl nicht sein können.‹«[5] Zitate können Mittel der Tarnung sein, Schirme, hinter denen der moderne Kritiker das eigene Urteil verbirgt. Davon jedoch läßt sich hier nicht reden. Die Analogie, die Perspektiven schafft, dient dem kritischen Urteil, indem es den einzelnen Fall zu älteren in Beziehung setzt, ihn ins Typische erhebt und daraus Erkenntnis wie Urteil ableitet.

Möglichkeiten und Gewinn solchen Verfahrens sind groß. Hemingway, so heißt es, sei weder Chronist noch Berichterstatter, »sondern weit eher ein (allerdings nüchterner) Visionär, ein Dichter« gewesen. »Wahrscheinlich hat er nie von Novalis und dessen Roman ›Heinrich von Ofterdingen‹ gehört, aber die vielen rauhen Männer, die sich auf Hemingways Bühne tummeln, diese Jäger und Angler, Gangster und Soldaten, Boxer und

Barmixer, die so häufig fluchen und so kräftig Gin und Whisky trinken – sie alle sehnen sich insgeheim nach einer blauen Blume.«[6] Die kritische Betrachtung der Briefe des amerikanischen Dichterhelden zeigt das im einzelnen. Der literaturgeschichtliche Vergleich wird also Instrument der Interpretation. Überdies aber erweist ebendieser Bezug über Jahrhunderte und Kontinente hinweg auch die Eigenart und einen Vorteil der Literaturkritik vor der literaturwissenschaftlichen Analyse, der ein solcher Vergleich nicht abgenommen würde, da er im Grunde Metapher ist. Der Wunsch Schlegels, Literaturkritik möge eine eigene Kunstform werden, ist nicht vergessen.

Zwischen Metaphorik und sachlicher Erkenntnis gibt es zahlreiche Möglichkeiten für erhellende Kritik. »Der Droste jüngere Schwester« lautet die Überschrift zu einer Kritik »über die Lyrik der Sarah Kirsch«.[7] Literarische Gestalten werden ins Spiel gebracht, teils um der Kennzeichnung eines Autors willen – »Wie ein Don Carlos, der keinen Marquis Posa, wohl aber viele Trabanten braucht, fordert Brecht das Jahrhundert in die Schranken«[8] –, teils um Kunstfiguren, Geschöpfen der Dichter wie Hermann Burgers Schöllkopf, ihr literarisches Profil zu geben: »Keine Hilfe weit und breit: kein Horatio, dem er sich anvertrauen könnte, kein Mephisto, der ihm einen Pakt anböte, keine Senta und keine Elisabeth, die ihn erlösten, kein Settembrini, der sich seiner annähme.«[9] Man sieht, einsamer kann einer nicht sein.

Der literaturgeschichtliche Bezug als Vergleich, Analogie, Metapher, als Perspektive und Rahmen für die Literaturkritik, deren Gegenstand immer das jeweils neuerschienene Buch fiktionaler, editorischer oder wissenschaftlicher Art bleibt, hat allerdings eine Voraussetzung, die zugleich auf die Grenzen dieses Verfahren weist: der Bezug muß vom Leser erkannt und identifiziert werden können. Mit anderen Worten: Literaturgeschichte als Mittel der Literaturkritik setzt ein literarisch gebildetes Publikum voraus, das in der Lage ist, die Vergleiche oder Verweise des Kritikers zu verstehen, seine Metaphern zu lesen und somit seine Überlegungen zur Begründung seines Urteils nachzuvollziehen. Bereits Friedrich Schlegel hatte eine Antwort darauf: »Der Zweck der Kritik, sagt man, sey, Leser zu bilden! – Wer gebildet seyn will, mag sich doch selbst bilden.«[10] Nur in der Herausforderung des Lesers läge dann die eigentliche Aufgabe des Kritikers, und in der Tat bleibt dessen Urteil durchaus nützlich auch für diejenigen, die zunächst die Begründung aus historischer Sicht nicht erfassen, gerade deswegen aber, wenn sie sich dem Wunsch nach eigenständigem Denken verschrieben haben, dem Unverstandenen nachgehen wollen.

Derartige Erwartungen an das moderne Publikum der Literaturkritik sind nicht unrealistisch, da bereits die kritisierte Literatur inzwischen in weitem Maße historische Bewußtheit aufweist, sich zu geschichtlichen Traditionen in Beziehung setzt und vor allem die Mitwirkung des Lesers erwartet. Hemingway sah sich im Wettkampf mit »Mr. Turgenjew«, »Mr. Maupassant« und »Mr. Henry James«, die er bereits besiegt zu haben glaubte, während »Mr. Melville« und »Mr. Dostojewski« noch zu schlagen waren, wie er in seinen Briefen ausführt.[11] Für den Anspruch an die Leser, den Text als Material zu eigener schöpferischer Arbeit zu betrachten, bietet Max Frischs bruchstückhaft zusammengesetzte Erzählung *Blaubart* ein Beispiel. »Offensichtlich hofft Frisch, der Leser werde diesen Entwurf ergänzen: Er erwartet seine Mitwirkung, er ist auf seine Mitarbeit und Hilfe geradezu angewiesen. Das Publikum als Partner?« Der Kritiker holt sich die Antwort aus der Literaturgeschichte, und indem er das gebildete Publikum zu *seinem* Partner macht, übt er zugleich auch schon sein kritisches Amt aus: »Das Publikum als Partner? Aber gewiß doch. Das ist legitim und übrigens nicht ganz neu. Schon bei Novalis heißt es: ›Der wahre Leser muß der erweiterte Autor sein.‹ Nur fragt sich in jedem Fall, ob die erwünschte Kooperation auch lohnt.«[12]

Hemingways zitierte Wettkampfmentalität verweist auf ein anderes Symptom moderner Literatur wie Literaturkritik, auf beider Zugehörigkeit zu einer hypothetischen Weltliteratur. Das

Wort, wie Hans-J. Weitz entdeckt hat, wurde von Wieland geprägt und erst später von Goethe in Kurs gesetzt.[13] Es kam am Anfang des 19. Jahrhunderts zur rechten Zeit: Das Bewußtsein von weltliterarischer Gemeinschaft löste dasjenige von der Modellhaftigkeit der antiken Literatur ab. Musterhafte Literaturkritik ist inzwischen ohne den weltliterarischen Aspekt nicht mehr denkbar. »Ob Molière, Goldoni oder Nestroy, ob Wedekind, Brecht oder Dürrenmatt – Dramatiker sind in der Regel Komödianten oder zumindest verhinderte Schauspieler: Für sie ist, wie einer von ihnen gesagt hat, die ganze Welt eine einzige Bühne. Doch wenn sie etwas älter werden, dann sind sie des unentwegten Trubels und ihres meist etwas unseriösen Geschäfts überdrüssig. Sie verstummen (wie Shakespeare), sie wenden sich der Mystik zu (wie Gogol), sie schießen sich in den Kopf (wie Raimund), sie werden fromm (wie Handke), sie gehen zum Fernsehen (wie Kroetz). Oder sie schreiben eine Autobiographie – wie Arthur Miller, geboren 1915 in New York City.«[14] Es sind die ersten Sätze einer Rezension von Millers *Zeitkurven*. Ein Feuerwerk? Man soll den Informationswert solcher Namenspanoramen nicht unterschätzen, auch wenn sie zusätzliche Seitenhiebe zur Unterhaltung des Publikums einschließen. Der Unterhaltungswert sollte die Rechtfertigung nicht nötig haben, denn wer zur lesenden Mittätigkeit engagieren will, wird zu interessieren und zu amüsieren verstehen müssen. Darüber hinaus aber bewerkstelligt das Verfahren zweierlei: Es folgt der alten pädagogischen Regel, daß man zur Einführung von Neuem möglichst bei Bekanntem anknüpfen müssen. Außerdem aber werden Perspektiven für den zu betrachtenden Gegenstand oder Autor geschaffen, die diesen indirekt sowohl charakterisieren wie werten. Irgendwo in dem breiten Raum zwischen Shakespeare und Kroetz wird Arthur Miller anzusiedeln sein, auf dessen Memoiren nun neugierig gemacht worden ist.

Auch das panoramische Verfahren hat seine Grenzen. In Rezensionen anderer ist dem Kritiker »die große Zahl der Namen und Werke der Weltliteratur« aufgefallen, die seine Kollegen in einem bestimmten Fall zum Vergleich herangezogen haben: »Da wird auf Wolfram von Eschenbach, Shakespeare und Cervantes verwiesen, auf Goethe und Richard Wagner, auf Kafka und Thomas Mann, auf Rilke, Musil und Günter Grass.« Aber: »Wo so zahlreiche und so unterschiedliche Analogien möglich und offenbar erforderlich sind, ist etwas faul im Staate Dänemark.« Gemeint ist Botho Strauß' Prosabuch *Der junge Mann*. Diesmal also wird die Abweisung des weltliterarischen Bezugs zum Mittel der Kritik. Als Nebenertrag ergibt sich die Aufforderung zur handwerklichen Solidität des Kritikers. Literarische Verwandtschaften, Parallelen, Analogien und Verweise können nicht leichthin und generös ausgeteilt werden, sondern müssen aus der Fülle sicherer Werkkenntnis kommen. In der gleichen Rezension von Strauß' Buch wird das erklärte Prinzip des Autors, diskontinuierlich zu erzählen, aufs Korn genommen: »Man muß schon ziemlich dreist sein (...), um uns nach Proust, Joyce und Virginia Woolf, nach Gide, Faulkner und Döblin derartiges als ein *Novum* anzubieten.«[15] Erst genaue und treffsichere Verweise können Instrument kritischer Erkenntnis sein.

Auf die Technik des Zitierens soll nur hingedeutet werden. Die Berufung auf fremde Autorität zur Bestätigung des eigenen Urteils oder die – augenzwinkernde – Verbindung mit dem Leser durch einen bekannten Satz gehören zum generellen Gebrauch des Zitats als Stilmittel und haben nicht unmittelbar mit dem Verhältnis von Literaturkritik zu Literaturgeschichte zu tun. Herauszustellen ist allerdings die Artistik, mit der zitiert wird. »Er brauche nur zum Fenster hinauszusehen – sagte Goethe zu Eckermann –, ›um in straßenkehrenden Besen und herumlaufenden Kindern die Symbole der sich ewig abnutzenden und immer sich verjüngenden Welt beständig vor Augen zu haben.‹« Und wem das zu altmodisch klingt, bekommt im nächsten Satz sogleich ein zweites Zitat nachgereicht: »Es sei gar nicht notwendig, aus dem Hause zu gehen – meinte Kafka: ›Bleib bei deinem Tisch und horche. Horche nicht einmal, warte nur. Warte nicht einmal, sei völlig still und allein. Anbieten wird sich dir die Welt zur Entlarvung, sie kann nicht anders, verzückt wird sie sich vor dir winden.‹«[16] Aus zwei Sätzen entsteht die Vorstellung eines langen historischen Weges, die den dritten, zu rezensierenden Autor gegen mißverstehende Herabsetzung sogleich in Schutz nimmt: Die Zitate leiten eine Besprechung von Bölls *Die verlorene Ehre der Katharina Blum* ein.

Dort, wo das Zitat allzu bekannt und geläufig ist, bedarf es allerdings der Verfremdung, wenn es noch wirken soll. Das geschieht mit beträchtlicher Artistik etwa durch die Behauptung des Zitierenden, er habe »vor einiger Zeit in einem schlecht gebauten Theaterstück eines stets in der Provinz ansässigen deutschen Autors gelesen: ›Grau, teurer Freund, ist alle Theorie, / Und grün des Lebens goldner Baum.‹«[17] Ist die tiefstapelnde Umschreibung Goethes hier ein kleiner Jux für gebildete Leser, so ist an anderer Stelle das Verschweigen des Urhebers wohl eher das Eingeständnis einer nicht mehr zu erwartenden Bildung, die der Kritiker nicht schulmeisterlich aufbessern möchte. »Jener Poet, der vor Jahrtausenden kühn und, wie wir längst wissen, nicht zu Unrecht erklärte, er habe ein Monument errichtet, das dauerhafter sei als Erz, deutet den geheimsten Wunsch aller Künstler an: Nicht die Welt zu verändern (...), sondern zu schaffen, was bleibt.«[18]

Das »Exegi monumentum aere perennius« des Horaz, zitiert in einer Rezension von Wolfgang Koeppens *Jugend*, wird zum Anlaß, über das Verhältnis von Literatur und Kritik zu reflektieren. Die Frage nach der Daseinsberechtigung der Literatur, heißt es, könne »nie die Kritik, die Wissenschaft, die Theorie beantworten«.[19] Kunst legitimiere sich allein durch sich selbst. Die Kritik, so hatte es an anderer Stelle geheißen, sei allein dazu da, der Literatur zu dienen.

Aber voneinander lassen können sie beide nicht mehr, die Kunst und die Kritik, auch wenn die eine primär und die andere sekundär, also eben nur Dienerin sein soll. Daß der Herr erst durch den Knecht zum Selbstbewußtsein kommt, mag als Analogie aus der Hegelschen Philosophie anfechtbar sein. Aber seit es die Literatur aufgegeben hat, sich den Vorschriften klassischer Regelpoetiken zu unterwerfen, nach denen sie mit Zirkel und Elle gemessen werden kann, seit sie sich von solcher Last der Vergangenheit befreit hat, hat sie zur Erinnerung an ihre eigene Geschichtlichkeit gleichzeitig eine ebenso freie Kritik als Lebensgefährtin zur Seite bekommen. Erst wenn sich die Kunst wieder einem Gesetz fügen wollte oder müßte, bedürfte sie der Kritik nicht mehr, sondern geriete, wie hinreichend bekannt ist, unter die Hände der Zensoren. »Friedrich Schlegels knappe Bemerkung, daß alle höchsten Wahrheiten ›durchaus trivial‹ seien und daß man sie, damit sie nicht vergessen würden, immer neu und womöglich immer paradoxer ausdrücken sollte, definiert zusammen mit der fundamentalen Aufgabe der Literatur auch jene der Kritik. Denn zu ihren wesentlichsten, wenngleich gewiß nicht dankbarsten Pflichten gehört es, die Zeitgenossen an Erkenntnisse über die Literatur zu erinnern, die zwar schon tausendfach formuliert wurden und deshalb vom Beigeschmack der Banalität nicht frei sein können, die aber trotzdem nichts von ihrer Gültigkeit eingebüßt haben, ja gerade in Zeiten einer tiefgreifenden Krise der künstlerischen Produktion – also heutzutage – wichtiger denn je sind.«[20] Marcel Reich-Ranickis kritisches Werk im Dienste der Literatur ist eine fortdauernde Anleitung zu klarem Denken, Urteilen und Schreiben geworden.

Anmerkungen

Sämtliche Rezensionen Marcel Reich-Ranickis werden nach dem Wiederabdruck im jährlichen *Büchertagebuch* der *Frankfurter Allgemeinen Zeitung* zitiert. Die hier verwendete Abkürzung dafür ist BTB; ihr folgen jeweils Jahrgang und Seite des entsprechenden Bandes.

1 Friedrich Schlegel: *Seine prosaischen Jugendschriften*. Hrsg. von J. Minor. Wien 1882, Bd. 2, S. 192.
2 BTB 1984, S. 165 und 169.

3 BTB 1984, S. 169.
4 BTB 1986, S. 62.
5 BTB 1978, S. 154 und S. 161.
6 BTB 1984, S. 216.
7 BTB 1980, S. 59.
8 BTB 1976, S. 107.
9 BTB 1983, S. 37.
10 Friedrich Schlegel (siehe Anm. 1), S. 195.
11 BTB 1984, S. 218.
12 BTB 1982, S. 48f.
13 Hans-J. Weitz: *»Weltliteratur« zuerst bei Wieland.* In: *arcadia* 22 (1987), S. 206–208.
14 BTB 1988, S. 92.
15 BTB 1985, S. 6f.
16 BTB 1975, S. 15.
17 BTB 1988, S. 125.
18 BTB 1977, S. 42.
19 BTB 1977, S. 42.
20 BTB 1982, S. 220.

ROLAND MISCHKE

Am liebsten Klartext

(1990)

Wie er federt! Vibrierend vor innerer Dynamik, umgetrieben von den eigenen Einfällen, sich bei seinen Auskünften immer neu hin und her wiegend auf dem abgesessenen Ledersofa seines Wohnzimmers. Er beugt sich nach vorn, wenn er zuhört, legt den Kopf in die Hände, zuckt zusammen und fährt hoch, lacht dröhnend oder schüttelt den Kopf mit dem leicht angewiderten Gesichtsausdruck des Misanthropen.

Er scharrt mit den Füßen, atmet schwer unter der Glocke ihn umkreisender Gedanken, trommelt mit den Fingern auf die Glasplatte des Tisches, wringt ein Kissen und hebt seine Stimme. In seinem Gesicht ein unbedingter Erkenntniswille, die Hingabe an die eigenen Denkresultate, aber auch an den Zauber der Rhetorik.

Mal spricht er langsam, bedächtig, tastend gleichsam, im zweitonalen Singsang wie ein Ausrufer, mal im dozierenden Stakkato, mit didaktischer Strenge, Missionarspathos, voluminösen Brusttönen und rumpelnd rollenden R-Lauten, überzeugenwollend. Sein Akzent ist fast schon ein Markenzeichen, ebenso seine Denkschärfe und Schlagfertigkeit.

Dennoch hockt er manchmal im Polster, schweigend, wie erschöpft und mit einem Gesicht, das aus fahlen Felsbrocken zusammengefügt scheint, und sieht aus, als litte er an einem chronischen Magenleiden. Gleich darauf ist er wieder offen, auf eine ebenso erfrischende wie irritierende Weise zieht ein plötzlicher Wind durch seine Stimme, und hinter dem Brillenglas machen seine Pupillen Sprünge.

Da schlägt er gelegentlich auch einen flapsigen Ton an, verzichtet auf Belehrung im Tonfall einer pfarramtlichen Intonation, lacht laut, lange und überraschend herzlich und klatscht dem Gesprächspartner leutselig aufs Knie.

Ein Unikum, dieser Marcel Reich-Ranicki, der exponierteste Literaturkritiker im deutschsprachigen Raum: »ein Mann von immenser Belesenheit und ohne Angst vor Blamagen« (»Stern«). Seit 31 Jahren wird behauptet, daß man ihn nur lieben oder hassen, ihm aber auf keinen Fall gleichgültig gegenüberstehen könne. Reich-Ranicki selbst sieht das gelassen. »Über mangelnde Aufmerksamkeit kann ich mich wirklich nicht beklagen!« Daß viele der intellektuellen Snobisten meinen, ihm zu jeder passenden und unpassenden Gelegenheit ostentative Verachtung entgegenbringen zu müssen, scheint ihn zu amüsieren. Sein Blick changiert, als er von neuesten Schimpfkanonaden auf seine Person hört, und mit gespieltem Entsetzen tremoliert er: »Da sehen Sie's! Was kann ich dafür, daß diese Leute, die mich persiflieren und parodieren, am Ende immer nur zu meiner Popularisierung beigetragen haben!?« Und wiegt sein Haupt in Unschuld. Dann federt er wieder auf dem Sofa, grummelt in sich hinein und hat ein anregendes Zucken im Gesicht.

Weshalb ist dieser bereits zur Institution und zur Legende gewordene, eher bieder gekleidete Mann mit kräftig durchblutetem Gesicht und von bürgerlichen Accessoires umgeben, so oft Angriffsziel?

Ein Kritiker, der ständig kritisiert wird. Von Kritikern, die ihm vorwerfen, nicht genügend intellektuellen Ernst aufzubringen, sondern show- und effektsüchtig zu sein. Als »Frankfurter Allgemeiner-Pausenclown« und »Heim-ins-Reich-Ranicki« ist er verhöhnt worden. Auch Schlimmeres, das abzielte auf seine jüdische Herkunft, seine kurzzeitige KP-Mitgliedschaft im Nachkriegs-Polen, seinen Atheismus, zu dem er, der Enkel eines Rabbiners, sich bekennt.

Es ist hauptsächlich Reich-Ranickis kraftvolle und ungebändigte Lust am Apodiktischen, seine Bereitschaft zu einer ebenso entschiedenen Bejahung wie Verneinung literarischer Werke, die ihn immer wieder in die Schußlinie der Intelligenzija bringen. In einer Welt, in der fast alle von Zweifeln und Skrupeln geplagt sind, steht er da als einer, der immer genau weiß, was richtig und falsch, gut oder schlecht ist. In seiner Rolle als Kritiker versteht er sich als Advokat, als Selektierer gar, »aber nie als Richter«, der es für eine geradezu heilige Aufgabe hält, Bücher und ihre Autoren entweder heftig anzuklagen oder hemmungslos zu preisen.

Ein solides Mittelmaß kennt er nicht, Lavieren mag er nicht. »Es ist meine Pflicht als Kritiker, mit einem Resultat an die Öffentlichkeit zu treten. Seine Unsicherheit hat der Kritiker mit sich selber auszutragen. Ich habe zu einem Buch JA zu sagen oder NEIN.« So hat er es immer gehalten, dieser jetzt 70jährige, von dem Kollegen vermuten, daß er nicht Blut, sondern Druckerschwärze in den Adern hat. Und damit hat er immer angeeckt, sich quergelegt, heftige Reaktionen provoziert. Der »Spiegel« nannte ihn einmal einen »furchtbaren Kunst-Richter«, worüber er nur wieder mal den Kopf schütteln kann. Der »Stern« flachste: »Hätte er Franz Kafka in der FAZ gemanagt, der Mann wäre nicht arm gestorben.« Dieses Bonmot kann Reich-Ranicki wenigstens ein Lächeln entlocken.

Den größten Vorwurf, den Journalistenkollegen, Schriftsteller und Neider ihm gemacht haben, ist, daß er eine Literaturpolitik inszeniere, sie verhement betreibe und dabei zu viel Macht auf seine Person konzentriere. Der Frankfurter Trouble-Shooter bezieht dazu bereitwillig Stellung: »Natürlich übe ich Macht aus, das will ich aber hoffen! Doch eigentlich geht es mir darum, so zu reden, daß die Leute mir zuhören, und so zu schreiben, daß ich gelesen werde. Ich hasse nämlich, wie die meisten Menschen, die Langeweile!«

Eine Unmutsfalte bildet sich über seiner Nasenwurzel. »Es geht ein Gespenst um«, raunt er, »das der Unsicherheit. Viele Kritiker scheuen davor zurück, das Risiko ihres Berufes auf sich zu nehmen. Deshalb schreiben sie um alles herum und kommen nicht zu klaren Ergebnissen.«

Reich-Ranicki beherrscht das Talking Entertainment perfekt, aber er kann sich auch dahinter verschanzen. Doch sein grimassierendes Gesicht verrät immer, was ihn an- und umtreibt. Einer wie er, der sich mit Leidenschaft der Literatur verschrieben hat, ist ungeeignet, alles in moderater Gangart zu bewältigen. In einer Zeit, in der andere vom Sterben der Literatur orakeln, will er sie noch mehr zu einer öffentlich verhandelten Angelegenheit machen. Und er ist überzeugt davon, daß Kritik den Austausch zwischen dem Autor eines Werks und seinem Publikum vitalisiert. Dafür tritt er ein, wenn es denn sein muß, auch unter dem Motto: Viel Feind, viel Ehr.

Ende 1988 gab er die Leitung des Literaturressorts der FAZ, dem er seit 1973 vorgestanden hatte, ab. Doch an eine Aufgabe seiner Tätigkeit war nicht zu denken. »Einer wie der Reich«, sagt einer der Redakteure, die er im gläsernen Haus der FAZ zurückgelassen hat, »hält erst auf dem Totenbett den Mund.« Das klingt im ersten Moment hämisch, hört sich aber verdächtig nach einer Sympathieerklärung an. Als Reich-Ranicki die Zeitung verließ, behielt er dort ein Büro, eine Halbtagssekretärin wurde ihm zugeordnet. Er sollte seine rege Tätigkeit als Ex-Literaturpapst im unruhigen Wartestand weiter von der FAZ-Zentrale aus vornehmen, schließlich ist er imageförderlich. Aber der von ihm selbst erwählte Nachfolger, der erst 30jährige Frank Schirrmacher, ein exzellenter Kafka-Kenner, war von vornherein darauf bedacht, Profil zu zeigen. Also verabschiedete er eine Reihe von Autoren, vor allem Lyriker (Ulla Hahn, Peter Maiwald), die zu Reich-Ranickis erklärten Lieblingen gehörten und denen er im Feuilleton viel Platz einräumte. Insider munkeln, daß Schirrmacher auch vor einem »Vatermord« nicht zurückschrecken werde, denn was er an Reich-Ranicki überhaupt nicht ausstehen könne, sei dessen eitles Tummeln im Kulturbetrieb. »Als der Reich anfangs nach seiner Pensionierung hier noch rumfuhrwerken wollte«, berichtet einer der Redakteure, »hat ihm Schirrmacher klar gezeigt, wer jetzt der Herr im Haus ist.«

Reich-Ranicki, Anfeindungen gewöhnt, hat auch das weggesteckt und will sich dazu nicht äußern. Er wünsche seinem Nachfolger Glück und Gelingen, und es sei verständlich, daß dieser andere Akzente setzt. Sagt es, aber sein Gesicht sagt etwas anderes. Gut, daß er in einer gußeisernen Psyche steckt und ausgerüstet ist mit einem scheinbar unanfechtbaren Gemüt. Er kann ja jetzt auch anderswo die Fäden ziehen. Sitzt er doch nicht nur einigen Jurys vor, sondern auch dem »literarischen Quartett« des ZDF, mit dem er seit mehr als einem Jahr alle drei Monate über die wichtigste Nebensache der Welt debattiert: Literatur. Es ist eine Viererbande, die gegen eine übermächtige Unterhaltungskonkurrenz auf anderen Kanälen dieses Geschäft betreibt, und es werden, wie Reich-Ranicki betont, nur »Worte, Worte und bestenfalls Gedanken« geboten. Dennoch wird die Sendung von rund 1,6 Millionen Zuschauern verfolgt, und die »vier erschreckend gescheiten« Leute (»Die Zeit«) sind zweifellos der Grund für die Beliebtheit der Show. Was sie ihren Zuschauern bieten, ist Amüsement auf hohem Niveau und Information zugleich. »Selten ist im deutschen Fernsehen so intelligent über Literatur gestritten worden«, befand der »Stern«.

Reich-Ranicki holt Sigrid Löffler vom »Profil« ins Studio, dazu Hellmuth Karasek, »Spiegel«-Feuilletonchef und für gallige Sottisen bekannt, und Klara Obermüller aus der Schweiz.

Bei dieser Konstellation ist immer für genügend Streit gesorgt, und wenn, meistens zwischen Reich-Ranicki und Karasek, die Fetzen fliegen und Sigrid Löffler mit giftigem Insistieren dazwischengeht, kann man einen Reich-Ranicki beobachten, der sich in dieser »Quatschbude« (Karasek) sichtlich wohl fühlt und es auch noch zu genießen scheint, wenn seine Wiener Kollegin, die mit jeder Sendung ihre Zurückhaltung mehr ablegt, die Herrenreiter, ihn eingeschlossen, glattweg herunterstößt von ihren sicher anmutenden Positionen. Jemand, der sehr intelligent ist und manchmal noch geschickter gemein sein kann als er selbst – Respekt, Respekt. Reich-Ranicki ist beeindruckt.

Die Berechtigung des Berufsliteraturkritikers, legt er los, bestünde allein in seiner Profession. Er sei nicht Vertreter irgendeiner ästhetischen Theorie, nicht Repräsentant einer Schule. Sein Urteil resultiere vornehmlich aus seinem Gespür und seiner Lebenserfahrung. Kritik ist zwangsläufig subjektiv. Sie ist eine Tätigkeit, die öffentlich stattfindet und Bildung, Wissen, Kenntnisse, aber auch Intuition und – Reich-Ranicki faltet die Hände, seine Stimme bekommt etwas Barmendes – Geschmack voraussetzt. Weil dem so sei, meint er, dürften profunde Kritiker unter dreißig die Ausnahme sein, denn sie müßten ja über hinreichende Kenntnisse der Weltliteratur verfügen und Erfahrungen gesammelt haben. Gleich aber schränkt er ein: »Diese Ausnahmen, diese jungen klugen Kritiker gibt es!« Ob er seinen Nachfolger im FAZ-Literaturressort dazu zählt, will er nicht sagen.

Reich-Ranicki selbst hat seine erste Kritik mit dreißig geschrieben. In Polen, wo der 1920 Geborene nach dem Zweiten Weltkrieg lebte. Er stammt aus Wloclawek an der Weichsel, übersiedelt jedoch schon als Kind mit seinem Vater, einem polnischen Juden, und seiner Mutter, einer deutsch-preußischen Jüdin, nach Berlin, wo ihm während seiner Gymnasialzeit das entscheidende Erlebnis zuteil wurde: die Begegnung mit der deutschen Literatur. Die Liebe zu ihr wurde nicht getrübt, als er 1938 als Jude verhaftet und als polnischer Staatsbürger nach Polen deportiert wurde. Deutschland, das Land seiner Träume, vertrieb ihn. Aus der Schatzkammer der deutschen Kultur konnten ihn die faschistischen Enkel der Dichter und Denker nicht verstoßen. Auch nicht die Gefangenschaft im Warschauer Ghetto, die Aussicht auf das Vernichtungslager, das Untergetauchtsein bis zum Kriegsende (gemeinsam mit seiner Lebensgefährtin Teofila Langnas aus Lodz, die er im Ghetto geheiratet hatte). Reich-Ranicki war der deutschsprachigen Literatur verfallen, und er wird es bis an sein Lebensende sein. 1958 gelangte er in die Bundesrepublik, und bald darauf begann seine beispiellose Karriere.

Was Reich-Ranicki neben seiner Arbeit für das Feuilleton bekanntgemacht hat, ist seine Mitgliedschaft in Jurys und sein Einsatz für die Förderung der Literaten. Zehn Jahre lang ging er

Sommer für Sommer nach Klagenfurt, um den Ingeborg-Bachmann-Preis an begabte Nachwuchsautoren zu verleihen und andere das Fürchten zu lehren. Aus den Fernsehübertragungen kennt man ihn: sein Puristengesicht, seine Augen mit ihrer Strahlkraft hinter der Brille, seine manchmal von der sinnlosen Last des Sisyphos gezeichneten Züge. Wie er, den Kopf in die Hände gestützt, den Lesungen der Autoren zuhört. Wie er bisweilen cholerisch stöhnt und man ihm ansehen kann, daß ihm schlechte und mißlungene Texte physischen Schmerz bereiten. Wie er sardonisch lächeln, scheppernd lachen und befreit aufatmen kann, sobald ihm ein gelungener Text untergekommen ist.

Wenn er hingegen Mißbilligung ausdrücken will, sagt er alles in einem emotionslosen, müden Tonfall herunter, wie in einem einzigen langen Satz, wobei er erschöpft wirkt, sein Gesicht wie zerknülltes Papier.

Dann wieder zeigt er sich als Talk-Talent, geriatrisch und doch alert, um die Wirkung seiner medialen Kunst des Sich-in-Szene-Setzens wissend und um kein letztes Wort verlegen. Nun doch der Literaturpapst, der er nicht sein will. »Dieser Begriff ist unbrauchbar.«

Aber diese Anwürfe sind ihm in solchen Augenblicken, wo es ihm um sein Bestes, um die aus der Welt herauspräparierte Welt der Literatur geht, keine Anfechtungen. Er äußert seine Ansichten nicht im Bemühen um Ausgewogenheit, sondern mit der Courage der nicht niederzuzwingenden Unbestechlichkeit, der furchtlosen Klarheit und der feurigen Aufklärung. Obskurantismus ist ihm ein Greuel, und er hält es mit Walter Benjamin, der gesagt hat, daß schweigen soll, wer nicht Partei ergreifen kann.

Kritik ist Polemik, und bei Reich-Ranicki weiß immer noch jeder, woran er ist. Er selbst hat in seinem Band »Lauter Verrisse« sein Credo festgehalten: »Wo man aber die Dämmerung und das Geheimnisvolle mehr liebt als die Klarheit und das Nüchterne, wo man der Beschwörung mehr traut als der Analyse, wo man die Denker vor allem dann schätzt, wenn sie dichten, und die Dichter, wenn sie nicht denken, und wo man andererseits eine hartnäckige Schwäche für das Abstruse und Konfuse, für das Tiefsinnige, oder, richtiger gesagt, für das Scheinbar-Tiefsinnige hat, da freilich kann kein Platz für die Kritik sein, da muß sie als etwas Lästiges und auch Anstößiges erscheinen.«

Reich-Ranicki kann glänzend formulieren, im Gespräch liebt er den Klartext. »Ein Buch ist gut«, bestimmt er, »wenn es mich nicht langweilt.« Welcher deutschsprachige Kritiker hat den Mut zu einem solchen Satz? Wir werden arm dran sein, wenn wir diesen Marcel Reich-Ranicki nicht mehr werden räsonieren hören und lesen können!

GESPRÄCHE MIT MARCEL REICH-RANICKI

Kein Leben ohne Lesen

Gespräch mit Werner Höfer

(*Lui*, 1980)

Bei der Bundesbank hätte es den Sonntagsgast nicht gewundert, wenn er am geschlossenen Portal von einer unsichtbaren Kamera ins Auge gefaßt worden wäre. Aber auch an der Tür eines friedlichen Mehrfamilienhauses in Frankfurts »Dichter-Viertel«, in der Gustav-Freytag-Straße (nicht für jede Sackgasse muß der »größte Sohn« der Stadt seinen Namen hergeben), wird dem Erwarteten nicht gleich auf Klingelzeichen, sondern erst nach Blickverständigung aufgetan. Der Hauswirt, ein vorsorglicher Mann, hat eine audiovisuelle Schleuse eingebaut, weil an diesem unruhigen Platz inzwischen Sicherheit zum Komfort gehört.

Nach ein paar Treppen, an der Wohnungstür, wird's menschlich. Die Hausfrau, in deren Gesicht und Gestalt östliche Kreatürlichkeit und westliche Urbanität aufs angenehmste zusammengefunden haben, bittet mit einer Gebärde, die einer Umarmung nahekommt, einzutreten: »Ich rufe meinen Mann.« Sie ruft seinen Namen nicht mit französisch gespitzer Zunge, sondern in der Lautfarbe ihrer polnischen Muttersprache: »Marzel!«

Bevor der Gerufene die gute Stube betritt, kann der Gast dem Hausgott huldigen: Thomas Mann, dessen Büste, matt schimmernd, »Maß und Mitte« markiert, durchaus im Einvernehmen mit einem Fernsehgerät, das in diesem Intellektuellenhaushalt nicht das Schicksal erleidet, schamhaft verhüllt zu werden, wenn Fremde sich der Schwelle nähern. Die Bücherwand ist – kein Wunder – vollgepfropft und – o Wunder! – wohlgeordnet.

Etliche Quadratmeter Weltliteratur im Rücken, setzt sich Marcel Reich-Ranicki in Lauerstellung, wie ein Ringer, der dem Partner zeigen will, daß er im Nehmen ebenso hart ist wie im Geben.

Sind Sie der Größte unter den Großkritikern deutscher Zunge?

Erstens steht es mir nicht zu, darüber zu urteilen. Zweitens würde ich so etwas schon deshalb nicht sagen, weil Superlative immer Widerspruch provozieren.

Haben Sie mehr Feinde als Freunde?

Viel mehr!

Warum?

Alle Kritiker in der Geschichte der deutschen Literatur, die einigen Einfluß hatten, mußten mit mehr Feinden als Freunden rechnen. Ein Kritiker von Autorität wird angefeindet – nicht nur von jenen, über die er unfreundlich oder skeptisch geurteilt hat, sondern vor allem von jenen, die er ignoriert.

Warum haben Sie sich nicht der Produktion, sondern der Rezension von Literatur zugewandt? Wollten Sie dem Kalauer recht geben, wonach ein Kritiker weiß, wie es geht, es aber selber nicht kann?

Als ich etwa 15 Jahre war, hat mir mein Deutschlehrer am Berliner Fichte-Gymnasium vorausgesagt, daß ich Kritiker sein werde. Zum kritischen Beruf gehört eine spezifische Begabung, und gescheiterte Romanciers oder Lyriker werden keine guten Kritiker. Ich bin Kritiker geworden, weil ich keine Dramen und keine Romane schreiben kann, aber hoffe und glaube, Kritiken schreiben zu können.

»Kritik« bedeutet dem Wortsinn nach »unterscheiden«. Aber Kritik, wie sie von Ihnen und anderen betrieben wird, bedeutet eher Bewertung. Verstehen Sie Kritik als Darstellung von Unterscheidungsmerkmalen oder als Notierung von Werten?

Das ist eine der zentralen Fragen der Literaturkritik überhaupt, vor allem in diesem Land. In Deutschland war die Wertung viele Jahre praktisch verboten worden. Man hat Kritik als eine jüdische Erfindung denunziert und eine wertfreie Kunstbetrachtung gefordert. Noch heute gibt es in der deutschen Literaturkritik nicht wenige, die ungern werten. Ich glaube, das ist ein Unglück. Ich versuche, soweit wie möglich in der »Frankfurter Allgemeinen Zeitung« Mitarbeiter zu Wort kommen zu lassen, die den Mut haben zur Wertung.

Sie selber, Herr Reich-Ranicki, gelten als ein Kritiker, der die Bewertung überbewertet, indem Sie mit einer Schärfe zu Werke gehen, die Betroffene zuweilen aufstöhnen läßt: Ihre Rezensionen seien nicht Versuche zur Verbesserung der Literatur, sondern vielmehr Ansätze zur Vernichtung eines Autors.

Um die Vernichtung von Autoren geht es nicht, wohl aber um die Beseitigung des Schlechten, des Minderwertigen, um Platz zu schaffen für das Gute. Das ist eine der wichtigsten Aufgaben der Kritik.

Im Sport gibt es Schwierigkeiten bei der Bewertung in den Disziplinen, für die subjektive Kriterien maßgebend sind, während keine Probleme dort auftreten, wo objektive Maßstäbe angelegt werden – Bandmaß, Zeitmaß, Gewichtsmaß. Literaturkritik hat viel mit Subjektivität und wenig mit Objektivität zu tun?

Selbstverständlich sind jene meßbaren Kriterien, die im Sport Geltung haben, für die Kunstwertung nicht gegeben. Kritik ist immer Äußerung einer individuellen und subjektiven Ansicht. Ich habe die Mitarbeiter der FAZ ermuntert, das sonst verpönte Wort »ich« möglichst häufig zu verwenden, um auch dadurch auszudrücken, daß jede kritische Äußerung eine persönliche Äußerung ist. Kritische Maßstäbe sind nur aus dem jeweils zur Debatte stehenden Werk abzuleiten.

Wann ist für Sie ein Buch, ein Roman, gut, wann schlecht?

Schlecht, wenn er mich langweilt; gut, wenn er mich nicht langweilt.

Das Antigone-Wort abwandelnd: Sind Sie da, um mitzuhassen oder mitzulieben?

Natürlich ist Liebe dabei. Der Kritiker, auch wenn er oft ablehnt und verreißt, ist ein Enthusiast.

Aber Kritik wird um so mehr beachtet, je strenger, wenn nicht gar böser sie ist.

Das ist oft so, muß aber nicht so sein. Es ist wahr, daß sich eine negative Kritik interessanter schreiben und lesen läßt. Was ein Kritiker einem literarischen Werk vorzuwerfen hat, kann er genauer ausdrücken, argumentativ belegen. Warum es ihm gefällt, ist viel schwerer nachweisbar.

Was empfinden Sie, wenn Sie das Buch eines unbekannten Autors in Händen halten?

Die stille Hoffnung, daß dieses unbekannte Buch eines unbekannten Autors ein Meisterwerk sein wird. Aber wenn ich über ein solches Buch schreibe, habe ich noch ein ganz anderes Gefühl, das Max Frisch einmal in einem Beitrag für die »Süddeutsche Zeitung« formuliert hat: Er habe großen Respekt vor den Kritikern, weil jedes Buch, jede Premiere, jedes Konzert auch zu einer Prüfung des Kritikers wird – einer Prüfung vor aller Öffentlichkeit.

Dem Schreiben geht das Lesen voraus. Wie ist Ihre Lesetechnik?

Lese ich Bücher, um über sie zu schreiben, dann muß ich jedes Buch mindestens anderthalbmal lesen. Bei der zweiten Lesung überprüfe ich einzelne Stellen, einzelne Eindrücke. Bei schwierigen Büchern ist eine zwei- bis dreifache Lektüre unvermeidlich. Andere Bücher durchblättere ich nur, ohne sie zu lesen, aber auch ohne sie zu beurteilen.

In welcher Lage lesen Sie: sitzend, liegend, stehend?

Immer sitzend, am Schreibtisch, in Schlips und Kragen.

Wie der Kollege im Theater?

Das entspricht meinem Stil, dient der Konzentration und bezeugt meinen Respekt.

Bilden Sie sich Ihr Urteil vor, während oder nach der Lektüre?

Während ich ein Buch lese, spüre ich, ob es gut ist oder schlecht, aber ich weiß noch nicht, warum. Während der letzten Lektüre streiche ich aus verschiedenen Gründen verschiedene Passagen an, besonders gute und besonders schwache Stellen, immer mit Bleistift, damit man radieren kann, was ich allerdings noch nie getan habe. Während des Lesens und Wiederlesens mache ich Notizen und sammle ich Zitate. Wenn ich es mit einem Autor zu tun habe, der schon einiges veröffentlicht hat und über den ich schon geschrieben habe, dann muß ich mich mit seinen früheren Büchern, meinen eigenen Kritiken und der Sekundärliteratur beschäftigen. Das ist die eigentliche Arbeit nach der Lektüre und vor dem Schreiben.

Halten Sie es für statthaft, in einem Zweifelsfalle einen Autor zu fragen?

Das halte ich für absolut indiskutabel. Der Autor steht mit seinem Buch zur Debatte. Begleitende Kommentare sind überflüssig.

Sie haben eingeräumt, Herr Reich-Ranicki, daß Sie auch Einfluß ausüben wollen – welchen?

Dieser Einfluß soll vor allem darin bestehen, daß ich Menschen dazu bringe, bestimmte Bücher zu lesen und auf die Lektüre anderer zu verzichten.

Damit üben Sie nicht nur eine ästhetische, sondern auch eine ökonomische Wirkung aus.

Das will ich. Ich will dem guten Schriftsteller nützen.

Sind Sie, weil die ökonomischen Konsequenzen Ihrer kritischen Aktivitäten beträchtlich sein können, von seiten der wirtschaftlich Interessierten, also von Verlegerseite, Anfechtungen, wenn nicht gar Bestechungsversuchen ausgesetzt?

Ernsthafte Bestechungsversuche sind mir in meiner ganzen literarkritischen Laufbahn noch nicht begegnet.

Wenn Sie einen Autor als Menschen kennen oder gar schätzen, sein Werk aber hart angehen müssen – bringt Sie das nicht in einen Gewissenskonflikt?

Eigentlich nicht, wenn es sich nicht um sehr alte und todkranke Autoren handelt. Die Pflichten des Kritikers gegenüber der literarischen Öffentlichkeit sind wichtiger als jene gegenüber der persönlichen Existenz einzelner Autoren. Wenn ich aber mit einem Menschen, der schreibt, seit 20 Jahren befreundet bin, ist es kaum möglich, sein Buch zu rezensieren. So habe ich seit vielen Jahren keine Kritik über Siegfried Lenz geschrieben, weil ich mit ihm befreundet bin und fürchte, ich hätte nicht die nötige Distanz zu seinen Büchern. Deshalb schreibe ich auch nicht über Walter Jens, mit dem ich gleichfalls befreundet bin.

Kritiker sind noch eitler als Professoren. Bei einem Großkritiker muß die Eitelkeit entsprechend größer sein.

Die Eitelkeit hat einen einfachen Grund: Der Kritiker urteilt über Literatur wie ein Richter, ohne jedoch einen verbindlichen Kodex zu haben. Deshalb ist er außerordentlich interessiert, wie andere, Autoren, Kollegen, der Betroffene, auf seine Kritik reagieren. Dieses Interesse wird als Eitelkeit bezeichnet.

Haben Sie zum Buch als einem Wesen aus Papier und Buchstaben ein erotisches Verhältnis?

Ja. Es gibt ein schönes Wort von Tucholsky: »Ich lese Frauen und umarme Bücher.« Natürlich ist das Buch, mit dem man sich beschäftigt, Gegenstand der Zuneigung oder der Abneigung. Man verliert, wie auch bei Frauen, oft die Geduld und langweilt sich. Man möchte eigentlich Schluß machen und macht doch weiter.

Werden Sie gelegentlich von Autoren oder Verlegern in Anspruch genommen, die Ihnen statt ihrer gedruckten Bücher ihre ungedruckten Manuskripte schicken?

Fast täglich, und alle werden zurückgeschickt.

Sie verantworten den Literaturteil der FAZ. Nach welchen Kriterien wählen Sie Bücher aus, die besprochen werden sollen?

Die Auswahl erfolgt nach einem sehr einfachen Prinzip: Was für die Öffentlichkeit von Interesse sein könnte, wird besprochen.

Besprechungsexemplare werden der Redaktion, dem Rezensenten gratis zur Verfügung gestellt. Halten Sie das Verfahren für unbedenklich?

Vollkommen! Ein großer Teil der Bücher, die wir bekommen, wird nicht rezensiert, aber auch nicht zurückgeschickt, sondern verschenkt. Zurückgeschickt werden Bücher von einem bestimmten Preis an, etwa 100 Mark. Wollten wir alles zurückschicken, entstünden gewaltige Verpackungs- und Versandkosten.

Wir befinden uns im Jahr der unseligen Olympischen Spiele. Da wird man wohl wieder mit dem sogenannten Medaillenspiegel rechnen müssen, der Auskunft geben soll darüber, welches Volk die größten Leistungen vorzuweisen hat. Dieses fatale Verfahren auf Literatur übertragen: Gibt es bestimmte Völker, die in bestimmten Phasen für bestimmte Gattungen Weltspitze verkörpern?

Ohne Zweifel! Es ist keine Frage, daß die stärksten Romane der Weltliteratur die Russen und Franzosen im 19. Jahrhundert geschrieben haben. Dostojewski und Tolstoi, Balzac und Flaubert. Zur gleichen Zeit waren in der deutschen Literatur Drama und Lyrik viel stärker als der Roman. Die große Periode des deutschen Romans beginnt mit dem alten Fontane. Der Anschluß an die Weltliteratur, der mit dem »Werther« begann, wurde erst mit den »Buddenbrooks« und den dann folgenden Werken des 20. Jahrhunderts geleistet.

Und die Angelsachsen?

Das große Drama der Angelsachsen, das Shakespeare-Drama, war die Leistung eines ganzen Zeitalters.

Wer ist nach Ihrem Urteil gegenwärtig der wichtigste Vertreter des Romans, der Lyrik, des Dramas – in deutscher Sprache? Was haben Sie in letzter Zeit mit dem höchsten ästhetischen, moralischen und intellektuellen Genuß gelesen?

Vielleicht »Jugend« von Wolfgang Koeppen, der auf jeden Fall einer der bedeutendsten lebenden deutschen Schriftsteller ist und von allen bedeutenden Schriftstellern jener, der immer noch am meisten unterschätzt wird. Daneben muß ich sofort Günter Grass nennen, wie man einzelne seiner Bücher auch bewerten mag. In der Lyrik würde ich, nachdem Peter Huchel, alt und krank, nicht mehr produktiv ist, glauben, daß die interessanteste Figur vielleicht doch Sarah Kirsch ist, von der mittleren Generation. Von der jüngeren Generation verspreche ich mir sehr viel von Thomas Brasch, dessen erster Gedichtband jetzt erschienen ist. Beim Drama verweigere ich jede Auskunft, weil ich nicht glaube, daß es das deutsche Drama gibt. Die letzte Figur, die mich interessiert hat, war Kroetz.

Er ist Kommunist, Sie sind das Gegenteil.

Er ist ein Dichter, ich bin ein Kritiker.

Warum sind in letzter Zeit Gedichte wieder zu hohem Ansehen gekommen?

Ich glaube, das ist zum Teil noch eine Reaktion auf jene kunstfeindliche Periode der späten 60er, frühen 70er Jahre, als man Literatur nur dann gelten lassen wollte, wenn sie sofort zur Veränderung der Welt beitragen könnte.

Kann dieser Prestigegewinn der Lyrik nicht auch daran liegen, daß der Leser wieder Gefühl für Gefühl, auch für Formgefühl zurückgewonnen hat?

Nein. Man sehnt sich einfach in der heutigen Welt nach Kunst, nach Dichtung. Deshalb werden wieder Gedichte gelesen.

Bücher, Romane, kosten heute kaum weniger als 30 Mark. Den Verlegern geht es nicht schlecht, und darbende Autoren gehören selber der Literatur an.

Alles richtig. Aber es ist ein bißchen differenzierter. Es gibt heute Möglichkeiten zur Verbreitung der Literatur, die es vor 50, 60 Jahren nicht gegeben hat, also Rundfunk und Fernsehen. Es kann vorkommen, daß ein Buch schlecht geht, dann aber als Vorlage zu einem Fernsehfilm dient und damit ein großes Geschäft wird. Literatur ist auch billiger als früher. Es ist zwar richtig, daß Romane 30 Mark oder mehr kosten. Aber nahezu die gesamte Literatur wird binnen kurzer Zeit in Taschenbüchern wohlfeil auf den Markt gebracht.

In dieser Form bringen Sie in diesem Jahr auch Ihre fünfbändige Erzählungs-Anthologie heraus.

Ja, im Deutschen Taschenbuch Verlag.

Außerhalb jeder Kritik. Unter Kritikern und Kritisierten gibt es Zyniker, die meinen, auch eine schlechte Kritik sei per saldo eine gute Kritik, weil sie dem Absatz dient.

Dieser Effekt ist abhängig von der Art des kritisierten Buches. Wurde früher ein Roman mit pornographischen Stellen verrissen, half das dem Verkauf. Wenn jedoch beispielsweise einem literarischen Nachschlagewerk Unzulänglichkeiten nachgewiesen werden, kann das für das Buch tödlich sein.

Sie sind mit dem letzten Roman von Heinrich Böll sehr streng ins Gericht gegangen, aber der Verkauf der »Fürsorglichen Belagerung« hat darunter nicht gelitten.

Es gibt einige Autoren, die ein so großes und treues Publikum haben, daß die Kritik ohne Einfluß auf den Verkauf bleibt. Dazu gehören Böll, Grass, Lenz. Die Verleger schätzen am meisten positive und negative Kritiken, damit über ein Buch eine möglichst lang dauernde Diskussion entsteht ...

... wie bei Böll geschehen. Zu Ihren spektakulären Angriffen gehört auch Ihre Behandlung des vorletzten Walser-Buches. Sie gingen so weit, die Leser zu warnen, diesen Roman überhaupt zu lesen. Des Autors folgende Arbeit haben Sie dann in alle Himmel gehoben. War das ein Wiedergutmachungsversuch?

Nein. Das war Genugtuung. Martin Walser ist ein Schriftsteller, an dessen Talent ich seit 20 Jahren glaube und der noch lange nicht das gegeben hat, wozu er im Grunde fähig ist. »Jenseits der Liebe« war schlecht. Die Kritik war vielleicht übertrieben. Aber für den Kritiker gilt das Wort von Rodin: Kritik soll übertreiben. Ob mein Verriß zur Qualität des »Fliehenden Pferdes« beigetragen hat, kann ich nicht wissen. Ich möchte es mir gern einbilden.

Heinrich Böll haben Sie ein Leben lang liebend begleitet. War Ihre Verbitterung über die »Belagerung« ein Reflex enttäuschter Liebe?

Eigentlich ja. Das Buch war eine Enttäuschung.

Die Stadt, in der Sie lesen, leben, schreiben, dieses Frankfurt ist der Schauplatz der Buchmesse. Ist das eine nützliche oder eine überflüssige Einrichtung?

Sie interessiert mich nicht. Die Buchmesse ist eine kommerzielle Veranstaltung. Die Bücher, die da ausgestellt werden, habe ich schon vorher in der Redaktion.

Was halten Sie von Bestseller-Listen?

Nicht viel, dafür einiges mehr von der Besten-Liste des Südwestfunks. Die Bestseller-Liste zeigt, welches Buch gut verkauft wird, die Besten-Liste, welches gut gekauft werden sollte. Auf den Besten-Listen erscheinen manchmal gerade solche Bücher, die sehr schlecht gehen, während andere, die sich von selbst verkaufen, nicht darauf stehen.

Mißtrauen Sie dem Nobelpreis wie den Bestseller-Listen?

Alle mißtrauen ihm, und jeder ist glücklich, wenn er ihn bekommt.

Meinen Sie, daß nach Heinrich Böll bald wieder einmal ein Deutscher an der Reihe ist?

Vielleicht Günter Grass oder Max Frisch ...

... der Schweizer ist.

Ich mache da keinen Unterschied. Ich glaube an die Einheit der deutschsprachigen Literatur mit Österreich, Schweiz, DDR.

Es gibt Erwägungen, auch in der Bundesrepublik Deutschland, die Ware »Buch« aus der Preisbindung herauszunehmen. Würde das dem Buch nützen oder schaden?

Vermutlich würde es schaden, wie dieser Entschluß unlängst in Frankreich fatale Folgen hatte.

Welche Bedeutung haben für Sie die Nachbarkünste?

Neben Literatur interessiere ich mich sehr für Musik, weniger für bildende Künste.

Haben Sie musikalische Favoriten?

Viele. Lassen Sie mich nur drei aus der zweiten Hälfte des vorigen Jahrhunders nennen: Wagner, Bruckner, Mahler.

Ob die Hinneigung zur Musik wohl mit Ihrer Herkunft zu tun hat? Sie sind geboren ...

... im Jahre 1920 in der Stadt Wloclawek an der Weichsel, in deren unmittelbarer Nachbarschaft bis zum Ende des Ersten Weltkrieges die deutsch-russische Grenze verlief. Mein Vater stammte aus dem russischen Teil Polens, meine Mutter aus Deutschland.

Die Muttersprache meines Vaters war Polnisch, die meiner Mutter Deutsch. Ich bin als kleines Kind nach Berlin gekommen. Einige Monate nach dem Abitur, im Herbst 1938, wurde ich deportiert – nach Polen.

Fühlen Sie sich als Pole oder als Deutscher?

Ich bin wahrscheinlich ein halber Pole und ein halber Deutscher und ein ganzer Jude ...

... und ein ganzer Europäer?

Ja, das am allermeisten.

Sie können es an literarischer Bildung mit jedem Professor der Germanistik aufnehmen, halten selber Vorlesungen in Deutschland und im Ausland ...

... und habe selber nicht eine Stunde auf einer Universität studiert. Ich habe zum ersten Mal einen Hörsaal betreten, als ich eine Vorlesung zu halten hatte ...

Sie sind mithin Autodidakt?

Ganz sicher. Meine Schule war das Lesen, das Theater, die Diskussion.

Sie – wie Ihre spätere Frau – haben an einem der schlimmsten Orte der Unheilsgeschichte gelebt und überlebt: im Warschauer Getto.

Ich habe es überlebt, weil ich das Glück hatte, dort Menschen zu finden, die mir geholfen haben, weil ich mir mit dem Mute der Verzweiflung zu helfen suchte. Der Zufall hat dabei eine große Rolle gespielt.

Haben Sie in Deutschland Anzeichen von Antisemitismus oder, was manche für schlimmer halten, von Philosemitismus gespürt?

Die Behauptung, Philosemitismus sei schlimmer als Antisemitismus, halte ich für unsinnig. So unangenehm der Philosemitismus auch sein mag, so habe ich noch nicht gehört, daß durch diese Einstellung Menschen ermordet wurden. Die Frage nach Antisemitismus in Deutschland ist für mich schwer zu beantworten, weil ich seit 20 Jahren unter Menschen lebe, denen solche Regungen nicht zuzutrauen sind.

In einer heftigen Fehde um Sie und Ihr Wirken wurde Ihnen unterstellt, Sie profitierten von einem Schicksalsbonus.

Diese Unterstellung eines »Spiegel«-Redakteurs halte ich für ebenso töricht wie unseriös. Es ist kindisch anzunehmen, einer könnte eine Anzahl von Jahren eine gewisse Rolle im literarischen Leben Deutschlands spielen, weil er Jude ist.

Warum sind Sie von der »Zeit« zur FAZ gegangen?

Bei der »Zeit« war ich als ständiger, festangestellter Kritiker tätig, 14 Jahre lang. Die FAZ bot mir größere Möglichkeiten als Chef des gesamten Literaturteils.

Welche Berufsbezeichnung steht auf Ihrer Visitenkarte?

Ich habe zwei Visitenkarten. Auf der besseren steht mein Name und darunter »Frankfurter Allgemeine Zeitung«, auf der anderen, der für alle Fälle, steht »Professor Dr. h. c.« und der Name der Zeitung.

Könnten Sie für sich eine Berufsbezeichnung akzeptieren, die in keinem Berufsverzeichnis steht: Literat?

Damit bin ich gern einverstanden.

Was bietet Ihnen das Leben an Genüssen außerhalb der Literatur? Essen Sie gern gut?

Essen spielt für mich keine große Rolle.

Bedeutet Ihnen der Anblick einer ansehnlichen Frau etwas?

Ja.

Gelegentlich gastieren Sie im Fernsehen. Was halten Sie von diesem Medium?

Ich halte es für ein ungeheuer wichtiges Medium und finde die Verachtung, die ihm manche meiner Kollegen entgegenbringen, schändlich und weltfremd. Damit feiere ich noch nicht die Qualität der Programme. Ich glaube, es muß noch viel getan werden, damit sie besser werden.

Sie haben einen Sohn, Dr. Andrew Ranicki, Professor an der Princeton-Universität in den USA. Betätigt er sich auch literarisch?

Nein, mathematisch. Er lehrt Topologie. Als ich ihn fragte, was das sei, meinte er, ich müßte einige Monate aufbringen, um das zu begreifen.

Brauchten Sie, nachdem Sie auf einer einsamen Insel gestrandet wären, zum Überleben auch Literatur?

Ich brauchte zunächst einmal etwas zum Essen. Dann brauchte ich Literatur und Musik. In einer schwierigen Periode meines Lebens, im Warschauer Getto, war ich in viel höherem Maße auf Musik angewiesen. Beethoven, Mozart, Schubert waren mir wichtiger als Goethe, Schiller, Lessing. Von Literatur hätte ich gern auf jener Insel vor allem die Shakespeare-Dramen und einige Romane von Dostojewski, Tolstoi, Stendhal. Von deutscher Literatur einen Band mit Goethe-Gedichten, natürlich Heine und vom 20. Jahrhundert vor allem Thomas Mann und mit einigem Abstand Franz Kafka.

Sie wohnen in der Gustav-Freytag-Straße. Wäre Ihnen ein anderer Patron lieber?

Ich hätte es schlimmer treffen können. Der Freytag war kein großer Schriftsteller, aber ein ganz guter Autor seiner Zeit.

Sie überschreiten in diesem Jahr eine wichtige Datumsgrenze.

Ich kann es nicht verhindern. Ich würde gern mit einem Mephisto einen Pakt unterschreiben, um noch mal anzufangen. Aber leider ist nirgends ein Mephisto zu sehen, der mir ein solches Angebot macht.

Möchten Sie ihm, nachdem Lesen Ihr ganzes Leben war, die Chance abtrotzen, bis zum letzten Augenblick lesen zu können?

Ja, denn ein Leben ohne Lesen vermag ich mir nicht vorzustellen.

»Die Miserabilität eines Buches springt ins Auge.«

Gespräch mit Elisabeth Kiderlen, Leo von Caprivi und Daniel Cohn-Bendit

(*Pflasterstrand*, 1983)

Pflasterstrand: Wir sitzen hier gemeinsam an einem Tisch. Das wäre von uns aus vor 5 Jahren nicht denkbar gewesen. Von Ihnen?

Reich-Ranicki: Ihre Frage überrascht mich, denn ich bilde mir ein, keine Vorurteile zu haben.

Pflasterstrand: Nun, Reich-Ranicki ist schon in der Studentenbewegung eine umstrittene Figur gewesen.

Reich-Ranicki: Unumstrittene Kritiker gibt es nicht, und wenn es sie gibt, dann taugen sie nichts. Lessing, Friedrich und August Wilhelm Schlegel, Börne, Heine, Kerr, Tucholsky, Karl Kraus bis hin zu Friedrich Sieburg – sie alle waren umstritten. Mehr noch: sie wurden, wie alle Kritiker, die Einfluß hatten, auch gehaßt.

Pflasterstrand: Wir meinen jetzt nicht allein Ihre Position als Kritiker, sondern auch den Reich-Ranicki, der ein bestimmtes Image hat, ich sage es jetzt bewußt überspitzt: des Reaktionärs.

Reich-Ranicki: Sie glauben also, daß der Literaturteil, den ich mache, reaktionär ist? Für den Teil der Zeitung, den ich verantworte, schreiben unter anderem: Walter Jens, Peter Rühmkorf, Günter Kunert, Erich Fried, Wolf Biermann, Peter Härtling, Sarah Kirsch, Wolfgang Koeppen, Siegfried Lenz, Martin Gregor-Dellin. Sind das Reaktionäre? Als Peter Paul Zahl im Gefängnis saß, haben wir ein Gedicht von ihm in unserer »Frankfurter Anthologie« gedruckt. Um die Interpretation baten wir einen Autor, der nicht gerade als ein Feind der deutschen Linken gilt: Erich Fried. Ist das reaktionär? Aber warum habe ich denn eigentlich diesen angeblichen Ruf eines Reaktionärs? Wann immer sich ein Literat über einen Kritiker äußert, zumal negativ, sollten Sie unbedingt fragen, wie das letzte Buch dieses Literaten von diesem Kritiker beurteilt wurde oder ob er es gar ignoriert hat. Und ferner: wieviele Manuskripte dieses Literaten dieser Kritiker oder Redakteur ihm zurückgeschickt hat. Vielleicht stammt manch eine böse Äußerung über mich von Leuten, deren Arbeiten ich nicht drucken konnte oder wollte. Fast jeder, der ein Manuskript zurückgeschickt bekommt, will sich nicht damit abfinden, daß es aus literarischen Gründen abgelehnt wurde, und sucht ideologische und politische Gründe. Wenn Sie aber meinen, ich hätte mich gewissermaßen in der Literatur auf eine mehr ästhetische Ebene zurückgezogen, so ist das nicht ganz falsch: Jawohl, ich interessiere mich für Literatur mehr als für Soziologie. Ich habe manches im bundesdeutschen Kulturleben der späten sechziger und der frühen siebziger Jahre skeptisch und vielleicht richtiger gesehen als andere. Nicht, weil ich so klug bin, sondern weil ich über Erfahrungen aus Polen verfügte und weil ich mich im kommunistischen Polen mit der marxistischen Literaturtheorie gründlich befaßt hatte. Für manche Kollegen, auch berühmte Schriftsteller, war, was Marx und Engels über Literatur geschrieben hatten, gänzlich neu – und daher ihr gelegentlich naiver Enthusiasmus, daher manche Mißverständnisse.

Pflasterstrand: Waren Sie in Polen politisch engagiert?

Reich-Ranicki: Jawohl, ich war Mitglied der Kommunistischen Partei Polens und mit voller Überzeugung. Ich bin Anfang 1950 aus dieser Partei ausgeschlossen worden und zwar – so die offizielle Formulierung der Zentralen Kontrollkommission der Partei – wegen »ideologischer Entfremdung«. Ich war damals der Ansicht, daß dieser Beschluß der Partei falsch sei und daß ich zu Unrecht der ideologischen Entfremdung angeklagt werde.

Erst einige Jahre später habe ich begriffen, daß die Partei diesmal doch recht hatte. Ich war 1950 tatsächlich schon ideologisch entfremdet. Im Gefängnis habe ich übrigens damals auch gesessen, in Warschau in einer Einzelzelle, einige Wochen.

Pflasterstrand: Wenn Sie die Liberalität des Feuilletons hervorheben, so sagen wir, daß der politische Teil einen Sprachgestus und eine politische Orientierung hat, die der Liberalität, wie Sie sie für das Feuilleton beanspruchen, widerspricht.

Reich-Ranicki: Es gehört zur Tradition der deutschen Presse, daß der liberalste Teil einer Zeitung immer das Feuilleton ist. Vielleicht meinen Sie, dies sei eine traurige Tradition. Mir scheint es hingegen sehr erfreulich, daß die Kritik der Literatur, der Kunst, der Musik, des Theaters in Deutschland meist eine liberale, also positive Rolle gespielt hat. Und das fand seine Widerspiegelung in den deutschen Zeitungen ebenso der wilhelminischen Epoche wie der Weimarer Republik wie auch der Adenauer-Zeit. Ferner: Es werden sehr unterschiedliche Artikel in der F. A. Z. publiziert. Nicht alle gefallen mir, und einen Redakteur oder Leser, der mit allen Artikeln in einer so großen Zeitung einverstanden wäre, kann ich mir überhaupt nicht vorstellen. Was ich im Bereich des Feuilletons und des Literaturteils mache, gefällt auch nicht allen in der F. A. Z., und es mag sein, daß manche das eine oder andere bedenklich finden. Die F. A. Z. ist alles in allem eine überaus tolerante Zeitung, und von dieser Toleranz profitiere ich unentwegt. Ich bin in der F. A. Z. über neun Jahre. Ich hatte in dieser Zeit niemals Schwierigkeiten, in der Zeitung zu veröffentlichen, was ich veröffentlichen wollte. Kein Satz, den ich publizieren wollte, ist ungedruckt geblieben. Ich habe auch niemals – um noch dieses Beispiel anzuführen – Schwierigkeiten gehabt, Autoren zu publizieren, die etwa der DKP angehören. Die guten Sitten verbieten es mir, Ihnen die Namen von DKP-Autoren zu nennen, die sich um die Veröffentlichung ihrer Beiträge in unserer Zeitung bei mir bemüht haben und deren Manuskripte ich leider ablehnen mußte. DKP-Mitgliedschaft allein genügt nicht, es muß auch ein bißchen Begabung da sein.

Pflasterstrand: Wie entscheiden Sie denn – es kommen doch täglich Dutzende von Büchern in der Redaktion an – welche Bücher Sie besprechen?

Reich-Ranicki: Diese Frage wird oft gestellt, dabei handelt es sich keineswegs um ein schwieriges Problem. Wir erhalten täglich Dutzende von Büchern. Zunächst muß entschieden werden, welcher Titel besprochen wird, denn ein Teil der Produktion muß – schon aus Platzgründen – unberücksichtigt bleiben. Die meisten Autoren, deren Bücher wir bekommen, sind uns, also professionellen Literaturredakteuren, natürlich längst bekannt, denn sie haben schon früher Bücher publiziert. Ungleich schwieriger ist es zu entscheiden, welcher Debütant ernst zu nehmen ist und besprochen werden sollte. Vergessen Sie aber nicht, daß wir die Debütanten schon kennen, bevor deren erstes Buch uns erreicht. Da gab es schon Vorabdrucke in Zeitschriften, da hat schon der Autor am Ingeborg-Bachmann-Wettbewerb in Klagenfurt teilgenommen oder am Leonce-und-Lena-Wettbewerb in Darmstadt, da hat schon der Autor früher unserer Zeitung Manuskripte zugeschickt – und so weiter. Auf jeden Fall wird das zugeschickte Buch geprüft, was freilich bei der großen Zahl der Neuerscheinungen verhältnismäßig schnell erfolgen muß. Dies ist aber insofern nicht riskant, als man zwar den Wert eines Buches nicht auf Anhieb erkennen kann, wohl aber seine Minderwertigkeit. Oft genügt es, einige Absätze eines Romans zu lesen, um zu wissen, daß der Autor des Deutschen nicht mächtig ist. Die Miserabilität eines Buches springt in die Augen, aber bei einem Buch, bei dem die Miserabilität nicht ins Auge springt, ist noch keineswegs sicher, daß es gut ist. Wann immer wir unsicher sind, ob es sich lohnt, ein Buch zu besprechen, entscheiden wir zugunsten des Autors.

Pflasterstrand: Ist das nicht auch eine Form von schnellem Klappentextjournalismus?

Reich-Ranicki: Nein, keineswegs. Und vergessen Sie nicht, daß es keine einzige Zeitung in Deutschland gibt, die auch nur einen Bruchteil dessen rezensiert, was wir laufend rezensieren.

Noch hat man uns nicht vorgeworfen, wir hätten etwas Wichtiges ignoriert. Wir haben glücklicherweise viel Platz für Literaturkritik, wir drucken täglich Rezensionen – und so kann man sagen, daß bei uns wenig oder nichts durch das Netz fällt. Natürlich besprechen wir auch immer wieder Veröffentlichungen kleiner Verlage. Aber reden wir offen. Was in diesen kleinen Verlagen erscheint, taugt in der Regel nichts – mit Ausnahme gelegentlicher Anfänger-Bücher. Wenn ein begabter Autor in einem kleinen Verlag startet und sich als interessant erweist, dann landet er doch sofort bei Suhrkamp oder Luchterhand, Hanser oder Rowohlt. Auch wer eine Revolution in Deutschland anstrebt, ist schließlich daran interessiert, daß seine Sachen in einem Verlag erscheinen, der sie unter die Leute bringen kann. Die Kleinstverlage haben kein Geld für Werbung und verfügen auch nicht über den notwendigen Vertriebsapparat. Aber wie gesagt: Wir beobachten die Produktion der kleinen Verlage regelmäßig und aufmerksam. Nach der Entscheidung, ob wir ein Buch überhaupt besprechen, muß auch noch entschieden werden, wer es machen soll. Literaturredakteur sein, heißt immer wieder, Besetzungsfragen entscheiden. Die Qualität einer Kritik hängt davon ab, wer worüber schreibt. Wünschenswert ist, was man freilich nicht immer erreichen kann, daß nämlich zwischen dem Buch und dem Kritiker ein nahezu erotischer Kontakt entsteht. Von Tucholsky gibt es einen herrlichen Satz, den ich gern geschrieben hätte: »Entweder Du liest eine Frau oder Du umarmst ein Buch.«

Pflasterstrand: Aber was trägt Ihr Feuilleton zur Entwicklung einer politischen Kultur in Deutschland bei?

Reich-Ranicki: Der tatsächliche Einfluß der Kunst, der Literatur, der Musik auf das politische oder gesellschaftliche Bewußtsein des Individuums ist sehr schwer überprüfbar. Ich fürchte, daß wir alle dazu neigen, diesen Einfluß zu überschätzen. Was kann denn Literatur zur Veränderung der Welt beitragen? Meine Ansichten in dieser Sache haben sich im Laufe meines Lebens geändert.

Pflasterstrand: Können Sie darstellen, wie sich Ihre Ansichten verändert haben?

Reich-Ranicki: Zu publizieren begann ich in Polen um 1950. Ich schrieb in polnischer Sprache, aber ausschließlich über deutsche Literatur. Ich war immer Kritiker. Großen Einfluß auf meine literarischen Ansichten hatte Anfang der fünfziger Jahre Georg Lukács. Ich schäme mich dessen nicht. Gelegentlich bin ich in der Bundesrepublik als Lukácsianer beschimpft worden. Das ist natürlich barer Unsinn, obwohl ich Lukács einiges verdanke. Ich war damals, um es pauschal auszudrücken, ein sehr entschiedener Anhänger der gesellschaftskritischen, der engagierten Literatur. In die Bundesrepublik kam ich im Jahre 1958, und sofort begann ich hier, Kritiken zu publizieren. Sie wurden zunächst in der »Welt« und in der F. A. Z. gedruckt und ab 1960 in der »Zeit«. Ich hielt es damals für dringend nötig, hierzulande mehr oder weniger vehement für die engagierte Literatur zu plädieren. In der Gruppe 47, an deren Tagungen ich ab 1958 teilgenommen habe, galt ich als Repräsentant des engagierten Flügels. Ein Kritiker, der übrigens jetzt zu den Mitarbeitern der F. A. Z. gehört, schrieb damals über mich, es sei wohl meine Absicht, den sozialistischen Realismus in die Bundesrepublik zu importieren. So falsch dies war, so stimmt es doch, daß ich mich damals unentwegt um die engagierte Literatur bemüht habe und daß das Wort »Gesellschaft« bei mir in jener Zeit häufig vorkam. Als etwa um 1968 das literarische Klima in diesem Lande sich änderte und fast alle und immer wieder die engagierte Literatur forderten, konnte ich mir in dieser Sache eine gewisse Reserve auferlegen. Ich brauche Sie hier nur an die berühmten und berüchtigten Artikel von Hans Magnus Enzensberger und Walter Boehlich im »Kursbuch 15« zu erinnern. Davon konnte ich mich nur mit Schaudern abwenden. Übrigens hat Enzensberger selber seine Postulate (glücklicherweise) nie ganz ernst genommen: Als er eine rein politische Literatur forderte, hat er, wie sich später herausstellte, Liebesgedichte geschrieben. – In den späten sechziger Jahren und dann in den siebziger Jahren haben sich meine Ansichten über die politische Wirkung der Literatur allmählich geändert. Natürlich handelt es sich hier um einen differenzierten Prozeß, der, wenn man es kurz sagt, simpel anmutet. Also: Immer mehr bin ich davon überzeugt, daß der Beitrag der Literatur zur Veränderung der Welt leider nur sehr gering sein kann. Man muß schon ziemlich naiv sein, um zu meinen, mit der Dichtung ließe sich heutzutage ein realer Einfluß ausüben.

Pflasterstrand: Heutzutage formulieren ja viele Schriftsteller ihre Aufgabe im gesellschaftlichen Bereich als moralische Instanz innerhalb einer sehr orientierungslosen Gesellschaft.

Reich-Ranicki: Vergessen Sie bitte nicht, daß gute Literatur nur von einem ganz kleinen Teil der Nation zur Kenntnis genommen wird. Einer der großen deutschen Schriftsteller unserer Zeit ist, meine ich, Wolfgang Koeppen. Die Mehrheit der Nation hat nie eine Zeile von ihm gelesen. Erlauben Sie, daß ich mich etwas überspitzt äußere, aber man verständigt sich doch am besten mit überspitzten Formulierungen: Vielleicht kann man zumindest in Ausnahmefällen mit Literatur auf die Massen des Volkes einen Einfluß ausüben. Aber es muß schlechte Literatur sein. Neue künstlerische Mittel sind für die Mehrheit der Leser schwer begreiflich, wirklich originelle Literatur ist immer nur wenigen zugänglich. Mit den Romanen Simmels kann man mehr erreichen als mit jenen von Wolfgang Koeppen. Will man politisch wirken, dann muß man so schlecht schreiben wie Konsalik.

Pflasterstrand: Aber nehmen wir zum Beispiel die Friedensbewegung. Das ist eine sehr große Bewegung, keine kleine Minderheit. Da haben Schriftsteller Partei genommen, als Sprecher, als Vorbild. Übrigens gibt es ein Gerücht über Sie, daß Sie versucht hätten, Ihren Einfluß auf Autoren geltend zu machen, damit diese sich nicht in der Friedensbewegung engagieren.

Reich-Ranicki: Das ist eine pure Erfindung – wie übrigens auch viele andere Gerüchte, die über mich im Umlauf sind. Niemals habe ich auch nur ein einziges Wort gesagt oder geschrieben, das man in diesem Sinne interpretieren könnte. Nun sagen Sie aber, es gebe in der Friedensbewegung Schriftsteller, die einen realen Einfluß auf die Massen ausüben. Wir müssen uns einigen, ob wir über die Kunst und die Literatur sprechen oder über die öffentlichen Aktivitäten von Schriftstellern. Das sind zwei vollkommen verschiedene Themen. Als Sternstunde der engagierten Literatur gilt Zolas Eingriff in Sachen Dreyfus. Gewiß, Zola war in dieser Angelegenheit erfolgreich. Aber womit hat er diese große Wirkung ausgeübt? Mit einem Roman, mit einem Gedicht, mit einer Erzählung? Nein, mit einem Leitartikel. Freilich wurde dieser Artikel so stark beachtet, weil ihn einer geschrieben hatte, der sein Ansehen und seinen Ruhm einem großen literarischen Werk verdankte.

Pflasterstrand: Das schwere Erbe der BRD ist, daß es keine liberale Öffentlichkeit gibt, nach 1945 nie gegeben hat. Ich empfinde, daß gerade deswegen in der Bundesrepublik so gerungen wird von den Schriftstellern, weil sie in eine Lücke treten, die die politischen Verhältnisse hinterlassen haben.

Reich-Ranicki: Das Schuldgefühl der deutschen Schriftsteller hat mit ihrer Rolle in der Weimarer Republik zu tun und mit der unzweifelhaften Tatsache, daß sie damals tatsächlich eine große Schuld auf sich geladen haben. In der Gruppe 47 hieß es immer wieder: »Da müssen wir doch was tun.« Und was war dann das Ergebnis derartiger Überlegungen und Gespräche? Noch eine Resolution. Heute ist es einfach, darüber zu lächeln, aber es war doch sehr ernst gemeint. Man konnte nie vergessen, daß die Schriftsteller in der Weimarer Republik sich nur verhältnismäßig wenig, jedenfalls zu wenig, bemüht hatten, den Nationalsozialismus zu bekämpfen. Die Schriftsteller in der Bundesrepublik wollten aus dieser traurigen Vergangenheit lernen. Das gilt für Böll, Grass, Walser, Lenz, Enzensberger, Ingeborg Bachmann, Jens, Rühmkorf und natürlich Hans Werner Richter.

Pflasterstrand: Warum sind Schriftsteller, wenn sie gesellschaftspolitisch tätig sind, meistens links anzusiedeln? Oder ist es nur, weil wir da sind, daß alle Schriftsteller, die Sie nennen, politisch links sind?

Reich-Ranicki: Wenn Sie für »Linke« alle Schriftsteller halten, die sich mit der Kritik der Gegenwart gefassen, dann haben Sie natürlich recht, dann ist die Literatur immer links. Dann waren natürlich die Propheten des Alten Testaments allesamt linke Autoren. Ich meine das ernst. Es waren unerbittliche Kritiker ihrer Zeit, Autoren, die den Juden die bittersten Wahrheiten sagten. Interessant übrigens, daß man die Texte gerade dieser Autoren überliefert hat, die der Schmeichler hingegen vergessen wurden. Die Literatur sagt seit Jahrhunderten und Jahrtausenden, daß die Menschen leiden, fragt, warum sie leiden und vielleicht noch, was man tun könnte, damit sie weniger leiden. Ist das nun links? Allerdings gilt für die Literatur das große Wort Ibsens: »Zu fragen bin ich da, nicht zu antworten.« Es ist nicht die Aufgabe des Schriftstellers, die Probleme zu lösen, es ist schon viel, wenn er sie zu formulieren vermag. Nur der sozialistische Realismus verlangt vom Schriftsteller, daß er sagt, wie man es machen sollte, wobei er im Grunde nur das sagen darf, was die Partei für richtig hält.

Pflasterstrand: Gut, das ist die traditionell stalinistische und noch heute gültige Version des Intellektuellen im Osten. Es ist aber auch die Version der CDU. Ich erinnere an die Beschimpfungen der Schriftsteller als »Pinscher« von Erhard und an ähnliche Äußerungen. Es gibt einen rechten und einen linken Stalinismus.

Reich-Ranicki: Sie machen es sich zu leicht. Ich kenne alle diese Äußerungen von CDU-Politikern gegen die Literatur, die man immer wieder zitiert, wobei manche Äußerungen – etwa die von Brentano über Brecht – Jahrzehnte zurückliegen. Und Erhard und die »kleinen Pinscher«? War das denn so dämlich? Gegen wen war denn die Äußerung gerichtet? Es ging um einen Aufsatz von Rolf Hochhuth im »Spiegel« über ökonomische Fragen. Erhard meinte, Hochhuth habe von diesen Fragen keine Ahnung, für ihn sei er nur ein »kleiner Pinscher«. Was meinen Sie wohl, wer hat denn damals von Wirtschaftsfragen mehr verstanden – Hochhuth oder Erhard? Wahr ist allerdings, daß die CDU seit ihrer Entstehung ein gebrochenes Verhältnis zur Literatur hat. Nach wie vor wollen sich nur ganz wenige Schriftsteller mit dieser Partei identifizieren, während die SPD derartige Schwierigkeiten in geringerem Maße hat. Immerhin gibt es in der CDU seit einiger Zeit Bemühungen, das Verhältnis zu den Schriftstellern zu bessern.

Pflasterstrand: Noch einmal zu dem Vorwurf des Reaktionären: er hängt mit Ihrer Machtposition zusammen. Sie haben sehr viel Macht, Sie können Schriftsteller fördern oder totschweigen.

Reich-Ranicki: Ich hoffe sehr, daß es mir tatsächlich möglich ist, Schriftstellern zum Erfolg zu verhelfen. Ich halte dies für eine meiner wichtigsten Aufgaben. Unentwegt versuche ich, der Literatur, die ich für gut halte, den Weg zu bahnen. Ich tue das als Kritiker, als Redakteur, als Herausgeber von Anthologien, als Mitglied von Jurys. Ich tue es in der Zeitung, im Rundfunk, im Fernsehen, in Hörsälen von Universitäten, zumal jener von Tübingen. Und ich tröste mich in traurigen Stunden, daß ich in dieser Hinsicht immerhin etwas erreicht habe.

Pflasterstrand: Sie haben unermüdlich für Wolfgang Koeppen getrommelt. Der »Spiegel« hat ja auch schon bissig auf Ihre Koeppen-Werbung reagiert.

Reich-Ranicki: Schultz-Gerstein ist kein Thema für mich. Er schreibt Artikel, in denen er nachweist, daß diejenigen, die man schätzt, schlecht und diejenigen, die man nicht schätzt, gut sind – mal eine Hymne auf Zwerenz, mal ein Pamphlet gegen Koeppen. Er hat auch geschrieben, mein Einfluß habe nur damit zu tun, daß ich Jude bin. Natürlich hat er das Wort Jude nicht verwendet. Er hat sich um eine vornehme Umschreibung bemüht: Er nannte mich einen früheren Insassen oder Häftling des Warschauer Ghettos. – Und was meine von Ihnen erwähnte Macht betrifft, so sollten Sie vielleicht fragen, wozu ich diese Macht verwende, wie ich also mein Amt verwalte.

Pflasterstrand: In Ihrer langen Geschichte als Kritiker gab es Kritiken, die Sie später bereut haben?

Reich-Ranicki: Natürlich, doch waren es eher positive Kritiken. Es ist traurig, aber wahr: Wenn man verreißt, irrt man sich selten, wenn man lobt, ist man oft nach zehn oder gar zwanzig Jahren sehr verwundert. Das müssen übrigens nicht unbedingt Fehlurteile sein. Ein Autor hat ein erstes Buch geschrieben, ich fand es interessant, ich habe es nachdrücklich gelobt. Der Autor hat nun einige weitere Bücher verfaßt, aber sie haben sich alle als schwach erwiesen. Dann hat er ganz aufgehört. Das beweist noch nicht, daß mein Urteil über sein erstes Buch falsch war. Meist hat der Mann nichts Gutes mehr geschrieben, nicht weil er zuwenig Talent hatte, sondern weil ihm etwas fehlte, was zumindest ebenso wichtig wie das Talent ist: Energie, Ausdauer.

Pflasterstrand: Wenn jemand aus der F. A. Z. bei der Goethepreis-Verleihung an Jünger geschrieben hätte: »So aber nicht, meine Herren!«, hätte es einen Eklat gegeben. Ich sag' das um so mehr, als wir in dieser Jünger-Frage eine sehr diffizile Position hatten, wir fanden die Art der Grünen problematisch. Wir sagten, daß man die Politik rauslassen müsse, in einem Parlament könne man nicht entscheiden, was für Preise an wen vergeben würden. Aber davon abgesehen, hätte Ihre Stimme natürlich sehr verunsichert.

Reich-Ranicki: Wir haben damals Golo Mann um einen Artikel zu dieser Angelegenheit gebeten und vermutet, der ehemalige Emigrant würde sich eher skeptisch zur Goethepreis-Verleihung an Jünger äußern. Daß er so voll und ganz die Entscheidung zugunsten von Jünger befürwortete, hat mich überrascht. Aber selbstverständlich wurde der Artikel unverändert gedruckt. Wenn ich in der Goethepreis-Jury gewesen wäre, hätte ich, glaube ich, verhindert, daß Jünger diesen Preis erhält. Aber schreiben Sie das nicht.

Pflasterstrand: Warum kann man das nicht schreiben?

Reich-Ranicki: Weil ich nicht den Eindruck erwecken möchte, daß ich den Anspruch erhebe, in sämtlichen Jurys zu sitzen.

Pflasterstrand: Das kann man doch auch schreiben.

Reich-Ranicki: Ich dachte, Sie werden mich überzeugen, daß

ich reaktionär sei, und jetzt wollen Sie mich offenbar überzeugen, daß ich noch mehr Macht haben sollte.

Pflasterstrand: Ihr Image als Reaktionär hat ja auch mit dem Image Ihrer Zeitung zu tun.

So einfach ist das nicht. Ich war 14 Jahre bei der »Zeit«, und mein Image war dort ähnlich. Vielleicht hat das mit der Provokation zu tun, die von meiner Person ausgeht. Es ist ja hierzulande schon eine Provokation, klar und verständlich über Literatur zu schreiben. Es provoziert die Leute, wenn man den Mut hat, zu literarischen Phänomenen deutlich »ja« oder »nein« zu sagen. Die meisten Kritiker ziehen es doch vor, »jein« zu sagen; sie können sich dann auch immer nur halb irren. Ich glaube, daß diese provozierende Wirkung, die wohl von meiner Kritik ausgeht, viel kleiner wäre, wenn ich in der Weimarer Republik wirkte, in jenen Jahren, in denen Kerr, Kraus, Tucholsky, Polgar, Kisch schrieben.

Pflasterstrand: Was bedeutet es für Sie als einer der wenigen jüdischen Intellektuellen in der BRD tätig zu sein?

Reich-Ranicki: Zunächst einmal: Die jüdische Religion bedeutet mir nichts, absolut nichts. Seit ich denken kann, bin ich Atheist. Aber es ist mir nicht gleichgültig, daß diese Religion einen ungeheuren Respekt vor dem Wort hat und daß beispielsweise im Mittelpunkt des jüdischen Gottesdienstes seit Jahrtausenden ein Buch steht. Für einen Literaten ist dies schon außerordentlich bemerkenswert. Sollten Sie aber etwa mit Ihrer Frage gemeint haben, ob es für mich überhaupt eine Rolle spielt, als Jude in Deutschland tätig zu sein, dann wäre dies für mich eine unbegreifliche Frage. Tucholsky hat einmal geschrieben, er habe nie gewußt und es habe ihn auch nie interessiert, ob Ossietzky katholisch oder evangelisch sei, das war ihm gleichgültig. Gewiß, aber es gab keine Stunde im Leben von Ossietzky, wo er nicht daran gedacht hätte, daß Tucholsky Jude war. Wenn Sie wollen, lese ich Ihnen einige Sätze von Börne vor, die mich tief getroffen haben: »Es ist wie ein Wunder, tausend Male hab ich es erfahren und doch bleibt es mir ewig neu: die einen werfen mir vor, daß ich ein Jude sei, die anderen verzeihen mir es, der dritte lobt mich gar dafür, aber alle denken daran, sie sind wie gebannt in diesem magischen Judenkreise. Es kann keiner hinaus.« Das hat Börne vor rund 160 Jahren geschrieben, aber es gilt doch noch heute und erst recht heute. Wenn ich einen Vortrag vor tausend Menschen halte und über Literatur rede, und wenn ich das Wort Jude erwähne – weil es sich beispielsweise um Kafka handelt –, dann wird es plötzlich ganz still im Raum. Schon daran kann man erkennen, daß dieses Problem in Deutschland natürlich noch nicht bewältigt ist. Ich weiß sehr wohl, daß vieles, was ich mache und was Leute schlecht finden, mit meinem Judentum verknüpft wird. Und was ich gut mache, wird von manchen ebenfalls mit meinem Judentum assoziiert. Es wäre lächerlich, wollte ich sagen, daß ich mich darum überhaupt nicht kümmere. In einer österreichischen Kritik meines Buches »Nachprüfung« wurde betont, es seien in diesem Band so und so viele Aufsätze über Juden. Das stimmt. Es ist ein Buch über Schriftsteller von gestern, und also sind in ihm Aufsätze enthalten über Kafka, Schnitzler, Döblin, Joseph Roth, Feuchtwanger, Arnold Zweig und andere Juden. Daß einer das gezählt hat – übrigens keineswegs in böser Absicht –, ist schon sehr charakteristisch. In Deutschland wird ein derartiger Prozentsatz immer noch errechnet, und ich fürchte, es wird sich so bald nicht ändern. Übrigens: Ich beklage mich nicht, ich lebe ja ganz und gar freiwillig in diesem Land.

Pflasterstrand: In Israel wäre es bestimmt schwerer.

Reich-Ranicki: Auf die Idee, dort zu leben, bin ich nie gekommen.

Pflasterstrand: In einer »aspekte«-Sendung sprachen Sie darüber, daß die Juden das kulturelle Leben in der Weimarer Republik sehr beeinflußt hätten.

Reich-Ranicki: Der Moderator dieser Sendung zählte die Namen großer Kritiker auf, die Juden waren, also Kerr, Kraus, Polgar, Tucholsky, Benjamin etc., und er fragte, warum es sie heute nicht gäbe. Ich sagte, vielleicht deshalb, weil sie alle tot sind. Kein Zweifel, daß die Juden eine spezifische Begabung für die Kritik haben. Der mutmaßliche Grund: Sie haben sich seit Jahrtausenden in der Kritik geübt, nämlich jener der Heiligen Schrift. Der Talmud ist ja nichts anderes als Kommentar und Kritik der Thora. Ich habe nichts damit im Leben zu tun gehabt, aber ich stelle mir vor, daß jemand, der gelernt hat, die Bibel zu interpretieren, auch mit der Interpretation von Goethe oder Kafka keine sonderlichen Schwierigkeiten hat. Dann gibt es noch einen anderen Umstand: Warum sind denn so viele Juden in der Weimarer Republik Kritiker gewesen? Auch deshalb, weil sie nicht Professoren werden durften. Benjamin ist doch nur Kritiker geworden, weil man ihn nicht habilitiert hat. Juden konnten weder in der wilhelminischen Zeit noch in der Weimarer Republik Professoren der Germanistik werden, es sei denn, sie ließen sich taufen, was viele, ohne an die jüdische Religion zu glauben, entschieden ablehnten, weil sie es als ehrenrührig empfanden, eine Minderheit zu verlassen.

Pflasterstrand: Herr Reich-Ranicki, zum Schluß noch eine Frage: Sehen Sie »Dallas«?

Reich-Ranicki: ...

Marcel Reich-Ranicki geht und bleibt

(*Die Zeit*, 1988)

Der Fragebogen, den der Schriftsteller Marcel Proust in seinem Leben gleich zweimal ausfüllte, war in den Salons der Vergangenheit ein beliebtes Gesellschaftsspiel. Wir spielen es heute zum ersten und zum letzten Mal. Der Mitspieler heißt Marcel Reich-Ranicki, der zum Ende dieses Jahres seinen Posten als Literaturchef der *Frankfurter Allgemeinen Zeitung* aufgibt. Weil er aber dem Blatt als Literaturkritiker verbunden bleibt und zum Beispiel die »Frankfurter Anthologie« weiter herausgeben wird, kommt er nicht in den Genuß des Privilegs, vom *FAZ-Magazin* um die Beantwortung des Proustschen Fragebogens gebeten zu werden. Diesem Manko möchte die *Zeit* abhelfen. In der *Zeit* hat Reich-Ranicki seine Karriere als einflußreichster deutscher Literaturkritiker begründet. Von 1960 bis 1973 war er ihr ständiger fester Kritiker. Von 1973 bis zum Ende dieses Jahres war er in der *FAZ* verantwortlich für »Literatur und literarisches Leben«. Im Alter von 68 Jahren nimmt er nun von dieser Position Abschied. Daß wir ihm wiederbegegnen werden, im Fernsehen, auf Kongressen, in den Spalten der *FAZ* und überall da, wo es literarischen Streit gibt, das lassen wir getrost seine Sorge sein. Es geht der Chef, es bleibt der Kritiker. Und es bleibt der Mann, der dem Warschauer Ghetto entkam und der das Format besitzt, hier zu sagen: am meisten verabscheue er Unversöhnlichkeit.

Was ist für Sie das größte Unglück?
Der Tod.
Wo möchten Sie leben?

In einer deutschsprachigen Stadt in der Nähe sowohl der Alpen als auch der Nordsee, mit einem guten Theater, einer glänzenden Oper, einem hervorragenden Symphonieorchester und natürlich mit Intercityverbindung und einem internationalen Flughafen.

Was ist für Sie das vollkommene irdische Glück?

Für einen, der zum Tode verurteilt war, kann es »das vollkommene irdische Glück« leider nicht geben.

Welche Fehler entschuldigen Sie am ehesten?

Diejenigen, auf die das Goethe-Wort »Alle menschlichen Gebrechen sühnet reine Menschlichkeit« anwendbar ist.

Ihre liebsten Romanhelden?

Lucien de Rubempré (Balzac), Radion Raskolnikow und die Brüder Karamasow (Dostojewski), Goethe (Thomas Manns »Lotte in Weimar«).

Ihre Lieblingsgestalt in der Geschichte?

Janusz Korczak.

Ihre Lieblingsheldinnen in der Wirklichkeit?

Einige Frauen, denen ich viel verdanke, vor allem aber jene, die jahrelang ihr Leben riskiert hat, um das meinige zu retten.

Ihre Lieblingsheldinnen in der Dichtung?

Egmonts Klärchen, die Feldmarschallin im »Rosenkavalier«, die »süssen Mädel« bei Schnitzler und die liebenden Russinnen in den Romanen Leo Tolstois, zumal Natascha (»Krieg und Frieden«) und Katja Maslowa (»Auferstehung«).

Ihre Lieblingsmaler?

Aubrey Vincent Beardsley.

Ihr Lieblingskomponist?

Schumann, Bruckner, Mahler und, sie alle überstrahlend, Mozart.

Welche Eigenschaften schätzen Sie bei einem Mann am meisten?

Anstand und Aufrichtigkeit.

Welche Eigenschaften schätzen Sie bei einer Frau am meisten?

Liebesfähigkeit.

Ihre Lieblingstugend?

Großzügigkeit und Souveränität.

Ihre Lieblingsbeschäftigung?

Telephonieren, zumal mit Walter Jens.

Wer oder was hätten Sie sein mögen?

Wilhelm Furtwängler und Leonard Bernstein in einer Person.

Ihr Hauptcharakterzug?

Ungeduld und Neugierde, also das Verlangen, etwas Neues zu erfahren.

Was schätzen Sie bei Ihren Freunden am meisten?

Daß man sich auf sie verlassen kann und daß sie mich nicht langweilen.

Ihr größter Fehler?

Jähzorn.

Ihr Traum vom Glück?

Zum Augenblick sagen zu können: Verweile doch, du bist so schön.

Was wäre für Sie das größte Unglück?

Nicht lesen und nicht hören zu können.

Was möchten Sie sein?

Ein deutscher Literaturkritiker, doch erheblich intelligenter, begabter und gebildeter als ich es bin.

Ihre Lieblingsfarbe?

Die Farbe jener Blume, nach der sich Heinrich von Ofterdingen im Roman von Novalis sehnt.

Ihre Lieblingsblume?

Das Röslein auf der Heiden.

Ihr Lieblingsvogel?

Ibsens Wildente, Tschechows Möwe und die Kraniche des Ibykus.

Ihr Lieblingsschriftsteller?

Kleist, Stendhal, Thomas Mann, Nabokov, Wolfgang Koeppen.

Ihr Lieblingslyriker?

Goethe, Heine, Brecht.

Ihre Helden in der Wirklichkeit?

Diejenigen, die im »Dritten Reich«, in vollem Bewußtsein der ihnen drohenden Strafe, das Leben von Juden gerettet haben.

Ihre Heldinnen in der Geschichte?

Christiane Vulpius und Charlotte von Lengefeld, Mathilde Heine, Emilie Fontane und Katia Mann.

Ihre Lieblingsnamen?

Anna, Emma, Effi.

Was verabscheuen Sie am meisten?

Zur Zeit: Unversöhnlichkeit, die von verletzter Selbstliebe herrührt, und Rachsucht, die mit maßlosem Ehrgeiz zu tun hat.

Welche geschichtlichen Gestalten verachten Sie am meisten?

Natürlich Adolf Hitler – doch zusammen mit ihm alle, die heute in der Bundesrepublik die Verbrechen des Nationalsozialismus zu beschönigen und zu relativieren, zu entschuldigen und zu rechtfertigen versuchen.

Welche militärischen Leistungen bewundern Sie am meisten?

Den Aufstand im Warschauer Ghetto.

Welche Reform bewundern Sie am meisten?

Das Preußische Emanzipationsedikt vom 11. März 1812.

Welche natürliche Gabe möchten Sie besitzen?

Absolutes Gehör und vollkommenes Gedächtnis.

Wie möchten Sie sterben?

Noch lange nicht und dann ohne Schmerzen und mit Isoldes Liebestod im Hintergrund.

Ihre gegenwärtige Geistesverfassung?

Wie immer: unruhig, erwartungsvoll und, trotz allem, optimistisch.

Ihr Motto?

Es strebt der Mensch, solang er liebt. Und: Das Ewig-Weibliche zieht uns hinan.

»Ich habe manipuliert, selbstverständlich!«

Spiegel-Gespräch mit Rolf Becker und Hellmuth Karasek

(*Der Spiegel*, 1989)

Spiegel: Herr Reich-Ranicki, für Päpste gibt es keinen Ruhestand – für Literaturpäpste doch?

Reich-Ranicki: Durchaus nicht. Der Begriff Literaturpapst ist ziemlich sinnlos. Mit dem Begriff Papst ist die Unfehlbarkeit assoziiert. Unfehlbare Literaturkritiker hat es noch nicht gegeben, und wenn es sie gab, dann waren es die allerschlechtesten, weil sie nie ein eindeutiges Urteil riskiert haben, sich nie pro oder contra entschieden haben.

Spiegel: Sie haben in den letzen 15 Jahren bei der »FAZ« einen Literaturteil geleitet, in dem pro Jahr über 1000 Bücher besprochen werden, mehr als in jedem anderen Blatt, und mit diesem Literaturteil haben Sie Rang und Marktwert von Büchern ganz wesentlich bestimmt. Daher die Bezeichnung Papst, daher jetzt, da Sie bei der »FAZ« abtreten, die Frage nach dem Ruhestand.

Reich-Ranicki: Ich werde weiterhin für die »FAZ« Kritiken schreiben, vielleicht noch häufiger als bisher. Ich werde in der »FAZ« weiterhin die Rubrik »Frankfurter Anthologie« betreuen und die Reihe »Romane von gestern – heute gelesen« zu Ende führen. Ich werde aber nicht mehr das Literatur-Ressort leiten.

Spiegel: Werden Sie in der »FAZ« noch ein Büro haben?

Reich-Ranicki: Ja.

Spiegel: Ob nun Literaturpapst oder, wie einer ihrer Kollegen mal geschrieben hat, wenigstens Weihbischof des literarischen Lebens ...

Reich-Ranicki: Das ist nun doch ein bißchen wenig.

Spiegel: Kardinal?

Reich-Ranicki: Lassen wir lieber die kirchliche Nomenklatur.

Spiegel: Der Begriff Literaturpapst meinte ja die Dreieinigkeit, die Sie verkörpern: prominentester Literaturkritiker der Bundesrepublik, Redakteur des größten Literaturteils einer deutschen Zeitung und der Mann, der in sehr vielen Jurys über literarische Preise entscheidet. Diese Verbindung schaffte zweifellos Macht. Und davon geben Sie doch jetzt etwas ab?

Reich-Ranicki: Es gab einen Fernsehfilm über mich. Der war natürlich betitelt »Der Literaturpapst« und begann mit der Feststellung, ich hätte aus dem »FAZ«-Literaturteil das größte Machtzentrum geschaffen, das je in der Geschichte der deutschen Literatur existiert habe. Es stimmt schon, daß ich eine Anzahl von Jahren hindurch eine große Macht in meinen Händen vereint habe.

Spiegel: Machte das Spaß?

Reich-Ranicki: Offen gesagt: ja. Im Grunde bereitet mir beinahe alles, was Literatur betrifft, viel Spaß, immer noch. Ich bin, mit Verlaub, wie ein Gynäkologe, der den ganzen Tag über mit Frauen zu tun hat und dessen privates Interesse für Frauen gleichwohl nicht nachläßt. Aber vergessen Sie nicht, daß ich schon seit längerer Zeit bemüht bin, diese Macht zu reduzieren. Ich bin aus manchen Jurys freiwillig rausgegangen – aus der Klagenfurter Bachmann-Preis-Jury, ferner aus den Jurys des Heine-Preises und des Thomas-Mann-Preises. Ich habe die Einladung, in der Goethepreis-Jury zu sein, erst unlängst abgelehnt.

Spiegel: Es bleiben noch ...

Reich-Ranicki: Dennoch bleibt übrig, daß ich eine große Macht konzentriert habe in meinen Händen, weil keine deutsche Zeitung oder Zeitschrift so viele Rezensenten beschäftigt wie die »FAZ«.

Spiegel: Wie viele?

Reich-Ranicki: Bis zu 100. Darf ich Sie fragen, ob ich diese

Macht zugunsten oder zuungunsten der Literatur verwendet habe?

Spiegel: Die Literatur, das ist so ein Allgemeinbegriff, ein sehr weites Feld. Anders gefragt: Hat Ihnen Ihre Machtausübung mehr Freunde oder Feinde eingetragen?

Reich-Ranicki: Sehr viele Feinde, aber auch einige gute und dankbare Freunde. Doch Ärger und Kummer gab es immer.

Spiegel: Wie sieht der Kummer aus?

Reich-Ranicki: Ich bekam immer wieder den Haß von Autoren, gelegentlich von Verlegern oder Übersetzern zu spüren, über deren Bücher ich kein einziges Wort geschrieben habe. Aber andere Rezensenten schrieben über sie in der »FAZ« negativ oder skeptisch, und die Betroffenen machten mich in vielen Fällen für jedes Wort, das im Literaturteil zu lesen war, verantwortlich.

Spiegel: Redakteursschicksal.

Reich-Ranicki: Der Kummer bestand auch darin, daß immer wieder behauptet wurde, ich würde die Mitarbeiter manipulieren, ihnen also zu verstehen geben, es sei angebracht, dieses Buch zu tadeln oder jenes zu loben. Ich finde diesen Vorwurf subaltern. Was ist das für eine Mentalität von Menschen, die glauben, daß die bedeutendsten deutschen Kritiker, Germanisten, Schriftsteller sich gängeln lassen und auf einen Wink hin eine Rezension in dieser oder jener Richtung schreiben!

Spiegel: Nun ist der Einfluß der Literaturkritik in der »FAZ« schon deshalb so groß, weil es in Deutschland fast keine bedeutenden literarischen Zeitschriften mehr gibt. Literarische Zeitschriften waren ja auch parteiische Organe für Gruppen, für Richtungen. Man kann sich vorstellen, daß selbst ein angesehener Rezensent bei der »FAZ« zumindest überlegt, in welche Richtung Sie, Marcel Reich-Ranicki, die Literatur haben wollen, und daß er sich ein bißchen danach richtet. Würden Sie das auch noch als subaltern begreifen, oder verstehen Sie nicht auch ein Literaturblatt so, daß es irgendwelche Tendenzen beflügeln, andere bekämpfen will?

Reich-Ranicki: Gewiß, aber welche Richtung der Literatur habe ich denn eigentlich so voll unterstützt? Ich habe in diesen Jahren auf meine Weise unterstützt und gefördert: Wolfgang Koeppen und Karl Krolow, Thomas Bernhard, Peter Rühmkorf und Hermann Burger, Sarah Kirsch, Günter Kunert, Ulla Hahn und viele Debütanten von Peter Maiwald, Karin Reschke bis zu Patrick Süskind. Wollen Sie diese Autoren unter einen Hut zwängen? Das wäre doch barer Unsinn. Ich höre oft, manchmal schon gelangweilt, ich sei ein Verfechter des Realismus. Ich weiß sehr wohl, was Realismus im 19. Jahrhundert war; wozu dieser Begriff heute, da manche nicht zu Unrecht Kafka und Beckett für die größten Realisten halten, nützlich sein soll, weiß ich nicht.

Spiegel: In den ersten Jahren Ihrer Kritiker-Tätigkeit in der Bundesrepublik haben Sie in Ihren Rezensionen wie ein Ceterum censeo immer wieder die Forderung erhoben, die junge, die zeitgenössische deutsche Literatur solle sich mit der Gegenwart der Bundesrepublik befassen, und zwar möglichst realistisch, möglichst sozialkritisch. Eine solche Art Literatur ist heute gewiß nicht mehr tonangebend. Kann Ihnen die heutige Literatur eigentlich noch gefallen?

Reich-Ranicki: Das ist nicht ganz richtig. In den ersten Jahren meiner Tätigkeit in diesem Lande habe ich keineswegs eine realistische Literatur gefordert, wohl aber eine, die sich mit der Gegenwart beschäftigt. Ich habe damals oft ein Wort verwendet, das ich später konsequent gemieden habe, nämlich: Ich erwartete und wünschte eine gesellschaftskritische Literatur. Dies hielt ich in Deutschland in den späten fünfziger und den frühen sechziger Jahren für dringend erforderlich. Um 1968, als jeder von Gesellschaft und Gesellschaftskritik sprach und der bare Unsinn in Sachen Literatur postuliert wurde, konnte ich nur sagen: Das habe ich nicht gewollt.

Spiegel: Sie haben Ihre Ansichten gar nicht so sehr geändert?

Reich-Ranicki: Ich stand auf einer Bühne, und die hat sich gedreht, und plötzlich war meine Position eine andere als früher.

Spiegel: Also eine gewisse Unfehlbarkeit?

Reich-Ranicki: Nein, gar keine! Nicht alles, was ich vor 30 Jahren geschrieben habe, war richtig. Nicht zu allem stehe ich heute. Aber das, was ich damals im Prinzip gewollt habe, will ich auch heute, nämlich eine Literatur, die sich mit der Gegenwart, der deutschen Gegenwart auseinandersetzt. Nur, die Frage ist: Womit erreicht man Gesellschaftskritik – mit welchen künstlerischen Mitteln? Damals, vor 30 Jahren, sah ich, daß viele deutsche Autoren, auch der jüngeren Generation, die deutsche Realität eher umgehen als darstellen wollten. Ich habe mich nicht zufällig damals für bestimmte andere Autoren mit größtem Engagement eingesetzt.

Spiegel: Für Heinrich Böll zum Beispiel.

Reich-Ranicki: Jawohl. Nur habe ich über Böll auch sehr kritisch geschrieben, was er mir verübelte, aber ich hielt ihn immer für eine ganz wichtige Figur. Und ich habe zugleich gegen einen Autor geschrieben, der damals stark im Gespräch war, heute schon beinahe vergessen ist: Gerd Gaiser.

Spiegel: Autor der Romane »Die sterbende Jagd« und »Schlußball«.

Reich-Ranicki: Sie dürfen nicht vergessen, daß es bedeutende Kritiker in diesem Land gab, die Gaiser zur Galionsfigur des deutschen Romans machen wollten. Ich wollte eine andere Galionsfigur machen: Wolfgang Koeppen. Leider ist es mir nicht gelungen.

Spiegel: Sie waren als Literaturchef der »FAZ« ein Nachfolger des konservativen Friedrich Sieburg. Die »FAZ« ist eine Zeitung, in der Gesellschaftsbestätigung eigentlich größer geschrieben wird als Gesellschaftskritik. War es für Sie als liberaler Literat, als Freund der »Gruppe 47«, die gegen die westdeutsche Restauration kämpfte, nicht schwer, das Erbe von Sieburg zu übernehmen?

Reich-Ranicki: Nein. Ich habe ja das Erbe von Sieburg nicht direkt übernommen. Nach ihm kam Rolf Michaelis und dann Karl Heinz Bohrer. Mir hat das Literaturblatt, das Bohrer gemacht hat, überhaupt nicht gefallen. Das hatte aber nichts zu tun mit Gesellschaftsbestätigung oder Gesellschaftskritik. Der Haupteinwand: Die meisten Kritiken waren nur für Kollegen und Eingeweihte bestimmt, viele waren unverständlich.

Spiegel: Sie haben dann erst mal für Verständlichkeit gesorgt?

Reich-Ranicki: Es hat mich gereizt, diesen Literaturteil von Grund auf zu ändern. Es war mir von der Zeitung zugesagt, daß ich dabei ganz und gar freie Hand haben sollte. An diese Vereinbarung hat sich die »FAZ« immer gehalten. Es gab in diesen 15 Jahren keinen einzigen Artikel, den ich in der »FAZ« gedruckt sehen wollte, der nicht erschienen wäre. Es gab kein einziges Gedicht, das unterdrückt wurde. Es gab keinen einzigen Mitarbeiter, den ich bei uns publizieren wollte und den ich nicht hätte publizieren können. Das ist eine große Sache – und für diese Toleranz bin ich der »FAZ« außerordentlich dankbar.

Spiegel: Was waren Ihre Neuerungen außer Verständlichkeit?

Reich-Ranicki: Ich mußte neue Kritiker finden. Ich habe gehofft, daß sich unter deutschen und ausländischen Hochschulgermanisten doch nicht wenige finden lassen, die schön, gut, verständlich schreiben können. Ich wußte gleich, es wird nicht leicht sein. Aber es ist gelungen.

Spiegel: Was noch?

Reich-Ranicki: Um einen Literaturteil attraktiv zu machen, muß man Namen von berühmten Autoren haben, die das Publikum kennt. Ich mußte zu einem etwas fragwürdigen Mittel greifen, nämlich prominente Schriftsteller finden, die bereit waren, Kritiken zu schreiben.

Spiegel: Fragwürdig warum?

Reich-Ranicki: Wir wissen, daß bedeutende und sogar mittelmäßige Schriftsteller eher bereit sind, kleine Nachahmer ihrer Produktion zu rühmen als starke Talente, die in eine andere Richtung gehen. Jeder weiß, daß Goethe für Zacharias Werner viel übrig hatte und für Kleist wenig.

Spiegel: Gilt »Eine Krähe wäscht die andere« auch im Literaturbetrieb?

Reich-Ranicki: Eben. Romanciers oder Lyriker, die Romane oder Gedichtbände rezensieren, neigen oft dazu, die Gegenstände ihrer Betrachtung ganz einseitig zu sehen. Sie prüfen mehr oder weniger automatisch, ob das Werk, das sie beurteilen, ihrem eigenen ähnelt. Dann wird es gelobt. Ferner: Niemand ist so bereit, Gefälligkeitskritiken zu schreiben wie Nicht-Kritiker, also eben die Romanciers oder Lyriker. Die Kritiker sind nicht edlere Menschen als die Romanciers oder Lyriker. Nur: Der Kritiker weiß, daß jede Kritik, die er veröffentlicht, eine Art öffentliche Prüfung für ihn ist. Das gibt es doch ganz selten, daß ein Kritiker sich blamiert, indem er etwas lobt, was er nur lobt, weil es aus der Feder eines Freundes stammt.

Anders ist es mit jenen Rezensenten, die nicht im Hauptberuf Kritiker sind, den Sonntagsjägern der Kritik. Wenn die ein- oder zweimal jährlich was schreiben, deren Ruf hängt doch nicht von den Buchbesprechungen ab, vielmehr von der Qualität ihrer Romane, Gedichtbände, Dramen. Daher sind sie nicht selten bereit, Gefälligkeitskritiken zu schreiben. Das muß man als Redakteur von vornherein einkalkulieren. Aber ich habe auch sehr gute Erfahrungen mit Schriftstellern als Kritiker gemacht – ich denke etwa an Böll, Siegfried Lenz, Kunert, Peter Härtling.

Spiegel: Sie waren verantwortlicher Redakteur nicht nur für Literatur, sondern auch, was ein Unikum ist in der deutschen Presse, für »Literarisches Leben«. Was heißt das? Ist das nicht ein Euphemismus für Literaturbetrieb?

Reich-Ranicki: »Literarisches Leben« ist alles, was geschieht, um Literatur zu ermöglichen, und was getan wird, um die Kluft zwischen der (anspruchsvollen) Literatur und dem Publikum zu verringern.

Spiegel: Alles, was getan wird, um Literatur ins Gerede zu bringen?

Reich-Ranicki: Ihre abschätzige Formulierung kann mich nicht beirren. Jawohl, das ist eine der wichtigsten Aufgaben der Kritik: dafür zu sorgen, daß Literatur ins Gespräch kommt und im Gespräch bleibt. Darauf kommt es an: die Literatur, wie utopisch ein solcher Versuch hierzulande auch sein mag, zu einer öffentlichen Sache zu machen. Und mitunter tröste ich mich, daß mir das in diesen 15 Jahren beinahe gelungen ist. Heine schrieb einmal, der Haß seiner Feinde dürfe als Bürgschaft gelten, daß er sein Amt nicht ganz schlecht verwaltet habe – oder so ähnlich.

Spiegel: Schopenhauer hat gesagt, der Kritiker hat nur eine Macht, nämlich die des Totschweigens. Haben Sie Autoren totgeschwiegen?

Reich-Ranicki: Nein, auf keinen Fall! Natürlich habe ich viele Schriftsteller nicht besprochen, aus einem einzigen Grund: Sie haben mich nicht interessiert. Es gibt auch Autoren, die mir, was nicht gegen ihre Bedeutung spricht, irgendwie zuwider waren. Ich möchte mich über die nicht äußern.

Spiegel: Beispielsweise?

Reich-Ranicki: Ich habe nie im Leben eine Kritik über Ernst Jünger geschrieben. Das ist nicht meine Welt. Aber es gibt keinen einzigen Autor, der in dem von mir geleiteten Literaturteil totgeschwiegen worden wäre. Ich habe immer dafür gesorgt, daß diese Autoren, über die ich persönlich nicht schreibe, von anderen, möglichst guten Kritikern besprochen werden. Wo sonst hat es so lobende, hymnische Artikel über Jünger gegeben, wie während meiner Ära sozusagen, in der »FAZ« von Gert Ueding?

Spiegel: Kann es nicht auch sein, daß es Literatur gibt, für die Ihnen einfach der Nerv fehlt?

Reich-Ranicki: Aber ja! Selbstverständlich! Und dann habe ich mich gehütet, darüber zu schreiben.

Spiegel: Nun gibt es Opfer von Ihnen, die behaupten: Er hat sich immer mit mir beschäftigt, aber er hat einfach keinen Nerv für mich. Der berühmteste Fall ist der Dauerclinch zwischen Ihnen und Martin Walser.

Reich-Ranicki: Es gibt eine Fama in der Bundesrepublik, daß ich jedes Buch von Martin Walser verreiße. Die Wahrheit ist: Über die meisten Bücher von Martin Walser habe ich kein Wort geschrieben.

Ich habe, seit ich bei der »FAZ« bin, wenn ich mich nicht irre, drei Kritiken über Walser-Bücher geschrieben.

Spiegel: »Jenseits der Liebe« ...

Reich-Ranicki: ... hab' ich verrissen.

Spiegel: Total.

Reich-Ranicki: Jawohl, aber damals hat ein Kollege geschrieben, man müsse blind und taub sein, so ungefähr, um nicht zu sehen, daß dieser Verriß in pädagogischer Absicht verfaßt wurde, in der Hoffnung – einer Hoffnung, die immer eine Illusion ist –, auf den Autor einen Einfluß ausüben zu können. Ich habe dann Walsers Buch »Das fliehende Pferd« sehr gelobt.

Spiegel: War es gut als ein Ausfluß Ihrer pädagogischen Bemühung?

Reich-Ranicki: Ob das »Fliehende Pferd«, das mir sehr gefallen hat, unter Einfluß meiner pädagogischen Bemühungen im Totalverriß über »Jenseits der Liebe« entstanden ist, das weiß niemand auf Erden – nicht einmal Martin Walser selber. Sie können mir gleich sagen, ich hätte bei »Jenseits der Liebe« im Minus übertrieben und beim »Fliehenden Pferd« im Plus. Ja, aber ich hab' gelernt: Man soll übertreiben, überspitzen, um sich verständlich zu machen.

Spiegel: Haben Sie sich öfter mit Tadel geirrt oder mit Lob?

Reich-Ranicki: Gar kein Zweifel, viel häufiger mit Lob als mit Tadel.

Spiegel: Sie haben sich also geirrt?

Reich-Ranicki: Selbstverständlich. Aber wenn ich vor 25 Jahren ein Erstlingsbuch gelobt habe und Sie mich jetzt fragen, ob das vielleicht ein Fehlurteil war, muß ich Ihnen antworten: Ich weiß es nicht. Ich habe das Risiko auf mich genommen, das erste Buch dieses Autors zu loben. Er hat dann drei, vier Bücher veröffentlicht, die nicht viel wert sind. Das bedeutet noch gar nichts. Es gibt viele Autoren, die mit dem ersten Buch etwas Hervorragendes geliefert haben und dann nie wieder – aus einem einzigen Grund: Es hat ihnen die Energie gefehlt, diese unerhörte Energie, die nötig ist, um sich selber ein gutes Buch abzuringen.

Spiegel: Wenn wir von Irrtümern sprechen: Finden Sie nicht heute die »Blechtrommel« doch etwas besser, als Sie sie damals kritisiert haben?

Reich-Ranicki: Nicht nur heute. Ich habe mal in einer Funkreihe des WDR mit dem Titel »Mein schlimmstes Fehlurteil« zwei Bücher genannt: die »Blechtrommel« von Günter Grass, die ich zu negativ, und »Billard um halbzehn« von Böll, das ich zu positiv beurteilt habe. Das war etwa drei Jahre, nachdem die Kritiken erschienen waren. Aber was ich ursprünglich geschrieben habe über die Schwächen der »Blechtrommel«, finde ich bis heute richtig. Die Kritik war falsch aus einem anderen Grund: Ich habe die positiven Seiten der »Blechtrommel« ganz kurz erwähnt, die hätten breiter behandelt werden müssen.

Spiegel: Nun gibt es einen Vorwurf gegen Sie, und auch damit hängt der Begriff Literaturpapst zusammen. Man sagt, Sie hätten sich auch Autoren erfunden, aus dem Boden gestampft, und die beiden Namen, die genannt werden – Sie können sie inzwischen sicher mitbeten –, die heißen Hermann Burger und Ulla Hahn. Man wirft Ihnen vor, Sie hätten auf mehreren Schienen des Literaturbetriebs dafür gesorgt, daß Burger zum bedeutenden Autor emporgepriesen und emporgeredet wurde.

Reich-Ranicki: Sehr zutreffend! Dazu war ich da in diesen 15 Jahren. Aber selbstverständlich! Ich halte Burger für einen äußerst originellen Erzähler und einen Meister der Sprache, er ist einer der besten Stilisten unserer Jahre. Und auf wie vielen Schienen habe ich Wolfgang Koeppen gepriesen und gefördert! Wenn ich mich für einen Autor entscheide, wenn ich an sein Talent glaube, halte ich es für meine Pflicht, mit allen mir zugänglichen Mitteln diesen Autor in der deutschen Öffentlichkeit durchzuboxen. Ich habe mitunter auch manipuliert, selbstverständlich! Aber immer nur zugunsten eines Buches, nie zuungunsten.

Spiegel: Und wie manipulieren Sie?

Reich-Ranicki: Ich bin einer der Juroren – bis heute – der »Bestenliste« des Südwestfunks, wo jeder, der dazugehört,

Punkte gibt, und nachher wird veröffentlicht, wer auf Platz eins steht und wer auf Platz zwei. Ich habe im Falle von Koeppens Buch »Jugend« einen Juror nach dem anderen angerufen und jeden beschworen: Koeppens Buch ist ein Glanzstück. Guckt es euch an und gebt dem Buch Punkte! Wir müssen was tun, damit das Buch an die Spitze kommt. In der Tat stand dann das kleine Buch, das in einer Reihe erschienen war und sonst vielleicht untergegangen wäre, auf Platz eins.

Spiegel: Also doch ex cathedra gesprochen?

Reich-Ranicki: Nein! Ich habe Kollegen gebeten. Sie wissen doch: Meist leisten die Kollegen Widerstand. Sie sagen: Es muß nicht so sein, wie er es will; gerade ihm zum Trotz machen wir's anders.

Spiegel: Man hat ja schon erlebt, daß Sie in einer Literaturpreis-Jury so geschickt taktiert haben, daß Sie gegen einen Autor stimmten, um ihn durchzusetzen – weil Sie die Abneigung der anderen Juroren gegen Ihre Dominanz ins Kalkül zogen.

Reich-Ranicki: In der Tat ist bisweilen etwas List nötig, damit jener den Preis erhält, der ihn verdient hat.

Als ich 1965 in der Jury des Lessing-Preises war, entstanden bald zwei sich hart bekämpfende Parteien. Die eine wollte unbedingt Grass preiskrönen, die andere, glaube ich, Rudolf Hagelstange. Ich hütete mich, die eine oder die andere Seite zu unterstützen, und wartete ab, bis Ratlosigkeit dominierte und alle mittlerweile ans Essen zu denken begannen. Erst jetzt rückte ich mit meinem Kandidaten heraus. Es war Peter Weiss. Die Juroren hatten ihn kaum gelesen und stimmten rasch zu, um nur nicht den Kandidaten der Gegenpartei durchzulassen. So hat Peter Weiss den ersten deutschen Preis erhalten. Das freut mich noch heute.

Spiegel: Herr Reich-Ranicki, wir gehen davon aus, daß Sie ein unbestechlicher Kritiker sind …

Reich-Ranicki: Das hat Reinhard Baumgart mir angetan. Er hat im *Spiegel* in der Kritik meines ersten in diesem Land erschienenen Buches geschrieben: Ich sei ein Unbestechlicher.

Seitdem sind alle davon überzeugt, und ich kann es gar nicht beweisen, weil ich keine Bestechungsangebote kriege.

Spiegel: Sie haben vorhin gesagt, daß Sie in den 15 Jahren bei der »FAZ« immer den nötigen Freiraum hatten. Haben Sie manchmal an der »FAZ« gelitten?

Reich-Ranicki: Den Menschen möchte ich sehen, der noch nie an der »FAZ« gelitten und nie den *Spiegel* beschimpft hätte. Und was den Freiraum betrifft: Ich habe in der »FAZ« bis zum letzten Tag Autoren gedruckt, die als Linke bekannt sind, auch DKP-Mitglieder, also beispielsweise Wolf Biermann, Peter Härtling, Walter Jens, Peter Maiwald, Peter Rühmkorf. Es gab einen Fall, da wären Schwierigkeiten entstanden, aber ich habe rasch vorgebeugt.

Spiegel: Den Fall Fried?

Reich-Ranicki: Ja, es ging um meinen alten Freund Erich Fried. Der hat einmal – übrigens nicht nur einmal in seinem Leben – ein törichtes Gedicht geschrieben. Es war im Herbst 1977, auf dem Höhepunkt des RAF-Terrorismus. Fried schrieb da sinngemäß, seine Muse habe ihm gesagt, es sei ein Fehler gewesen, Buback zu ermorden; man hätte Friedrich Karl Fromme von der »FAZ« ermorden sollen. Wer Fried kannte, wußte, daß dies ein Scherz war, wenn auch ein geschmackloser. In Wirklichkeit hätte er, ein gütiger Mensch, dem Fromme nicht einmal ein Haar gekrümmt. Wie auch immer: Dieses Gedicht hat in der »FAZ« verständlicherweise Empörung ausgelöst. Ich habe sofort erklärt: Unsere Zusammenarbeit mit Erich Fried wird einstweilen abgebrochen. Einer der Herausgeber beanstandete das Wort »einstweilen«. Aber ich habe ihm damals brieflich mitgeteilt, daß die Literaturgeschichte lebenslängliche Urteile nicht kenne. Nach einem gewissen Zeitabschnitt, das war etwa ein Jahr, habe ich Erich Fried angerufen und ihm gesagt: »Schick mir wieder mal'n paar Gedichte.« Wir haben im Feuilleton ein Gedicht von ihm gedruckt – seitdem immer wieder, sobald was da war. Niemand in der »FAZ« hat das Wiederauftauchen des Namens Erich Fried in dieser Zeitung beanstandet.

Im übrigen muß ich Ihnen sagen, wenn mir manchmal mißfiel, was ein »FAZ«-Herausgeber oder ein politischer Redakteur geschrieben hatte – da dachte ich mir im stillen, wenn der liest, was ich von linken Autoren so drucke oder wenn er meine eigenen Artikel liest, dann ist er ebenfalls nicht glücklich. Die Toleranz – sie ist doch kein leerer Wahn.

Spiegel: Ihr Nachfolger im Amt des Literaturchefs wird Frank Schirrmacher sein. Er ist beinahe 40 Jahre jünger als Sie. Haben Sie sich Ihren Nachfolger ausgesucht? Ist er Ihr Schüler?

Reich-Ranicki: Schüler wäre stark übertrieben. Richtig hingegen ist, daß ich ihn ausgesucht habe. Und zwar, weil er mir von den deutschen Kritikern der jüngeren Generation der begabteste scheint. Es stand aber in den Zeitungen, daß die Literaturansichten von Schirrmacher und mir weit auseinandergehen. Das ist Unsinn und Wunschdenken zugleich. Denn die Figur, die für ihn eine enorme Rolle spielt, ist Franz Kafka.

Spiegel: Und für Sie Thomas Mann.

Reich-Ranicki: Ja. Aber beide lieben und schätzen wir sowohl Kafka als auch Thomas Mann. Ob er vielleicht Kafka etwas mehr bewundert und ich Thomas Mann eine Spur mehr, das ist nun wirklich nicht entscheidend. Ich sehe nicht die gewaltigen Unterschiede, so als würde er jetzt, wie manche meinen, etwa Herbert Achternbusch zur Galionsfigur der deutschen Literatur machen wollen.

Spiegel: Welches war in all den Jahren für Sie das schönste Buch, das Sie zu rezensieren hatten, und welches das schlechteste?

Reich-Ranicki: Das kann man gar nicht beantworten. Ich will lieber einen Augenblick aus der redaktionellen Arbeit erwähnen, der mir unvergeßlich ist: Ich erhielt per Post, mit einem Begleitbrief, drei Zeilen lang, vier oder fünf Gedichte. Ich las sie und wußte: ein Talent, eine Entdeckung! Ich gab diese Gedichte meinem damaligen Kollegen Ulrich Greiner und bat ihn um sein Urteil. Er sagte: »Alle sofort drucken! Hervorragend!« Das waren Gedichte von Ulla Hahn. Das war einer der großen Augenblicke in diesen 15 Jahren.

Spiegel: Es gibt Kritiker, die diesen Augenblick für einen Unglücksfall halten.

Reich-Ranicki: Was haben diese Kritiker für die deutsche Lyrik getan? Ich habe immerhin im Feuilleton der »FAZ« ein Publikationszentrum der deutschen Poesie installiert und nicht nur die Repräsentanten der älteren Generation – Krolow, Sarah Kirsch, Kunert – gedruckt, sondern immer wieder auch Anfänger.

Spiegel: Sie haben einmal geschrieben, daß wir heute in einer, vorsichtig ausgedrückt, nicht sehr glanzvollen Literaturepoche leben. Haben Sie das Gefühl, daß Sie eine Sisyphusarbeit geleistet haben, weil die Literatur nicht besser geworden ist, oder meinen Sie, daß Literatur durch Kritik nicht gebessert werden kann?

Reich-Ranicki: Einen direkten Einfluß auf Autoren, die was taugen, kann der Kritiker nicht ausüben. Überspitzt gesagt: Wenn sich ein Schriftsteller von einem Kritiker erziehen läßt, dann lohnt es sich nicht, ihn zu erziehen. Wohl aber kann der Kritiker das Publikum erziehen und somit zum Erfolg bestimmter Autoren beitragen – und der Erfolg oder Mißerfolg ihrer Bücher übt immer einen gewissen Einfluß auf die Autoren aus.

Spiegel: Wir erinnern uns gern an einen Satz von Ihnen: Einer der verbreitetsten Irrtümer über Schriftsteller sei der, daß sie allesamt intelligent wären. Sind Kritiker intelligenter als Schriftsteller?

Reich-Ranicki: Kritiker müssen eine ganz andere Begabung haben als Schriftsteller. Es ist eine bestimmte Sensibilität notwendig beim Romancier, beim Lyriker, und eine bestimmte Ausdruckskraft. Und beim Kritiker? Ebenfalls, aber vor allem Sensibilität für Literatur, das ist etwas anderes. Was ist Kritik? Ich glaube, eine Kreuzung von Journalistik und Wissenschaft. Die Kritik ist keine Begleiterscheinung der Literatur. Es hat Jahrhunderte und Jahrtausende Literatur gegeben ohne Kritik. Die Kritik ist vielmehr eine Begleiterscheinung der modernen Presse. Ohne Gutenberg keine Kritik.

Spiegel: Man hat von Ihnen oft – es gibt darüber auch Anekdo-

ten – gesagt, daß Sie Wirklichkeit nur wahrnehmen, wenn sie sich auf Papier niederschlägt, zu Literatur geworden ist.

Reich-Ranicki: Das hat Hans Werner Richter in seinen Erinnerungen an die »Gruppe 47« geschrieben. Er meinte, daß ich mich auf dieser Erde nur für Literatur interessiere und daß ich in meinen Adern vermutlich nicht Blut, sondern Druckerschwärze habe. Aber Richter kennt mich überhaupt nicht, obwohl wir uns unzählige Male gesehen haben. Er weiß nicht, daß einige Jahre lang (gleich nach 1945) die Politik im Vordergrund meines Lebens stand. Und daß es einen Bereich gibt, der mich genauso fasziniert wie die Literatur. Es ist die Musik.

Spiegel: Die Musik ist aber auch wieder eine vermittelte Form. Sie haben Brechts »Arbeitsjournal« besprochen und ihm vorgeworfen, daß er sich so wenig für die Wirklichkeit interessierte, daß er sich in Chicago nicht die realen Schlachthöfe angesehen habe, die er durch Upton Sinclairs Roman »Der Sumpf« kannte. Geht es Ihnen manchmal ähnlich? Kommen Sie in irgendeine Gegend, gucken da hin und sagen, die muß ich mir gar nicht angucken, die hab' ich bei Tolstoi viel besser gelesen?

Reich-Ranicki: Ich habe mein ganzes Leben lang diese Angst gehabt, von der Sie jetzt sprechen, und zu den großen Augenblicken meines Lebens – ich war damals Gymnasiast in Berlin – gehört die erste Lektüre des »Tonio Kröger« mit dem Bekenntnis, daß er, Tonio Kröger, sterbensmüde sei, »das Menschliche darzustellen, ohne am Menschlichen teilzuhaben«. Schon damals habe ich gefürchtet, es könne mir das reale Leben entgehen, weil ich so sehr unter dem Eindruck des »Hamlet« war oder der »Meistersinger« oder des »Don Carlos« – immer nur Literatur und Musik.

Ein kluger Mann hat mir damals, weil ich es wünschte, Gundolfs Goethe-Monographie geschenkt und hat mir die Stelle aus »Faust« zitiert: »Ein Kerl, der spekuliert, ist wie ein Tier, auf dürrer Heide von einem bösen Geist im Kreis herumgeführt, und ringsumher liegt schöne, grüne Weide.«

Sie haben völlig recht, daß ich an dieser Furcht, die grüne

Weide könne mir versagt bleiben, gelitten habe. Ich habe einiges getan, damit sie mir nicht entgeht.

Spiegel: Herr Reich-Ranicki, wir danken Ihnen für dieses Gespräch.

Marcel Reich-Ranicki

Gespräch mit Herlinde Koelbl

(*Jüdische Porträts*, 1989)

Koelbl: Herr Reich-Ranicki, in Ihrem Buch »Über Ruhestörer-Juden in der deutschen Literatur« findet sich die Bemerkung, daß Leben und Werk dieser Schriftsteller sicherlich von ihrer jüdischen Herkunft geprägt worden sind. Welchen Einfluß hat Ihre jüdische Herkunft auf Ihr Leben und Ihre Arbeit?

Reich-Ranicki: Natürlich bin ich durch die Folgen der jüdischen Herkunft in hohem Maße geprägt worden. Denn den Antisemitismus habe ich von früher Kindheit an in Polen kennengelernt – in der Kleinstadt, in der ich geboren bin. Es war ein Antisemitismus in relativ gemäßigter Form. Ich bin 1929 als Neunjähriger nach Berlin gekommen und war in zwei Gymnasien. Das Abitur habe ich am Fichte-Gymnasium gemacht, mitten im Dritten Reich. Ich hatte Glück. Das Verhältnis der Lehrer und Schüler zu den wenigen jüdischen Mitschülern war gut. Bis zu meinem neunzehnten Lebensjahr habe ich im Dritten Reich gelebt und bin dann nach Polen deportiert worden. Ich war bis Februar 1943 im Warschauer Ghetto, ich bin dann geflohen und lebte im Untergrund. Selbstverständlich haben mich diese Erlebnisse geprägt.

Koelbl: Zeigt sich dieser Einfluß, diese Prägung auch in Ihrer Arbeit?

Reich-Ranicki: Ja, dieser Einfluß hat mit dem Judentum zu tun, ist aber kein jüdischer Einfluß. Das soll heißen: Ich bin in einer Zeit aufgewachsen, in der ein Teil der deutschen Literatur im Deutschen Reich verfemt war. Welcher Teil? Es wäre ganz falsch, wollte man sagen, Bücher von Juden. Die Juden gehörten allesamt dazu, aber bildeten nur einen Teil der verbotenen Literatur. Verfemt war die linke Literatur, die kommunistische und auch Bücher von Autoren, die gar nicht mal sehr links, aber emigriert waren. Deren Prosastücke und Gedichte verschwanden zwar nicht aus den Lesebüchern. Es gab ja zunächst keine neuen Lesebücher. Aber die verbotenen Autoren wurden im Unterricht nicht mehr behandelt. Und natürlich hat ebendiese Literatur mich geprägt. Das Verbotene interessiert ja immer. Warum sollten plötzlich Thomas Mann, Arnold Zweig, Alfred Döblin, Stefan Zweig nichts mehr gelten? Das hat mich ebenso interessiert wie jene Malerei, die als entartete Kunst deklariert wurde. Wenn ich gefragt würde, welche Literatur mich in meiner Jugend geprägt hat, müßte ich zwei generelle Antworten geben: die deutsche Klassik, und hier vor allem Goethe, Schiller, Kleist, Büchner bis hin zu Fontane, und jene verbotene Literatur. Für die Schule habe ich nur den ersten Bereich verwenden können.

Koelbl: Wenn ich lese, was Sie über Börne, Heine und andere jüdische Schriftsteller schreiben ...

Reich-Ranicki: Nicht jüdische Schriftsteller, sondern deutsche Schriftsteller, die zugleich Juden waren. Das ist etwas ganz anderes.

Koelbl: In vielen Ihrer Bemerkungen über diese Schriftsteller glaube ich auch Sie selbst zu erkennen. Täusche ich mich hier?

Reich-Ranicki: Jeder Autor, der über andere Schriftsteller schreibt, schreibt zugleich über sich selbst. Es ist unvermeidlich, daß viele Autoren ihre Motive im Werk und in der Biographie anderer Schriftsteller wiederfinden, und zwar desto häufiger, je größer diese Schriftsteller sind. In Goethes gigantischem, vielseitigem Werk kann man ja immer sich selbst wiedererkennen, die eigenen Sorgen, Nöte, Glücksgefühle, Leidenschaften und dergleichen. Und wenn Sie nun lesen, was ich über Juden geschrieben habe, etwa über Heine oder Börne oder Schnitzler oder Franz Kafka, dann können Sie sagen, das trifft ja auf ihn selbst auch zu. Und ich muß Ihnen ehrlich antworten, ich weiß es nicht immer. Das kann ich oft überhaupt nicht beurteilen. Denn es ist kein so bewußter Prozeß. Außerdem kommt noch etwas anderes hinzu. Eine unendlich wichtige Frage bei Juden, die in deutscher Sprache schreiben, ist ihr Verhältnis zu Deutschland und zur deutschen Kultur. Darüber haben Heine und Börne sehr viel geschrieben, aber auch Arnold Zweig und Lion Feuchtwanger, Joseph Roth und Anna Seghers und andere. Das ist natürlich ein Thema, das mich in höchstem Maße angeht. Es füllt ja mein Leben aus. Und sobald ich auf dieses Thema zu sprechen komme, können Sie sagen, es sei auch von mir die Rede. Sie sollten aber etwas nicht verkennen. Sie haben vorhin von mir einen Satz zitiert ...

Koelbl: »Sicher ist, daß die jüdische Herkunft Ihr Leben und somit auch Ihr Werk geprägt hat.«

Reich-Ranicki: Dieser Satz kann, aus dem Zusammenhang gerissen, kraß mißverstanden werden. Der Satz bedeutet nichts anderes als folgendes: Jeder deutschsprachige Schriftsteller, der Jude ist, hat eine ganz bestimmte Biographie, ob er nun im neunzehnten Jahrhundert gelebt hat wie Heine und Börne, im ausgehenden neunzehnten Jahrhundert wie etwa Schnitzler oder Karl Kraus oder im zwanzigsten Jahrhundert wie Kurt Tucholsky oder Egon Erwin Kisch, Franz Werfel oder Alfred Polgar. Ich bin der Ansicht, daß der prägende Einfluß auf das Werk dieser Schriftsteller nicht von irgendeinem jüdischen Erbe ausging. Das hat gar nichts mit jüdischem Blut oder dergleichen zu tun. Der prägende Einfluß rührt zunächst und vor allem von den Lebensbedingungen her. Ob diese Schriftsteller es wollten oder nicht, sie wurden von ihrer Umwelt immer als Juden betrachtet. Das heißt nicht, daß sie immer antisemitisch betrachtet wurden. Keineswegs. Manchmal philosemitisch. Aber sie haben in einer bestimmten Welt gewohnt, ihr Leben unter bestimmten Umständen verbracht. Diese Umstände haben ihre Biographie geprägt. Wenn ein Mann wie Walter Benjamin in Deutschland nicht Professor werden konnte, weil er Jude war, mußte dies auf ihn Einfluß haben. Die Juden konnten im Wilhelminischen Deutschland und zum großen Teil auch noch in der Weimarer Republik nicht Professoren werden, jedenfalls nicht die Germanisten. Warum wurden denn so viele Juden Literatur- und Theaterkritiker? Warum waren fast alle wichtigeren Theaterkritiker Deutschlands – mit Alfred Kerr an der Spitze – Juden? Was konnte ein Mensch werden, der Germanistik studiert und das Studium abgeschlossen hatte? Wenn er nicht Lehrer werden wollte, mußte er, wollte er Professor werden. War das nicht möglich, dann ging er zur Presse, oder er wurde Verlagslektor.

Jeder Schriftsteller spricht doch in seinem Werk von seiner Person. Das ist das Hauptthema der Schriftsteller. Nicht der Krieg, nicht das Schicksal Deutschlands, sondern das eigene, private Schicksal. Goethe hat es gesagt: Seine Werke seien Bruchstücke einer einzigen Konfession. Literatur ist in hohem Maße Selbstdarstellung, Selbstbekenntnis, Selbstrechtfertigung, Selbsterklärung. Wie erst bei jemandem, der in einem Land lebte, in dem er antisemitischen Schikanen, ernsten oder milden, kleinen oder großen oder unschuldigen, ausgeliefert war, und zwar schon in der Schule und erst recht an der Universität! Ja, das prägt die Person, und indem es die Person prägt, muß es auch das Werk prägen. Es gibt zwei Beispiele, die besten Beispiele dafür in der deutschsprachigen Literatur: Heine und Kafka. Heine hat sich taufen lassen, ohne Überzeugung. Er wollte kein Christ sein. Er hat sich taufen lassen, weil er, wie er sagte, anders am Kulturleben überhaupt nicht teilnehmen konnte. Von ihm stammt das berühmte Wort, der Taufzettel sei das Entreebillett zur europäischen Kultur.

Koelbl: Was ja auch in Österreich häufig vorgekommen ist.

Reich-Ranicki: Ja. Hat ihm aber nicht geholfen, dem Heine. Er war Jurist, promoviert in Göttingen. Er hoffte, eine Staatsstellung zu bekommen. Er hat nie eine Stellung bekommen. Als Jude war er nicht anerkannt, und er hat schließlich den Weg in die Emigration gewählt. Und natürlich ist diese Situation, die unerwiderte Liebe zur deutschen Kultur und zu Deutschland, die Basis seines Werks. Bei Kafka ist überhaupt von gar nichts anderem die Rede. Kafkas Werk beschäftigt sich im Grunde immer wieder mit Juden. Das Wort Jude kommt in seinen Romanen und Erzählungen so gut wie überhaupt nicht vor. Dennoch ist von nichts anderem die Rede. Kafkas »Prozeß«: Da wacht ein Mensch frühmorgens auf und ist angeklagt und verhaftet, und er weiß nicht, warum. Das ist doch die Situation des Juden. Und das »Schloß«: Da kommt einer und möchte anerkannt und integriert werden, und es gelingt nicht. Er bleibt als der Fremde, der gerade noch geduldet wird. Kafka hat diese Themen besonders stark empfunden. Weil er ja in doppelter Hinsicht einer Minderheit angehörte. Er gehörte der deutschsprachigen Minderheit in Prag an und innerhalb der deutschsprachigen Minderheit der jüdischen Minderheit.

Koelbl: Ist es möglich, von einer deutsch-jüdischen Literatur zu sprechen?

Reich-Ranicki: In meinem Buch über »Ruhestörer« wende ich mich vor allem gegen die Vorstellung, daß die Literatur aus der Feder von Juden anders sei, weil die Juden eine andere Mentalität, ein anderes Erbe hätten. Das ist alles Unsinn. Juden haben in den letzten hundert Jahren an sämtlichen Richtungen der deutschen Literatur teilgenommen. Juden waren sehr oft linke Schriftsteller, weil sie sich von der angestrebten Verwandlung der Gesellschaft die Gleichberechtigung versprachen. Aber auch im erzkonservativen Kreis um Stefan George waren Juden dabei, etwa Friedrich Gundolf und Karl Wolfskehl. Es gibt keine Möglichkeit auf Erden, anhand eines Prosatextes oder eines Gedichtes zu sagen, dieser Stil weise auf einen jüdischen Autor hin. In keinem einzigen Fall. Es gibt keinen jüdischen Stil, es sei denn, daß einer schlecht deutsch schreibt. Aber der Einfluß ist gigantisch. Nicht der Einfluß des jüdischen Erbes oder einer jüdischen Veranlagung, sondern der Einfluß der Biographie des Juden innerhalb der nichtjüdischen Gesellschaft.

Koelbl: In gewisser Weise ist das tragisch und dankenswert zugleich. Unter tragischen Umständen wurden Werke geschaffen, die zu den größten Kulturleistungen zählen.

Reich-Ranicki: Ja. Kafka zeigte die Situation des Juden in der nichtjüdischen Gesellschaft von Prag, und das hat außer den Leuten in Prag niemanden interessiert. Dreißig Jahre später wurde sein Werk zum Welterfolg, weil sich herausstellte, daß es etwas zeigte, was er gar nicht beabsichtigt hatte. Nämlich die Situation des Intellektuellen in der modernen Welt. Die ganze Menschheit erkannte in Kafka den Schriftsteller unseres Jahrhunderts. Es gibt da eine sehr schwierige Frage, die ich nur stellen, nicht beantworten kann. Die Grundlagen der modernen Literatur hat Franz Kafka geschaffen. Die Grundlage der modernen Physik Albert Einstein. Die Grundlagen der modernen Musik Gustav Mahler und Arnold Schönberg. Die Grundlagen der modernen Soziologie Karl Marx und die Grundlagen der modernen Psychologie Sigmund Freud. Alle waren sie Juden. Jetzt kommt das Mysterium, das ich nicht erklären kann. Alle waren sie deutschsprachige Juden. Nur diese Verbindung hat die Genies erzeugt. Weder die französischen Juden haben solche Genies hervorgebracht noch die italienischen oder die russischen.

Koelbl: Warum ist gerade diese deutsch-jüdische Verbindung so fruchtbar geworden? Warum keine andere?

Reich-Ranicki: Ich weiß es nicht. Sie werden keine Antwort aus mir herauspressen. Es sieht so aus, als ob eine andere Verbindung von ähnlicher Bedeutung möglich sein wird: die amerikanisch-jüdische in den USA. Aber in der Vergangenheit war es nur die deutsch-jüdische. Ich kann Ihnen keine Antwort geben, sondern nur einen Vorschlag zur Behandlung dieser Frage machen. Vielleicht hat es eine Rolle gespielt, daß die Juden, die im achtzehnten Jahrhundert überall auf Erden verfolgt worden sind, in manchen deutschen Staaten noch am ehesten die Möglichkeit zur intellektuellen Arbeit hatten. Vor allem in Preußen.

Koelbl: Und in Österreich erst später.

Reich-Ranicki: Ja. Viel später in Österreich. Die Juden hatten diese Möglichkeiten in Frankreich nicht. Die Französische Revolution hat die Juden aus den Ghettos befreit. Aber der König von Frankreich hat keinen Juden an seinen Tisch gebeten. Friedrich der Große hat sehr wohl Moses Mendelssohn wiederholt eingeladen. Immerhin.

Kölbl: Aber gibt es nicht noch andere Erklärungen dafür, daß gerade die deutschsprachigen Juden zu solchen Leistungen stimuliert wurden? Heine spricht von der Wahlverwandtschaft zwischen Deutschen und Juden. Und Kafka hat gesagt, beide hätten vieles gemeinsam. Ich denke an den berühmten Satz, die Juden und die Deutschen seien die tüchtigsten Menschen auf Erden und überall gleich unbeliebt.

Reich-Ranicki: »Tüchtig, fleißig und gründlich verhaßt bei den anderen. Juden und Deutsche sind Ausgestoßene.« Dieser Satz findet sich bei Kafka. Er findet sich bei Heine und bei Benjamin auch. Die Ähnlichkeit zwischen Juden und Deutschen ist so groß, daß sie gleichsam als feindliche Brüder galten. Und aus der großen Liebe wurde der große Haß.

Koelbl: Dann stünden wir aber wiederum vor der Frage, worauf diese seltsame Affinität zurückzuführen ist.

Reich-Ranicki: Auch das weiß ich nicht. Warum haben die Juden sich ihre Sprache im Mittelalter aus dem Deutschen gemacht? Sehr merkwürdig. Das Jiddische ist nichts anderes als Mittelhochdeutsch, verballhornt mit hebräischen und slawischen Zusätzen. Warum haben die Juden auf dem Weg durch Europa nicht das alte Französisch mitgenommen, sondern das Deutsche? Ich weiß es nicht, aber es fällt mir auf. Es gibt nur noch ein anderes Beispiel dieser Art. Das ist Spaniolisch.

Kölbl: Eine Gaunersprache?

Reich-Ranicki: Nein. Spaniolisch ist die Sprache, die sich die Juden im Mittelalter aus dem Spanischen gemacht haben. Romanisten, Hispanisten hören Spaniolisch und sind glücklich. Als ob in Konservenbüchsen eine alte Sprache aufbewahrt worden wäre.

Koelbl: Lassen Sie uns auch über die Musik sprechen. Auffällig ist doch die große Zahl jüdischer Solisten und Dirigenten. Was halten Sie von folgender Erklärung: In Polen und Rußland hatte ein Junge nur dann eine Chance, aus dem Ghetto oder der Kleinstadt herauszukommen, wenn er etwas lernte, mit dem er in der Gesellschaft Erfolg haben konnte. Eine dieser Möglichkeiten war die Musik. Nun war die Geige ein relativ billiges Instrument, das man obendrein überall mitnehmen konnte. Daher befanden sich unter den Violinvirtuosen besonders viele Juden.

Reich-Ranicki: Diese Theorien sind nicht schlecht, sie haben nur einen Fehler, sie stimmen alle nicht. Juden spielen gut Geige, weil die Geige nicht viel kostet und leicht unter den Arm zu nehmen ist ... Warum aber ist Arthur Rubinstein Pianist geworden? Und warum war der größte deutsche Pianist der Weimarer Republik, Arthur Schnabel, ein Jude? Ich könnte Ihnen Dutzende von Pianisten aufzählen. Und denken Sie an die großen Dirigenten heute. Wenn Sie von Karajan absehen – Bernstein, Solti, Barenboim, Levine, Maazel, alles Juden. Also entdecken wir, daß die Juden keine spezifische Begabung für die Geige, sondern für die Musik haben. Der große Bronislaw Huberman, ein berühmter Geiger, hat gesagt: Es ist ein reiner Zufall, daß ich Geiger geworden bin. Ich habe ein Wunderkind gesehen, das Klavier gespielt hat, und ich wollte es ihm nachtun. Aber meine Eltern hatten kein Geld für ein Klavier, da haben sie mir eine Geige geschenkt. Er meinte, als Pianist wäre er genauso berühmt geworden. Mal sind es Geiger, mal Pianisten, mal Dirigenten.

Koelbl: Aber nur wenige große Komponisten. Mir fallen nur Mendelssohn und Mahler ein.

Reich-Ranicki: Auch diese Rechnung geht nicht ganz auf. Komponisten vom Range eines Mozart, Beethoven, Schubert, Brahms haben die Juden nicht. Und die Engländer und die Franzosen auch nicht und die Schweden auch nicht. Niemand, nur die Deutschen mit den Österreichern. Aber die Juden haben immerhin Mendelssohn und Offenbach. Moderne Musik ist zu einem großen Teil ein Werk der Juden – von Mahler und Schönberg sprachen wir schon. Und die Musicals? – Denken Sie an Kurt Weill, an Gershwin und Bernstein. Und viele der großen Komponisten der Gegenwart wie Ligeti und Maurizio Kagel sind ebenfalls Juden. Auch der bedeutendste sowjetische Komponist, Alfred Schnittke, ist ein Jude. Kurzum, Sie kommen mit Ihrer These nicht zu Rande. Die Juden haben eine besondere Begabung für Musik und für Juristerei und seit jeher für Medizin und für Kritik und Journalismus – und so weiter.

Koelbl: Sehen Sie auch heute noch Gemeinsamkeiten zwischen Juden und Deutschen?

Reich-Ranicki: In der Bundesrepublik Deutschland spielen die Juden im Kulturleben keine Rolle. Bilden Sie sich das nicht ein. Natürlich hat die Bundesrepublik die meisten Opernhäuser der Welt und beschäftigt sehr viele Dirigenten. Unter ihnen sind Israelis und Juden aus Amerika. Die dirigieren hier, weil gerade ein Posten frei ist. Aber sie gehören strenggenommen nicht zum deutschen Kulturleben.

Koelbl: Glauben Sie, daß der Einfluß der Juden auf die deutsche Kultur zum Erliegen kommen wird?

Reich-Ranicki: Über den Anteil der Juden an der deutschen Kultur der Gegenwart lohnt es sich nicht mehr zu reden. Da gibt es Peter Zadek, einen ehemaligen Emigranten, den Schweizer Juden Luc Bondy, den ungarischen Juden Ivan Nagel. Die meisten Schriftsteller, ich meine wiederum die Juden, sind nach 1945 nicht nach Deutschland zurückgekommen. Erich Fried ist in London geblieben, Peter Weiss in Schweden, Canetti in England und in der Schweiz, Hildesheimer ebenfalls in der Schweiz.

Koelbl: Dann wären Sie und einige andere Ihrer Generation die allerletzten deutschschreibenden Juden?

Reich-Ranicki: Ich bin davon überzeugt, aus einem einfachen Grund. Sie können keine Literatur aus dem Boden stampfen ohne eine gewisse Bevölkerungsbasis. Es gibt doch keine Juden mehr in diesem Land. Es gibt kaum mehr als dreißigtausend, und von denen leben manche nur noch mit einem Bein in der Bundesrepublik. Deren Kinder werden schon für das Ausland erzogen.

Koelbl: Ich habe bei allen Gedenkreden über die Vernichtung der Juden, die wir in letzter Zeit gehört haben, den Eindruck, daß die Deutschen übersehen, welcher Verlust ihnen selbst durch die Vernichtung und Vertreibung der Juden entstanden ist.

Reich-Ranicki: Das kann ich nicht beurteilen. Man hat ja oft genug aufgezählt, wie viele Universitätsprofessoren von 1933 bis 1939 aus Deutschland vertrieben worden sind. Eine gigantische Zahl. Und das waren nicht nur Juden. Daß darunter die deutsche Wissenschaft bis heute leidet, wird oft gesagt. Ich hoffe, aufrichtig.

Koelbl: Aber mich erstaunt immer wieder, daß so wenige Versuche gemacht worden sind, diese Leute zurückzuholen.

Reich-Ranicki: Fragen Sie bitte nicht mich. Fragen Sie bitte andere danach. Sie haben vollkommen recht. Ich kann Ihnen nur ein Beispiel geben, das härteste. In den fünfziger Jahren haben noch alle großen deutschen Architekten gelebt. Die Jahrhundertarchitekten. Die lebten in Südamerika, in verschiedenen Ländern, und waren noch keine Greise, jünger als sechzig Jahre. Man brauchte doch diese Architekten zum Wiederaufbau der deutschen Städte. Aber keiner ist zurückgerufen worden. Ich kann Ihnen das nicht erklären. Ein anderes Beispiel. Einer der besten deutschen Germanisten war Heinz Polizer an der Universität Berkeley, aus Wien stammend. Er ist in Berkeley gestorben. Man hat ihm in Wien keine Professur angeboten. Angeblich hat man mit ihm verhandelt, aber es ist nichts daraus geworden. Auch andere bedeutende Germanisten, zum Teil Leute, die erst in den fünfziger Jahren emigriert sind, hat man nicht zurückgeholt. Peter Demetz stammt aus Prag und hat hier nie eine Professur angeboten bekommen. Vielleicht gab es da simple Konkurrenzgründe.

Koelbl: Ich möchte noch einmal auf das Verhältnis von Juden und Deutschen zurückkommen. Sie haben von der unerwiderten Liebe vieler Schriftsteller jüdischer Herkunft zu Deutschland und zur deutschen Kultur gesprochen. Hat nicht diese Anhänglichkeit der Juden an ein wenig dankbares Volk auch den sogenannten jüdischen Selbsthaß verstärkt?

Reich-Ranicki: Den Begriff des jüdischen Selbsthasses hat Theodor Lessing geprägt. Aber er kennzeichnet ja nicht nur die Juden. Es gibt noch ein Volk auf Erden, das sich selbst leidenschaftlich haßt. Das sind die Deutschen. Schon wieder eine Parallele. Es gibt einen starken deutschen Selbsthaß. Sehen Sie sich das Werk eines Schriftstellers wie Heinrich Mann an. Nicht das, was er in der Zeit des Dritten Reichs geschrieben hat, sondern im Wilhelminischen Deutschland und in der Weimarer Republik. Ungeheurer Selbsthaß. Eine Verherrlichung der Italiener und Franzosen, die bisweilen schon verantwortungslos ist. Die hat er ja nur den Deutschen zum Trotz verherrlicht. Ob es heute jüdischen Selbsthaß gibt? Da es keine Juden gibt, ist diese Frage ziemlich belanglos. Mir persönlich sind diese Gefühle fremd. Vielleicht hat das auch damit zu tun, daß ich nie so richtig im Judentum verwurzelt oder engagiert war.

Koelbl: Und wie steht es mit Ihrem deutschen Selbsthaß?

Reich-Ranicki: Sie können in mir keinen Deutschen sehen. Ich bin kein Deutscher. Machen Sie keinen Deutschen aus mir. Ich bin ein Bürger der Bundesrepublik. Selbstverständlich und gern. Mir gefällt dieser Staat, trotz allem. Ich schreibe in deutscher Sprache, ich bin ein deutscher Literaturkritiker, ich gehöre zur deutschen Literatur und Kultur, aber ich bin kein Deutscher und werde es nie werden.

Koelbl: Das führt mich zu einer anderen Frage. Sie sind in Polen geboren, nach Deutschland gekommen, wurden nach Polen deportiert und sind wieder nach Deutschland zurückgekehrt. Haben Sie unter diesen Umständen noch einen persönlichen Heimatbegriff? Heine hat gesagt, daß die Juden die Bibel als portatives Vaterland mit sich herumschleppen. Gibt es so etwas wie Heimat für Sie?

Reich-Ranicki: Das portative Vaterland, das Heine meint, ist nicht das, was mich geprägt hat. Mein portatives Vaterland – das ist Goethe und Thomas Mann, Heine, Fontane und Lessing. Hinzu kommen Mozart, Beethoven, Schubert, Wagner und Brahms. Sie sehen, ich nenne nicht die Namen Albrecht Dürer oder Lucas Cranach. Die Malerei hat mir nie sehr viel bedeutet. Es gibt einen Ort auf Erden, da verspüre ich, wenn ich bestimmte Plätze und Straßenecken sehe, einen Anflug von Heimatgefühl. Dieser Ort ist Berlin. Weil ich dort meine Jugend verbracht habe. Da gab es oder gibt es die Theater, in denen ich zum ersten Mal Shakespeare auf der Bühne gesehen habe, da sind die Plätze, wo man Fußball gespielt hat. Aber Berlin als meine Heimat zu bezeichnen, wäre übertrieben.

Koelbl: Ich glaube, es war Börne oder Heine, der von der Unzugehörigkeit der Juden geschrieben hat.

Reich-Ranicki: Vielleicht war es weder Börne noch Heine. Vielleicht steht es bei mir. Jeder von uns hätte das schreiben können.

Koelbl: Fühlen Sie selbst auch eine solche Unzugehörigkeit?

Reich-Ranicki: Die Frage verstehe ich nicht. Unzugehörigkeit wozu?

Koelbl: Zu Deutschland.

Reich-Ranicki: Ich fühle eine sehr starke Zugehörigkeit zur deutschen Kultur.

Koelbl: Aber in welcher Rolle gehören Sie zur deutschen Kultur?

Reich-Ranicki: Es gibt nur ein Gefühl bei mir, das Sie interessieren kann. Weil es nicht ganz alltäglich ist. Ich sagte Ihnen vorhin, ich bin kein Deutscher, und ich werde es nie sein. Aber ich fühle mich nicht als Gast in diesem Land und nicht als Fremder.

Koelbl: Als was sonst?

Reich-Ranicki: Ich fühle mich durchaus nicht als einer, der in diesem Land geduldet wird, sondern als einer, der Anspruch hat, in diesem Land zu sein, und das volle Recht hat, am Kulturleben des Landes teilzunehmen.

Koelbl: Bitte erlauben Sie mir, noch einmal auf Ihre Lebensgeschichte einzugehen. Nach Ihrer Deportation von Berlin nach Warschau kamen Sie ja 1940 ins Warschauer Ghetto. Das ist natürlich wieder ein Thema für ein ganzes Gespräch. Dennoch möchte ich Sie bitten zu beschreiben, wie der Alltag im Ghetto ausgesehen hat und wie Sie dort überlebt haben.

Reich-Ranicki: Das entscheidende Merkmal der Existenz im Ghetto waren nicht der Hunger und die Krankheiten. Es war die panische Angst vor dem, was am nächsten Tag geschehen konnte. Es war eine Existenz unmittelbar vor dem Abgrund, und dieser Abgrund bedeutete den Tod. Das war das Schrecklichste. Es gab Konzerte im Ghetto, und man ging hin, ohne sicher zu sein, daß man nicht unterwegs aufgehalten oder erschossen werden würde. Und während des Konzerts hatte man nicht die Gewißheit, daß es beendet werden würde. Wir ertrugen diese Dinge ein wenig besser als die anderen. Weil wir sehr jung waren. Jugend bedeutet auch Unbeschwertheit. Das Ghetto ist Ende 1940 eingerichtet worden. Da waren wir beide – meine Frau und ich – zwanzig Jahre alt. Die Sechzigjährigen haben es anders erlebt.

Koelbl: Haben Sie im Judenrat gearbeitet?

Reich-Ranicki: Als Dolmetscher. Besser gesagt, als Übersetzer.

Koelbl: Hannah Arendt hat den Judenräten vorgeworfen, mit den deutschen Unterdrückern über das notwendige Maß hinaus kollaboriert und gegenüber den ihnen anvertrauten Menschen versagt zu haben.

Reich-Ranicki: Der Artikel von Hannah Arendt gehört zum Dümmsten, was diese Frau je geschrieben hat. Ich erspare es mir, ihre Darstellung im einzelnen zu bewerten. Das hat schon ein anderer getan, und er hat die Sache durchschaut. Einer, der nicht Partei ist, sondern gewissermaßen ein Außenstehender, nämlich Golo Mann, hat 1964 in der »Zeit« dargelegt, um was es sich handelt: um die Verantwortungslosigkeit einer ehrgeizigen Frau, die um jeden Preis eine originelle These präsentieren will. Hannah Arendt hat ja auch von Eichmann gesagt, er sei ein unschuldiger Mensch gewesen. Ein Beamter, ein Holocaust-Beamter. So war es nicht.

Koelbl: Wie beurteilen Sie die schwierige Situation, in der die jüdischen Verantwortlichen im Ghetto handeln mußten?

Reich-Ranicki: Es gab Ghettos in mehreren Städten Polens. Dort herrschten jeweils unterschiedliche Zustände. Der Vorsitzende des Judenrates in Warschau, Adam Czerniaków, den ich gekannt habe, war ein hochanständiger Mensch, der zu keiner Kollaboration mit deutschen Behörden bereit war. Er hat am zweiten Tag der sogenannten Umsiedlungsaktion – das bedeutet: der Deportation zu den Gaskammern – Selbstmord verübt, um nicht zum Vollstrecker dieser Grausamkeit zu werden. Mehr können Sie von einem Menschen nicht verlangen. Ich habe auch nicht gehört, daß einem anderen Mitglied des Judenrates in Warschau je das Geringste vorgeworfen worden wäre. Im Unterschied zu den jüdischen Polizisten, die, um ihr Leben zu retten, in Todesnot andere in die Waggons gesteckt haben. Was übrigens diesen Polizisten nichts genützt hat. Auch sie wurden allesamt deportiert. Und jetzt komme ich zu einem anderen Punkt. An der Spitze des großen Ghettos von Lódź stand ein Mann namens Chaim Rumkowsky. Dieser Rumkowsky hat uneingeschränkt mit den deutschen Behörden zusammengearbeitet. Er war ein Kollaborateur. Im Warschauer Ghetto hat kein einziger Mensch überlebt. Es haben nur Menschen überlebt, die aus dem Ghetto geflohen sind wie wir beide. Und von den Aufständischen im Ghetto hat eine kleine Gruppe in der Kanalisation unter der Erde Zuflucht gefunden. Alle anderen wurden ermordet. Im Ghetto von Lódź haben zwanzigtausend oder dreißigtausend Menschen überlebt. Darüber mag urteilen, wer will. Rumkowsky ist ermordet worden. Wenn er überlebt hätte, hätte er gesagt: Mir wollt ihr Vorwürfe machen? Ich habe einige zehntausend Menschenleben gerettet. Cerniaków ist wie ein Held gestorben. Aber er hat keinen Menschen gerettet. Was ist besser? Heroisch sein oder Leben retten? Ich bin nicht berufen, das zu entscheiden.

Koelbl: Ich zitiere jetzt Reich-Ranicki: »Wer zum Tode verurteilt war, bleibt ein Gezeichneter. Der zufällig verschont wurde, während man die Seinen gemordet hat, kann nicht in Frieden mit sich selber leben. Wer vertrieben wurde, bleibt für immer nicht nur ein Vertriebener, sondern auch und vor allem ein Getriebener.« Gilt dies auch für Sie?

Reich-Ranicki: Jedes Wort gilt für mich. Selbstverständlich. Und das wird sich auch nicht ändern. Unbeschwerter Lebensgenuß und Unbefangenheit – wie viele meiner Generation, die ähnliches erlebt haben, sind dazu noch fähig?

Koelbl: Können Sie sich vorstellen, daß so etwas wie Auschwitz noch einmal möglich ist? In Deutschland oder anderswo?

Reich-Ranicki: Es gibt ein Wort von Golo Mann: Wo das möglich war, ist alles wieder möglich. Die Geschichte wiederholt sich wohl, aber immer anders. Muß ich mir darüber Gedanken machen? Mich interessiert nicht das Problem, ob Auschwitz wieder möglich ist. Weil das kein Problem dieser Jahre ist. Mich interessiert das Problem, daß Auschwitz hier in diesem Lande von vielen umgelogen wird, gelegentlich auch von Historikern. Das läßt mir keine Ruhe.

Koelbl: Mich interessieren auch Ihre ersten Jahre in der Bundesrepublik Deutschland, nachdem Sie 1958 zurückgekehrt waren. Welche Erfahrungen haben Sie in dieser Zeit gemacht?

Reich-Ranicki: Ich habe später oft gehört, daß man jenen, die aus dem Dritten Reich deportiert worden waren, bei ihrer Rückkehr rote Teppiche ausgerollt, das Leben beinahe zur Idylle gemacht, Wohnungen gegeben und Positionen angeboten hätte. Ich weiß nicht, ob das richtig ist. In meinem Fall war es jedenfalls nicht so. Vor mir hat kein Mensch je einen roten Teppich ausgerollt. Ich mußte mir gewaltige Mühe geben, um in Hamburg für meine Familie, für drei Personen, eine Zweieinhalb-Zimmer-Wohnung zu bekommen. Und man hat mir nie eine Stelle angeboten. Ich habe angefangen, für Zeitungen Kritiken zu schreiben. Diese Arbeit ging gut und leicht. Man hat meine Rezensionen zuerst in der FAZ und in der »Welt« gedruckt. Ich wurde schnell bekannt. Ich bekam ein Angebot von der »Zeit« und dann dort eine feste Anstellung als Literaturkritiker. Aber in den vierzehn Jahren bei der »Zeit« habe ich nie an einer Redaktionskonferenz teilgenommen. Man hat einen Redakteur nach dem anderen engagiert, aber mir hat man nicht den kleinsten Redakteurposten angeboten.

Koelbl: Wären Sie gerne Redakteur geworden?

Reich-Ranicki: Selbstverständlich. Ich saß vereinsamt in einer kleinen Wohnung in Hamburg–Niendorf und führte ein monologisches Dasein, das für mich schwer erträglich war. Lesen und Schreiben, nichts anderes. Kaum Menschen gesehen. Ich beklage mich nicht. Ich habe in diesen vierzehn Jahren in Hamburg eine Fülle von Kritiken geschrieben, die dann das Fundament mehrerer Bücher gebildet haben. Ich habe Einladungen zu Vorträgen bekommen. Ich bin von vielen Universitäten eingeladen worden. Auch Angebote für eine kontinuierliche Tätigkeit habe ich bekommen, aber von amerikanischen und schwedischen Universitäten, nicht von deutschen. Einen Ehrendoktor habe ich auch bekommen, 1972, aber von der Universität Uppsala. Von einer deutschen Universität habe ich, obwohl ich mittlerweile neunundsechzig Jahre alt bin, noch nie einen Ehrendoktor erhalten. Ich beschwere mich nicht darüber, aber das Faktum ist aufschlußreich. Kein Verlag, keine Zeitung, keine Zeitschrift, kein Rundfunk- oder Fernsehsender hat mir auch nur den kleinsten Posten angeboten, obwohl mein Name durch Publikationen rasch bekanntgeworden ist, obwohl mein erstes in der Bundesrepublik veröffentlichtes Buch, »Deutsche Literatur in West und Ost«, 1963 gedruckt, großes Aufsehen erregt hat und in kurzer Zeit in mehreren Auflagen erscheinen konnte. In der »Zeit« hat man sehr wohl gewußt, daß ich an einer Tätigkeit außerhalb des Arbeitszimmers in meiner Privatwohnung interessiert war. Man hat sie mir nie offeriert. Das erste Angebot, das man mir gemacht hat, kam 1973 von der FAZ.

Koelbl: Es gibt ein berühmtes Zitat: »Die einen werfen mir vor, daß ich ein Jude sei; die anderen verzeihen mir es; der dritte lobt mich gar dafür; aber alle denken daran.« Entspricht dieses Zitat Ihren eigenen Erfahrungen?

Reich-Ranicki: Das ist ein Wort von Ludwig Börne, das ich zitiert habe. Ob ich diese Erfahrungen gemacht habe? Ja. Täglich.

Koelbl: Täglich? In welcher Weise?

Reich-Ranicki: Es ist sehr heikel, was ich Ihnen jetzt sagen werde. Und ich sage es nicht im anklagenden Ton. Ich habe in den letzten dreißig Jahren in der Bundesrepublik Hunderte von Vorträgen gehalten, vor Studenten oder vor anderen Auditorien. Vor dreihundert Menschen oder vor tausend Menschen. Da habe ich sofort gemerkt, daß das Verhältnis zu den Juden unnatürlich ist. Zumindest kein normales Verhältnis. Und Sie wollen jetzt von mir erfahren, wie ich das bemerkt habe.

Koelbl: Ja.

Reich-Ranicki: Ich habe das geradezu experimentell überprüft, um auszuschließen, daß ich möglicherweise das Opfer meiner Überempfindlichkeit bin. Ich halte einen Vortrag über deutsche Literatur. Nichts Ungewöhnliches. Irgendwann, an einer Stelle, wo es angebracht und nötig ist, sage ich, man dürfe bei der Deutung von Kafkas Werk nie vergessen, daß Kafka Jude gewesen ist. In demselben Augenblick ändert sich alles. Totale Stille im Saal. Das Wort Jude im Zusammenhang mit Döblin oder Heine oder Schnitzler, und es wird plötzlich still im Saal. Ich will nicht sagen, daß diese Stille etwas Schlechtes sei oder etwas Gutes. Aber diese Stille beweist, daß es ein normales Verhalten den Juden gegenüber nicht gibt. Das ist etwas Unheimliches. Wenn wir bei Freunden sind, abends, wenn man getrunken hat, kommt nach einer Weile regelmäßig das Gespräch auf Juden, Nationalsozialismus, Antisemitismus. Wie oft habe ich gemerkt, daß meine Anwesenheit bei den Gesprächen ein Faktor ist, der irritiert.

Ich habe es schon erlebt, daß ein Mensch, der mir relativ nahesteht, in meiner Gegenwart und in Gegenwart meiner Frau einen Film gesehen hat, der gerade im Fernsehen lief, einen Unterhaltungsfilm der UFA aus dem Jahr 1938, und völlig harmlos gesagt hat: »Ach, die schönen dreißiger Jahre.« Ein hochgebildeter Mann, Autor bekannter Bücher. Er war sich überhaupt nicht dessen bewußt, daß diese Bemerkung für uns etwas Ungeheuerliches war. Daß 1938 die Zeit war, wo man uns geprügelt, vertrieben, ermordet hat. Übrigens war der Vater dieses Menschen kein Nazi. Es ist ihm im Dritten Reich auch nicht gut ergangen. Und dieser Mensch sagt: »Oh, die herrlichen dreißiger Jahre.« Diesen Satz von Börne habe ich immer als die Darstellung meiner eigenen Situation empfunden. Wahrscheinlich ist es anders gar nicht möglich. Die Leute, mit denen ich zusammen bin, fühlen sich zu einer gewissen, sagen wir taktvollen Rücksichtnahme verpflichtet. Man spricht doch im Hause des Gehängten nicht vom Strick.

Koelbl: Nach meiner Erfahrung trauen sich viele Deutsche gar nicht, mit Juden über diese Dinge zu reden. Und ich muß Ihnen sagen, zu Beginn meiner Gespräche mit jüdischen Emigranten hatte ich Schwierigkeiten, das Wort »Jude« auszusprechen.

Reich-Ranicki: Ich habe bei der FAZ zwei Erlebnisse gehabt, die charakteristisch sind. Das erste mit einem bedeutenden Herausgeber dieser Zeitung, der nicht mehr lebt. Ich war damals erst ein Jahr bei der FAZ. Er kam zu mir und sagte, ich hätte etwas Ungeheuerliches geschrieben. Ich hätte in einem Artikel über Kafka die Worte geschrieben: »der Jude Franz Kafka«. Kafka könnte man doch nicht als Juden bezeichnen. Dieser Mann der älteren Generation fand, das Wort Jude sei beleidigend. So ist er im Dritten Reich erzogen worden. Ich habe ihm gesagt: Nein, davon werden Sie mich nicht abbringen. Wohingegen ich nicht protestieren kann, wenn man schreibt, daß im Frankfurter Bahnhofsviertel der israelische Staatsbürger Schlomo Rosenstein wegen Hehlerei und Betrug verhaftet wurde. Dagegen ist nichts zu sagen. Wenn es so war, dann muß es so geschrieben werden. Und dann darf man vielleicht auch schreiben, daß Albert Einstein oder Sigmund Freud oder Franz Kafka Juden waren.

Das andere Erlebnis war ganz ähnlich. Zum zehnten Todestag von Paul Celan habe ich drei, vier Autoren gebeten, ihre Erinnerungen an Celan zu schreiben. Zu diesen Artikeln habe ich einen Vorspann verfaßt. Und ein Redakteur, der heute nicht mehr bei der Zeitung ist, änderte, ohne sich mit mir zu verständigen, eine bestimmte Formulierung. Ich habe es noch rechtzeitig gemerkt und wieder in Ordnung gebracht. Es handelte sich um den Satz: »Der rumänische Jude Paul Celan, der nie in Deutschland gelebt und sich in Österreich nur wenige Monate aufgehalten hat, gilt vielen als der bedeutendste deutsche Lyriker nach 1945.« Der Redakteur hat das Wort Jude gestrichen. Er hielt das Wort Jude für beleidigend. Nun ist aber in Celans Werk von gar nichts anderem die Rede als von der Verfolgung der Juden. Wozu erzähle ich Ihnen die Geschichten? Nicht, um irgend jemanden anzuklagen, sondern um zu zeigen, daß das Verhältnis zu den Juden in Deutschland infolge dessen, was geschehen ist, mit Hemmungen verschiedenster Art belastet ist. Es ist kein natürliches, kein normales Verhältnis.

Koelbl: Es ist natürlich verständlich, daß die Deutschen sich scheuen, das Wort »Jude« ganz unbefangen zu verwenden, als sei es ein Wort wie jedes andere auch.

Reich-Ranicki: Rechtfertigen Sie niemanden, ich habe ja niemandem einen Vorwurf gemacht.

Koelbl: Wie Walther Rathenau sagte, gibt es in den Jugendjahren eines jeden deutschen Juden einen schmerzlichen Augenblick, in dem »ihm zum ersten Mal voll bewußt wird, daß er als Bürger zweiter Klasse in die Welt getreten ist und daß keine Tüchtigkeit und kein Verdienst ihn aus dieser Lage befreien kann«.

Reich-Ranicki: Ein treffender Satz. Deswegen habe ich ihn zitiert. Ich habe ein solches Erlebnis nicht gehabt, weil ich dieses Gefühl schon hatte, soweit ich zurückdenken kann. Ich bin wie Kafka in Prag ein doppelter Minderheitenmensch. Ich bin als polnischer Jude 1929 nach Berlin gekommen, als Kind in eine deutsche Schule. Ich war erstens Ausländer, zweitens Jude. Diese zweite Eigenschaft machte sich sehr bald deutlich bemerkbar, denn 1933, als ich zwölf Jahre alt war, traten die Jungs ringsum der Hitlerjugend und dem Jungvolk bei. Und warum bin ich der beste Deutschschüler in der Klasse geworden? Warum nicht der beste Mathematikschüler? Aus Trotz, natürlich aus Trotz.

Koelbl: Und warum »Literaturpapst«?

Reich-Ranicki: »Literaturpapst« ist lediglich ein Markenzeichen, das mir teils von meinen Gegnern angehängt wurde und teils von jenen, die mich schätzen. Wenn Sie mit dieser Bezeichnung auf meine Funktion im literarischen Leben anspielen, so kann ich nur sagen: Auch hierbei hat sicherlich Trotz eine wichtige Rolle gespielt. Davon, daß eine gewisse Begabung hinzukommt, brauchen wir nicht zu reden. Mir hat man hier, als ich 1958 hergekommen bin, den Rat gegeben, ich sollte mich als Kritiker auf polnische und sowjetische Literatur beschränken. Aber nein. Ich wollte über Goethe und Schiller schreiben, über Fontane und Thomas Mann. Ich bin aufgewachsen in einer Zeit, als täglich in den Zeitungen stand, die Juden seien eine minderwertige Rasse, unfähig, den deutschen Geist und die deutsche Literatur zu verstehen, in deutscher Sprache zu schreiben. Heine war Dreck, alles, was Juden schrieben, galt als Dreck. Ich bin täglich an den Schaukästen des »Stürmer« vorbeigegangen und habe die Juden-Karikaturen gesehen. Ich habe täglich die antisemitische Propaganda erlebt. Das hat mich ein für allemal geprägt. Bei allem, was ich tue, handle ich auch aus Trotz.

Koelbl: Läßt sich diese Feststellung auch auf andere Juden übertragen?

Reich-Ranicki: Das Leben aller Juden von Rang, ob sie nun Geiger, Dirigenten, Physiker oder Schriftsteller waren, wurde von einem solchen Gefühl bestimmt: Da ich Jude bin, muß ich zweimal besser sein als die anderen, sonst kann ich mir keine Geltung verschaffen.

Koelbl: Sie haben ja Lust am Urteilen, Lust an der Macht. Und Sie haben einmal geschrieben, daß es zu den Pflichten des Kritikers gehört, Totenscheine auszustellen, ohne daß man Sie deswegen als Mörder anklagen dürfe. Wie verstehen Sie die Verantwortung des Kritikers? Ich vermute, Ihre Kritiken stellen für manche Schriftsteller ein Trauma dar. Für einige, zum Beispiel für Martin Walser, waren sie vielleicht sogar ein Alptraum. Bekennen Sie sich zur Lust an der Macht?

Reich-Ranicki: Den Schuh ziehe ich mir ungern an.

Koelbl: »Spaß an der Macht«, haben Sie gesagt. Das ist das wörtliche Zitat aus dem »Spiegel«-Interview.

Reich-Ranicki: »Spiegel?« »Spaß an der Macht?« An das Interview erinnere ich mich. Aber wer hat das gesagt?

Koelbl: Der »Spiegel« fragte: »Macht es Spaß?« Und dann sagten Sie: »Offen gesagt: Ja.«

Reich-Ranicki: Wenn Sie mir diese Frage stellen, können Sie auch einen Chirurgen fragen: Wie können Sie es ertragen, ein Messer in die Hand zu nehmen und den menschlichen Körper aufzuschneiden? Da wird er sagen: Das ist mein Beruf, das muß ich tun, um den Patienten zu retten. Genauso verhält es sich hier. Ich wollte sagen, es ist nicht wahr, daß ein Kritiker ein Buch ermorden kann. Das gibt es nicht. Ein solches Buch hat in Wirklichkeit nie gelebt. Der Kritiker hat also nur einen Totenschein ausgestellt. Das ist die Verantwortung. Ich habe oft darunter gelitten. Ich habe gesehen, wieviel Schmerz ich Menschen zufüge. Aber immer, wenn ich darüber nachgedacht habe, gab es für mich einen großen Trost: daß ich andere Autoren glücklich gemacht habe. Das eine bedingt das andere.

Koelbl: Oft läßt es sich ja gar nicht vermeiden, daß man als Kritiker ungerecht ist. Das haben Sie oft zum Ausdruck gebracht.

Reich-Ranicki: Ich halte nicht viel von den deutschen Kritikern, die sich nicht entscheiden wollen, die nie pro oder contra sind, sondern ständig mit Einerseits und Andererseits operieren. In dieser Hinsicht ist heute einiges besser geworden. Vor zwanzig Jahren war es schlimmer.

Koelbl: Sie sind doch auch heute noch der einzige, der kompromißlos den Daumen nach oben oder unten hält.

Reich-Ranicki: Wenn das stimmt, wäre es traurig. Das Risiko, das man eingeht, wenn man sich so deutlich äußert, ist groß. Aber wenn man sich nicht entschieden äußert, nicht eindeutig ja oder nein sagt, kann man sich nur halb irren.

Koelbl: Damit stehen Sie wieder in der klassisch-jüdischen Tradition von Börne und Heine.

Reich-Ranicki: Das ist eine sehr schöne Tradition. Und ich könnte noch viele Namen hinzufügen.

Koelbl: Aber in bestimmten Fällen sind Sie auch recht gnädig gewesen. Gottfried Reinhardt hat mir gesagt: »Wenn es die jüdischen Kritiker von früher noch geben würde, wäre ein Heinrich Böll nie mit einem großen Schriftsteller verwechselt worden.«

Reich-Ranicki: Das stimmt, und es stimmt nicht. Wir, die wir zu Bölls Ruhm beigetragen haben, sahen keinen anderen Ausweg. Es gab keinen anderen. Die konservative Kritik wollte Gerd Gaiser zur Galionsfigur der Literatur machen. Den antisemitischen, exnazistischen Schriftsteller. Das konnten wir nicht zulassen. Wir haben uns auf Böll als Gegenkandidaten geeinigt. Es gab andere, die besser waren. Aber sie waren nicht geeignet.

Koelbl: Warum nicht?

Reich-Ranicki: Der eine hatte einen kleinen Fehler: Er war Schweizer. Max Frisch schied daher als Gegenkandidat aus. Wir brauchten einen Deutschen. Wir brauchten eine deutsche Galionsfigur. Denn für einen Schweizer war es ja keine Kunst gewesen, im Dritten Reich sauber zu bleiben. Böll hatte das Schicksal eines durchschnittlichen Deutschen, der Soldat gewesen war. Und er stellte etwas dar. Der andere, der als Galionsfigur in Frage kam, ach, das war der von mir bewunderte Wolfgang Koeppen. Aber Koeppen hatte schon damals aufgehört zu schreiben. Er produzierte nicht mehr. Was Gottfried Reinhardt in Sachen Böll angedeutet hat, ist nicht dumm und nicht falsch. Ich kann zu meiner Rechtfertigung nur auf die vielen Verrisse verweisen, die ich über Bücher von Böll geschrieben habe. Aber außer Böll kam für diese moralische Position niemand in Frage.

Koelbl: Sehen Sie sich selbst in der Tradition der Kritiker wie Kraus, Kerr, Polgar und Tucholsky?

Reich-Ranicki: Das ist eine Frage, die Sie allen anderen stellen sollten, aber nicht mir. Wenn ich eine solche Frage bejahend beantworten würde, wäre mir nicht ganz wohl.

Koelbl: Aber Sie spielen doch in der heutigen Literaturszene eine ähnliche Rolle wie die eben genannten.

Reich-Ranicki: Ich habe von diesen Kritikern sehr, sehr viel gelernt. Aber es klingt ein wenig hochmütig zu sagen: In der Tradition von ... Das ist so ähnlich, als ob Sie den Komponisten Henze fragen würden: Sehen Sie sich in der Tradition von Mozart, Beethoven, Schubert, Schumann, Brahms und Richard Strauss? Und er sagt, ja. Sehen Sie, jetzt lachen Sie. Aber wenn Sie die Frage der historischen Größenordnung ausklammern, stimme ich zu. Lassen Sie einmal die großen Figuren Heine und Börne beiseite. Ich habe ja nicht zufällig eine sechsbändige Ausgabe der Werke Polgars herausgegeben. Ja, natürlich sehe ich mich in der Tradition von Kerr, Polgar und Tucholsky. Oder meinen Sie, ich sehe mich in der Tradition von Ganghofer und Anzengruber und Peter Rosegger? Oder in der Tradition von Rudolf G. Binding?

Koelbl: Ich finde es bemerkenswert, daß Sie nie Literatur studiert haben. Der Weg zum Studium war Ihnen 1938 ja versperrt. Sie haben die Universitätshörsäle erst 1961 kennengelernt, als Sie in Göttingen eine Vorlesung gehalten haben. Hat es Sie manchmal belastet, daß Sie nicht studieren konnten? Gerade in Verlags- und Kritikerkreisen erscheint doch ein Studium geradezu als Kompetenzbeweis.

Reich-Ranicki: Sie verquicken zwei völlig verschiedene Fragen. Die eine Frage ist, ob mir dadurch, daß ich nicht studiert habe, viel entgangen sei. Die zweite Frage ist, ob mir der Umstand, daß ich nicht studiert habe, in meiner Laufbahn als Kritiker geschadet habe.

Zur ersten Frage: Selbstverständlich bedauere ich es bis heute, daß ich nie die Möglichkeit hatte zu studieren. Ich habe mein Leben lang andere unterrichten müssen. Ich leide darunter, daß ich nicht wie die anderen vier oder fünf Jahre Zeit hatte, um mich mit der Geschichte der deutschen Literatur zu beschäftigen. Daß ich mir alles selbst beibringen mußte. Geholfen hat mir niemand. Alles, was meine Bücher darstellen, habe ich aus meiner eigenen Erfahrung geschaffen.

Koelbl: Ludwig Marcuse hat ja einmal gesagt: »Vielleicht sind die Bildungsinhaber die unvitalste Schicht einer Gesellschaft, weil ihre Sinne weniger verlangen.«

Reich-Ranicki: Das erinnert mich an den Satz: »Geld macht nicht glücklich.« Das ist richtig, aber das sagen nur diejenigen, die Geld haben. Diejenigen, die eine regelrechte Bildung genossen und jahrelang studiert haben, können hinterher sagen: Hat sich das eigentlich gelohnt? Eines jedenfalls hätte sich für mich gelohnt: Wenn ich anständig Mittelhochdeutsch gelernt hätte. Und der zweite Aspekt – Sie fragen, ob meine Laufbahn dadurch, daß ich nie studiert habe, in der Bundesrepublik Deutschland beeinträchtigt worden ist. Möglicherweise hätte mir eine Universität einen Lehrstuhl angeboten, wenn ich ein reguläres Studium mit Abschluß gehabt hätte. Hätte ich dieses Studium hinter mir, würden es sich manche meiner Gegner nicht so rasch und leicht und bequem machen mit dem Vorwurf, das, was ich tue, sei mehr oder weniger Dilettantismus. Es ist sehr komisch, daß Günter Grass, der mit meiner Rezension von einem seiner Bücher unzufrieden war, gleich über mich gesagt hat: Nun ja, er ist ein Liebhaber der Literatur. Und das wiederholt er immer wieder. Liebhaber, das soll heißen: Die richtigen Bildungsvoraussetzungen hat er nicht, aber er liebt die Literatur. Interessant an dieser abfälligen Bemerkung ist nur, daß sie aus dem Mund eines Schriftstellers stammt, der im Unterschied zu mir nicht einmal das Abitur geschafft hat.

Aber was soll es? Ich habe mit meiner redaktionellen Arbeit bei der FAZ und meinen Artikeln und Büchern einigen Einfluß auf die literarische Entwicklung gehabt und mich längst damit abgefunden, daß mir Studium und Doktortitel fehlen. In meiner Biographie hat auch dies eine ähnliche Rolle gespielt wie das Judentum. Es hat meinen Trotz herausgefordert. Ich hätte mich ja darauf beschränken können, über Böll und Grass und Koeppen und Uwe Johnson und vielleicht Thomas Mann und Heinrich Mann zu schreiben. Aber es war mein Ehrgeiz, auch über Lessing, über Kleist, über Goethe und über Heine zu schreiben. Damit gebe ich auch zu verstehen: Das, was ihr könnt, ihr, die ihr euch ein Leben lang mit Goethe und Lessing befaßt habt, das schaffe ich auch. Vieles auf dieser Erde ist aus Widerstand und Trotz entstanden.

Koelbl: Sie haben viele Bücher herausgegeben. Sie haben sehr viel geschrieben. Aber hat es Sie nie gereizt, selbst Romane zu schreiben?

Reich-Ranicki: Nein. Aus einem einzigen Grund. Weil ich es nicht kann.

Koelbl: Und Sie sind klug genug, sich nicht zu blamieren, wie es andere getan haben.

Reich-Ranicki: Ich bin kein Erzähler. Ein freundlicher Mensch hat mir gestern abend in Darmstadt gesagt, daß mein Buch »Thomas Mann und die Seinen« über Literaturkritik weit hinausgehe, was die Darstellung der Lebensschicksale betrifft. Das mag stimmen. Aber es handelt sich um authentische Figuren der Literatur. Nein, ich kann keine Romane schreiben. Ich habe auch nie ein Gedicht geschrieben. Eben weil ich es nicht kann.

Koelbl: Auch nicht in Ihrer Jugend?

Reich-Ranicki: Nein. Im jugendlichen Überschwang habe ich mir in Berlin einmal ein dickes Notizbuch gekauft, gebunden und liniert, und habe angefangen, Rezensionen zu schreiben. Zwei habe ich geschrieben, dann habe ich es aufgegeben. An die eine kann ich mich noch erinnern. Über »Hedda Gabler« von Ibsen. Die andere habe ich vergessen. Das war das einzige, was ich damals geschrieben habe – natürlich abgesehen von vielen und bisweilen sehr langen Schulaufsätzen.

Koelbl: Sie haben Persönlichkeitsbilder von Thomas Mann und vielen anderen Autoren entworfen. Könnten Sie sich auch selbst beschreiben?

Reich-Ranicki: So etwas würde ich überhaupt nicht tun. Ich würde es mit Rücksicht auf andere Arbeiten immer wieder zurückstellen. Aber ich habe einmal den persönlichen Fragebogen in der »Zeit« ausgefüllt. Da haben Sie ein paar Antworten, aus denen sich ein Porträt machen ließe.

Koelbl: Sind Sie leidenschaftlich?

Reich-Ranicki: Bestimmt.

Koelbl: Sind Sie eitel?

Reich-Ranicki: Bestimmt. Sonst wäre ich nicht Kritiker geworden. Kritiker kann man nicht sein, ohne eitel zu sein. Der Kritiker ist doch die Versuchsperson, die bei sich selbst die Wirkung von Literatur testet. Dabei muß man sich selbst furchtbar wichtig nehmen.

Koelbl: Sind Sie radikal?

Reich-Ranicki: Ja, ich neige dazu.

Koelbl: Sind Sie wahrheitsliebend?

Reich-Ranicki: Mit größter Entschiedenheit.

Koelbl: Sind Sie klug?

Reich-Ranicki: Nicht genug. Es reicht mir nicht.

Koelbl: Haben Sie Lust am Genuß?

Reich-Ranicki: Ja, aber nicht an manchen Genüssen, die die Menschen für besonders wichtig halten. Es gibt einen Genuß, der für mich keine große Rolle spielt.

Koelbl: Und das wäre?

Reich-Ranicki: Das Essen.

Koelbl: Was genießen Sie am meisten?

Reich-Ranicki: Musik. Literatur. Intelligenz. Und einige andere Dinge.

Koelbl: Sind Sie geistreich?

Reich-Ranicki: O Gott, das habe ich schon in der Schule immer gehört. Aber das ist doch ein relativer Begriff. Ich kann Ihnen sagen, was ich nicht bin. Zu meinem Leidwesen. Ich bin nicht musikalisch genug. Das bedauere ich sehr.

Koelbl: Wären Sie gern ein berühmter Musiker?

Reich-Ranicki: Ja, aber darum geht es nicht. Ich würde vor allem gerne Partituren lesen. Ich beneide Leute, die das können. Und Leute, die Klavier spielen können. Ich habe es einmal zu lernen versucht, aber die Umstände waren nicht danach. Außerdem ist meine natürliche Musikalität nicht stark genug. Im übrigen empfinde ich ganz allgemein ein Ungenügen.

Koelbl: Welches?

Reich-Ranicki: Ich bin mit meinen Fähigkeiten und Gaben meist unzufrieden. Ich möchte mehr sein, besser sein.

Koelbl: Woran denken Sie insbesondere?

Reich-Ranicki: Ich würde gern eine große Begabung für Fremdsprachen haben. Angeblich habe ich ein sehr gutes Gedächtnis. Aber es reicht nicht. Ich möchte ein besseres Gedächtnis haben. Und ich bin nicht beherrscht genug. Könnte ich mich besser beherrschen, würde ich mir viele Unannehmlichkeiten ersparen.

Koelbl: Demnach sind Sie auch maßlos.

Reich-Ranicki: Maßlos ist nicht das richtige Wort. Aber manchmal bin ich jähzornig. Dagegen habe ich eine Fähigkeit, mit der ich recht zufrieden bin.

Koelbl: Sagen Sie bitte, woran Sie denken.

Reich-Ranicki: Ich habe ziemlich viel Vertrauen zu meiner Intuition, was die literarische Qualität betrifft. Und wenn das ganze deutsche Volk aufsteht und sagt, die Gedichte von Ulla Hahn taugen nichts, weiß ich trotzdem, daß von unseren achtziger Jahren unter anderem einige Gedichte von Ulla Hahn bleiben werden. Da kann mich nichts beirren.

Koelbl: Was macht Sie so sicher?

Reich-Ranicki: Das weiß ich nicht. Unsicherheit kenne ich auch. Die trage ich mit mir selbst aus, und dann trete ich dem Leser mit jener Sicherheit gegenüber, auf die der Kritiker nicht verzichten kann. So wie ich von Patrick Süskind gleich gesagt habe, daß sein Buch ein großer Wurf sei. Ob mehr kommt, weiß ich nicht. So wie ich beim ersten Buch von Rolf Dieter Brinkmann sofort das Talent erkannt habe. Ich kann Ihnen ein Dutzend weitere Namen nennen. Es ist nicht so, daß ich mit allem, was mir die Natur mitgegeben hat, unzufrieden bin.

Koelbl: Und was vermissen Sie bei sich noch?

Reich-Ranicki: Ich habe einen schlimmen Fehler, von dem niemand etwas ahnt. Ich habe zuviel Vertrauen zu Menschen und dadurch viele Unannehmlichkeiten. Häufig habe ich offen und ehrlich mit Menschen gesprochen, und die haben mich am nächsten Tag denunziert. Einige, denen ich zu schnell vertraut hatte, haben sich nach zwei Wochen oder drei Monaten als unanständige Leute erwiesen. Ich bin sehr versöhnlich. Ich hatte oft heftige Auseinandersetzungen. Das war unvermeidbar und hat mit meinen Beruf zu tun. Ich habe bestimmte Bücher sehr negativ beurteilt, und manche haben mir das übelgenommen und über mich böse Dinge geschrieben.

Koelbl: Sie schreiben häufig Kritiken, die sehr verletzend wirken. Würden Sie auch eine scharfe Kritik an Ihren eigenen Arbeiten vertragen?

Reich-Ranicki: Über mich sind doch schon die verletzendsten Kritiken geschrieben worden. Von Reinhard Baumgart, von Peter Handke und vielen anderen. Über mich sind Dinge geschrieben worden, die an Schärfe weit über das hinausgehen, was ich jemals geschrieben habe. Ich habe zum Beispiel vor siebenundzwanzig Jahren einen Roman von Baumgart schlecht beurteilt. Baumgart hat sich revanchiert und mein Buch »Deutsche Literatur in West und Ost« rezensiert. Aber er hat nicht geschrieben, mein Buch sei schlecht. Er schrieb, daß einer, der ein solches Buch verfaßt habe, überhaupt nicht berechtigt sei, sich über Literatur zu äußern. Das ist der Unterschied. Ich kritisiere schriftstellerische Leistungen, zum Beispiel Handkes »Langsame Heimkehr« und »Die linkshändige Frau«, aber diejenigen, die mich kritisieren, meinen meine ganze Existenz. Die wenden sich nicht gegen eine bestimmte Kritik von mir, sondern sagen, der ganze Mann ist eine Unmöglichkeit. Am liebsten würden sie sagen: Der Mann hat hier gar nichts zu suchen. Nur wagen sie es im Hinblick auf die Zeit des Nationalsozialismus nicht, um nicht in ein schiefes Licht zu geraten. So wie Platen über Heine gesagt hat: Was hat dieser Mensch im deutschen Kulturleben zu suchen? Sehen Sie, in der Reihe »Text + Kritik« ist ein Band über mich erschienen. Es ist ungeheuerlich, was da geschrieben steht. In einem Beitrag von Helmut Heißenbüttel heißt es, daß ich geisteskrank sei. Daß ich irrsinnig und völlig unfähig sei. Ich habe nie ein Wort gegen Heißenbüttel geschrieben. Aber ich habe ihm etwas Furchtbares angetan, was er mir nie vergessen wird. Ich schreibe seit dreißig Jahren Kritiken in Deutschland, und ich habe noch nie seinen Namen erwähnt. Er verübelt mir, daß ich ihn ignoriere.

Koelbl: Ich glaube, auch einige andere verübeln Ihnen, daß Sie sie ignorieren.

Reich-Ranicki: Ja.

Koelbl: Über Jurek Becker haben Sie geschrieben, daß er bei aller Liebenswürdigkeit ein unbequemer, wenn nicht gar gefährlicher Mann sei. Er stammte aus dem Geschlecht der Ruhestörer und Provokateure. Das könnte man eigentlich auch von Ihnen sagen.

Reich-Ranicki: Aber ja, selbstverständlich. In meinem Leben wäre manches einfacher, wenn ich weniger die Neigung hätte zu provozieren.

Koelbl: Haben Sie Freude am provozieren?

Reich-Ranicki: Ja, leider. Das bringt mir viel Kummer, viel Ärger.

Koelbl: Aber Sie sagen ja auch, es wäre schlimm, wenn man keine Feinde hätte.

Reich-Ranicki: Ja. Aber so viele Feinde, wie ich habe, braucht man nicht zu haben. Ich könnte auf einige verzichten.

Koelbl: Aber Sie tun wenig, um Freunde zu gewinnen.

Reich-Ranicki: Bei allem Streit zwischen mir und anderen bin ich immer derjenige, der zur Versöhnung bereit ist. Selten die Gegenseite. Wenn sich jemand mit mir versöhnen wollte, habe ich ihn nie zurückgewiesen. In keinem einzigen Fall. Ich war immer der Ansicht, daß Literatur ein Spiel ist. Ein herrliches und sehr ernstes Spiel, aber eben ein Spiel. Und je älter man wird, desto weniger hat man Lust, sich ständig zu streiten.

Koelbl: Ich möchte noch einmal das Thema wechseln, weil ich von Ihnen gern noch mehr über das Verhältnis von Juden und Deutschen erfahren würde. Sie führen die Prägung des jüdischen Intellektuellen durch seine Herkunft weitgehende auf die Folgen der antisemitischen Diskriminierung zurück. Aber gibt es nicht auch eine jüdische Eigenart, die nicht erst durch den Antisemitismus entsteht? Ich zitiere Sigmund Freud, der über einen anderen Psychoanalytiker in einem Brief schrieb: »Wir waren beide Juden und wußten voneinander, daß wir gemeinsam das geheimnisvolle Etwas tragen ..., das bisher jeder Analyse unzugänglich den Juden ausmacht.« Können Sie etwas über dieses geheimnisvolle Etwas sagen?

Reich-Ranicki: Da gibt es kein geheimnisvolles Etwas. Das Geheimnis ist nichts anderes als die Rolle des Juden in der Gesellschaft. Ich weiß nicht, wie es in hundert Jahren sein wird. Ich sehe nur, wie es im achtzehnten und neunzehnten Jahrhundert gewesen war und wie es heute ist. Die Rolle des Juden in Europa läßt sich in diesem Jahrtausend nicht mehr normalisieren. Das Jahrtausend geht ja zu Ende. In elf Jahren ist es zu Ende. Die Mörder und die Opfer werden in elf Jahren fast alle tot sein. Vielleicht wird dann ein anderer Geist des Zusammenlebens entstehen. Aber jeder Mensch, der heute von Deutschland aus nach Israel fährt, stellt sich Fragen, die er sich nicht stellt, wenn er nach Portugal oder Griechenland fährt. Das Verhältnis der Deutschen zu Israel und den Juden ist ein ganz besonderes.

Koelbl: Das war immer ein besonderes Verhältnis.

Reich-Ranicki: Es war ein besonderes Verhältnis, weil die Emanzipation der Juden im Jahr 1812 vom deutschen Volk im Grunde nicht akzeptiert worden ist. Sie war ein Verwaltungsakt von oben. Hundert Jahre später haben die Juden eine enorme Rolle im Kulturleben Deutschlands gespielt. Das hat verschiedene Reaktionen hervorgerufen, natürlich auch Neid, Futterneid. Was meinen Sie, wie glücklich viele deutsche Schriftsteller 1933/34 waren, nachdem man die jüdischen Schriftsteller vertrieben hatte. Nicht alle waren Antisemiten. Viele von ihnen hatten gegen die Juden eigentlich nichts einzuwenden. Aber sie waren glücklich. Und sagten sich im stillen, jetzt kommen wir dran. Es wurden Plätze frei. Verdienstmöglichkeiten, Positionen, Akademiesitze.

Koelbl: Ich möchte Ihnen noch etwas vorlesen. Ich weiß nicht, ob es von Ihnen ist: »Aber da ist auch etwas anderes, schwer Faßbares, das wir mit Freude und Bestürzung wahrnehmen, wenn wir Juden begegnen. Es ist eine andere Lebensart. Dieses Lebhafte, einzig ...«

Reich-Ranicki: Das ist nicht von mir!

Koelbl: »... alles sofort sprachlich und mit Gesten auszudrükken. Ich finde mich wieder in anderen Juden. Aber gleichzeitig wage ich das nicht auszusprechen.«

Reich-Ranicki: Dumm ist das nicht. Es mag sein, daß sich viele Juden in anderen Juden unmittelbar wiedererkennen. Das ist gar nicht schlecht beobachtet. Das jüdische Temperament unterscheidet sich von einem nichtjüdischen Temperament. Gar keine Frage. Aber wenn jemand eine Beethoven-Symphonie dirigiert, können Sie nicht erkennen, ob er Jude ist oder nicht.

Koelbl: Nein. Aber Robert Jungk hat mir gesagt, daß es eine Art von Erkennen gibt. Man weiß, der andere ist Jude. Ein familiäres Gefühl.

Reich-Ranicki: Sie wollen wissen, ob ich dieses familiäre Gefühl empfinde?

Koelbl: Ja. Oder wie ich eben zitiert habe: »Ich finde mich wieder in anderen Juden.«

Reich-Ranicki: Nein, das trifft auf mich nicht zu. Ich lebe jetzt in der Bundesrepublik einunddreißig Jahre. In dieser Zeit habe ich nicht sehr viele, aber doch einige Freunde gewonnen, Männer und Frauen. Darunter ist kein einziger Jude. Ich halte das weder für erfreulich noch für bedauerlich. Das ist durchaus keine Klage, sondern eine objektive Feststellung. Die Lyrik von Brecht steht mir viel näher als die des Juden Paul Celan. Und nicht bei dem genialen Juden Kafka finde ich mich wieder, sondern bei Thomas Mann.

Koelbl: Warum gerade bei Thomas Mann?

Reich-Ranicki: Weil er meine Probleme ausgedrückt hat, und zwar in höherem Maße als Kafka. Thomas Mann steht mir viel näher als Kafka.

Koelbl: Aber ist nicht Thomas Manns Haltung den Juden

gegenüber recht zwiespältig? Einerseits sagt er, daß die Juden das europäische Kulturstimulans seien. Andererseits hat er auch gesagt, daß bestimmte Bereiche wie zum Beispiel die Juristerei »verjudet« seien und es nicht schaden könne, wenn sie ein wenig »entjudet« würden. Wie erklären Sie sich das?

Reich-Ranicki: Man muß bei einem Schriftsteller sehr genau unterscheiden zwischen dem, was er in seinen Büchern schreibt, und dem, was er in Tagebüchern, die nicht zur Veröffentlichung bestimmt sind, rasch notiert. Das erste, was Sie zitiert haben, stammt aus einem Essay von Thomas Mann. Das zweite ist eine eilige Notiz im Tagebuch. In den Tagebüchern steht so manch ein unbedachter, ja sogar törichter Satz. Aber er hat sie zur späteren, postumen Veröffentlichung freigegeben. Thomas Mann hat die große Bedeutung der Juden in der Kultur sehr wohl gesehen, und nicht erst unter dem Eindruck der Judenverfolgung im Dritten Reich. Mehr noch: Gerade Thomas Mann hat über die Juden, über ihre Rolle und ihre Funktion im deutschen Geistesleben schon vor 1914 Aufsätze geschrieben, die zu den scharfsinnigsten gehören, die über dieses Thema je publiziert wurden. Gelegentliche, spontane, zornige Äußerungen in Briefen oder Tagebüchern fallen da überhaupt nicht ins Gewicht.

Koelbl: Wie viele Freunde haben Sie?

Reich-Ranicki: Nicht viele. Einige. Kritiker sind Menschen, die zum literarischen Milieu drängen. Alfred Kerr hat das auch gespürt. Menschen, die sich im literarischen Milieu am wohlsten fühlen. Aber Freundschaften zwischen Kritikern und Schriftstellern sind immer heikel, hängen am seidenen Faden.

Koelbl: Aber Sie können ja auch andere Freunde haben.

Reich-Ranicki: Das kommt selten vor. Bei einem, der von seinem Beruf so stark in Anspruch genommen wird wie ich von der Literatur, sind langjährige Freundschaften mit einem Arzt oder Rechtsanwalt fast unmöglich.

Koelbl: Haben Sie jemals an Gott geglaubt?

Reich-Ranicki: Nein, nie im Leben. Ich war nie Mitglied der jüdischen Gemeinde. Ich gehöre keiner Religionsgemeinschaft an. Und als ich nach Deutschland zurückkam, hat sich die jüdische Gemeinde auch nicht um mich gekümmert. Was ich ohne Vorwurf feststelle.

Koelbl: Und was ist der jüdische Gott?

Reich-Ranicki: Eine schöne Erfindung. Gott ist eine Erfindung von Literaten.

Koelbl: Sie brauchen als keinen Gott?

Reich-Ranicki: Nein, nein. Ich habe ihn nie gebraucht. Da, wo er hätte helfen können, war er nicht. Als man sechs Millionen Menschen ermordet hat, habe ich keinen Gott gesehen. Oder doch gesehen: Er war auf seiten Hitlers. Lassen Sie mich in Frieden mit Gott. Gott ist immer mit den stärkeren Bataillonen, sagt Friedrich der Große. Gar nicht schlecht.

Koelbl: In Ihrem Buch über Juden in der deutschen Literatur habe ich vieles entdeckt, was auch auf den Kritiker Reich-Ranicki zuzutreffen scheint. Zum Beispiel: »Er stilisierte seinen Schmerz, um ihn zu ertragen.«

Reich-Ranicki: Damit ist Heine gemeint.

Koelbl: Ein anderes Zitat: »Am häufigsten suchte er Schutz in der Ironie. Was manche sogar für seinen Zynismus hielten, diente ihm nur als Maske oder Zuflucht.« Kann man das nicht auch von Ihnen sagen?

Reich-Ranicki: Ich bin mit Sicherheit kein Zyniker. Im Gegenteil. Ich neige zur Sentimentalität, aber nicht zum Zynismus.

Koelbl: Aber Sie verdecken das sehr gut.

Reich-Ranicki: Da kann ich Ihnen nur mit Schnitzler antworten: »Wir spielen immer, wer es weiß, ist klug.« Da gilt jedes Wort für mich. Sie zitieren hier das ganze Buch über die »Ruhestörer«. Alles beziehen Sie auf mich. Aber Sie haben recht.

Koelbl: Man fürchtet sich vor Ihnen, obwohl Ihre Schroffheit wahrscheinlich eine Schutzhaltung ist.

Reich-Ranicki: Ja, wahrscheinlich.

Koelbl: Wie sublimieren Sie Ihren Schmerz?

Reich-Ranicki: Indem ich über Literatur schreibe. Andere schreiben Gedichte. Celan hat Gedichte geschrieben, Peter

Weiss die »Ermittlung«, Jurek Becker hat »Jakob, der Lügner«, Hildesheimer und Canetti haben anderes geschrieben. Und ich schreibe über Schriftsteller und über Bücher.

Koelbl: Selbst bei Thomas Mann verhielt es sich so. Er war anerkannt, geschätzt, respektiert. Er wollte geliebt werden, wurde aber nicht geliebt. Und auch die Juden finden, wie Gershom Scholem sagt, zwar immer die Anerkennung und oft die Dankbarkeit, aber selten die Liebe, die sie suchen. Sie sind sehr anerkannt. Sie sind sehr geschätzt. Und geliebt?

Reich-Ranicki: Viel zu wenig. Nein, man muß, wenn man Kritiker ist, sich damit abfinden, daß man je mehr Einfluß man hat, von einer desto größeren Menge von Schriftstellern gehaßt wird. Liebe und Dankbarkeit gibt es in diesem Gewerbe nicht.

Koelbl: Auf der einen Seite ist es doch so, daß man geliebt werden möchte, und auf der anderen Seite haben Sie sich bewußt in eine Position begeben, wo dies nie der Fall sein kann.

Reich-Ranicki: Sehr gut, was Sie sagen. Es stimmt. Darin besteht der unauflösbare Gegensatz. Ich möchte mit den Leuten in Frieden und Freundschaft leben und bin von Haß umgeben. Ganz wenige Menschen haben ein anderes Verhältnis zu mir.

Koelbl: Zugleich aber war es der einzige Weg, um zu einer Position zu kommen, in der man Anerkennung und Respekt findet.

Reich-Ranicki: Also habe ich den richtigen Weg gewählt. Es ist genau so, wie Sie es sagen. Ich beklage mich nicht. Ich kann doch von Günter Grass nicht erwarten, daß er mich liebt, wenn ich geschrieben habe, die »Rättin« sei ein unmöglicher Roman.

Koelbl: Hat die Liebe in Ihrem Leben eine große Rolle gespielt?

Reich-Ranicki: Ja ... ja.

Koelbl: Können Sie hierüber etwas mehr sagen?

Reich-Ranicki: Ich sehe hierzu keinen Grund. Wenn es aber jemanden besonders interessiert: Ich habe ja oft über die Liebe geschrieben, allerdings in der Regel über die Liebe von Menschen, mit deren Leben und Werk ich mich beruflich befaßt habe, also über die Liebe von Schriftstellern. In meinen Aufsätzen über Kafka, Schnitzler, Karl Kraus, Tucholsky, Brecht und viele andere findet sich manches, was auch auf mich selbst zutrifft. Ich gebe seit über fünfzehn Jahren die »Frankfurter Anthologie« heraus, in der bisher rund 780 Gedichte interpretiert wurden. Ich selbst habe mir als Autor Zurückhaltung auferlegt: Nur vier Gedichte wurden von mir kommentiert – Gedichte von Walther von der Vogelweide, Paul Fleming, Goethe und Brecht. Es sind allesamt Liebesgedichte. Der Kritiker schreibt eben seine Selbstbekenntnisse in Form von Interpretationen von Texten anderer Autoren. Jeder dieser Kommentare hat mit mir zu tun, sogar mit ganz konkreten Situationen in meinem Leben.

Koelbl: Was war die Leitlinie Ihres Lebens? Der rote Faden in Ihrem Leben?

Reich-Ranicki: Das bin ich schon einmal gefragt worden. Und der Interviewer hat meine Antwort in Zweifel gezogen. Aber ich hatte nicht gelogen. Die Leitlinie heißt: Erst leben, dann philosophieren. Und die ewige Angst, daß immer nur Literatur bleibt und das Leben einem entgeht ... Steht alles im »Faust« von Goethe. Ein kluger Mensch hat es mir in ein Buch als Widmung geschrieben, als ich fünfzehn, sechzehn Jahre alt war. »Ein Kerl, der spekuliert, ist wie ein Tier auf dürrer Heide. Am kurzen Stock herumgeführt, und ringsumher ist schöne grüne Weide.« Ich bewundere diesen Mann, der mir das aufgeschrieben hat. Er lebt längst nicht mehr. Er hat schon bei dem Sechzehnjährigen die Gefahr gesehen, daß das Intellektuelle etwas anderes verdrängen könnte. Aber es ist nicht so schlimm gekommen.

Koelbl: Was würden Sie anders machen, wenn Sie noch einmal leben? Würden Sie Jude bleiben?

Reich-Ranicki: Natürlich. Das bin ich und bleibe ich. Aber ich glaube, es wäre eine ganz normale Antwort, wenn ich sagen würde, ich möchte lieber keiner Minderheit angehören – das hat mir das ganze Leben lang viel Kummer gebracht, viel Leid verursacht und wird mir noch viel Kummer bringen. Es ist ja nicht nur der Holocaust.

Koelbl: Gibt es auch eine Leiderfahrung, die Sie nicht missen möchten?

Reich-Ranicki: Vielleicht eine Liebesgeschichte, die sehr unglücklich geendet hat und mir viel Leid gebracht hat. Auf die hätte ich nicht verzichtet. Aber nicht wegen des Unglücks am Ende, sondern wegen des Glücks vorher.

Koelbl: Was haben Sie in der Liebe gesucht?

Reich-Ranicki: Unter anderem den Augenblick, zu dem ich sagen könnte: Verweile doch, du bist so schön.

Koelbl: Was hat Ihnen also die Liebe bedeutet in Ihrem Leben?

Reich-Ranicki: Glück. Nichts anderes. Mehr ist da nicht zu sagen. Der Rest steht im »Tristan«. Aber in der Partitur, nicht im Text.

Über die Liebe und die Literatur

Gespräch mit Brigitte Blobel

(*Elle*, 1990)

Es gibt viele Schriftsteller, die den Kritiker Marcel Reich-Ranicki fürchten, es gibt manche, die ihn bewundern, und einige, die ihm seit Jahren oder Jahrzehnten dankbar sind. Aber es gibt keinen Schriftsteller, dem er gleichgültig wäre. Denn er gilt als oberste Instanz unserer Literatur. Sein Urteil hat Gewicht, er kann einem Autor, auch einem bisher ganz unbekannten, schnell zu Ansehen und Erfolg verhelfen. Ein gestrenger Richter? Nein, sagt er, vielmehr sei er ein Ankläger, der das Schlechte und Minderwertige entlarvt, und ein Verteidiger, der dem Guten und Gelungenen den Weg bahnt. Er weiß sehr wohl, daß er manche Autoren nicht nur ärgert, sondern auch tief verletzt. Das lasse sich nicht vermeiden, das gehöre zum Beruf des Kritikers. Er müsse bisweilen denjenigen, die er beurteilt, Schmerzen zufügen, um nicht die Leser zu täuschen oder gar zu betrügen. Besonders wird Reich-Ranicki gefürchtet, weil seine Kritiken – ob in Zeitungen oder im Fernsehen – sich durch Eigentümlichkeiten auszeichnen, die hierzulande beinahe Seltenheitswert haben: Klarheit, Anschaulichkeit der Darstellung, Entschiedenheit des Urteils. Ihm ist daran gelegen, tatsächlich verstanden zu werden.

Die Bücher sind sein Leben. In seiner Wohnung Bücher. Nichts als Bücher. Und das Leben? Manchmal läßt er es herein durch das Panoramafenster, um den blauen Dunst der Zigarillos zu vertreiben. Seine Wohnung ist ein Schneckenhaus, dessen Wände aus gesammelten Werken bestehen.

Kleist, Heine, Hesse, Novalis, Canetti, Brecht, Böll, Frisch und so weiter. In diesem Schneckenhaus bewegt sich sein Bewohner, 69 Jahre alt, wie ein guter Bürger korrekt gekleidet – zwischen Arbeitstischen und Wandregalen, dem unablässig klingelnden Telefon, Manuskripten, Korrekturfahnen, Zeitungsausschnitten – mit der Sicherheit eines Blinden. Draußen geht ein Tag zu Ende. Für die Jahreszeit und diese Stadt (ein Wintertag in Frankfurt) ist der Himmel besonders eindrucksvoll. Aber man wird Herrn Reich-Ranicki darauf nicht aufmerksam machen dürfen, weil ihn das nicht sonderlich interessiert. Natur interessiert ihn nicht, ebensowenig ihre künstlerische Umsetzung, die Malerei. Der Besucher sollte sich hüten, falsche Fragen zu stellen, die werden schroff abgewiesen. Wie Reich-Ranicki überhaupt gerne die Fäden in der Hand behält, auch in kleinen Dingen gerne Macht ausübt, indem er lobt oder tadelt, aber immer so, daß man darauf nicht gefaßt ist. Wie kann man mit einem wie ihm über die Liebe reden?

Fangen wir an:

Elle: Ich habe nirgendwo, auch nicht in den Interviews, die mit Ihnen geführt wurden, einen Satz gelesen, der Ihre Beziehung zu einer Frau erläutert. Dabei weiß ich, daß Sie seit 50 Jahren verheiratet sind. Ihre Frau heißt Teofila.

Reich-Ranicki: (mürrisch) Und?

Elle: Warum verschweigen Sie Ihre Frau?

Reich-Ranicki: Ich verschweige sie nicht. Was kann ich dafür, wenn man mir diese Frage nicht gestellt hat?

Elle: Dennoch habe ich in einem Aufsatz von Walter Jens etwas über Ihre Frau gelesen. Ich zitiere: »Sei also dankbar, daß da jemand ist, der dafür gesorgt hat, daß du am Ende kein Beckmesser, kein gnadenloser Jahwe auf dem Horeb der Literatur, sondern ein Mensch geworden bist.« Viele Ihrer Freunde sagen, Ihre Frau sei so etwas wie die gute Seele des Hauses. Was sagen Sie dazu?

Reich-Ranicki: Es freut mich.

Elle: Wir wollen ja versuchen, über die Liebe zu reden. Würden Sie Ihre Beziehung zu Ihrer Frau schildern?

Reich-Ranicki: Wollen Sie das wirklich hören? (eine lange Pause) Aber paßt das in die Zeitschrift *Elle*, solche düstere Sache?

Elle: Die Elle-Leser wissen sehr wohl, daß das Leben nicht nur aus heiteren Tagen besteht.

Reich-Ranicki: Mhmm.

Elle: Sie haben Ihre Frau 1940 in Warschau kennengelernt. Sie waren nach Ihrem Abitur in Berlin nach Warschau deportiert worden ...

Reich-Ranicki: Im Januar 1940 lebte ich in Warschau. Es gab plötzlich, am 21. Januar 1940, im Hof des Hauses einen Menschenauflauf. Es stellte sich dann heraus, daß einer der Bewohner dieses Hauses Selbstmord verübt hat. Meine Mutter sagte mir: Geh sofort dahin, da gibt es eine Tochter, kümmere dich um sie. Ich bin hingegangen, sie war neunzehn und auch ich war damals neunzehn. Unter diesen Umständen habe ich meine Frau kennengelernt.

Wir sind dann, 1943, aus dem Warschauer Ghetto geflohen, nachdem ihre Mutter schon tot war. Sie wurde deportiert und vergast und meine Eltern ebenfalls. (Pause) Ich hatte in der Schule oft Balladen gelesen oder Novellen, in denen davon die Rede ist, daß eine Frau ihr Leben riskiert, um einen Freund, einen Geliebten, einen Ehemann zu retten. Das kannte ich sehr wohl, aber nur aus der Literatur. Ich habe damals 1943, 1944 zum ersten Mal in meinem Leben so etwas in der Realität kennengelernt. Nach der Flucht aus dem Ghetto war die Chance zu überleben für meine Frau sehr viel größer als für mich. Verwandte meiner Frau haben ihr angeboten, sie zu retten, und hatten hierzu relativ gut Möglichkeiten, aber unter einer Bedingung: nur sie könnten sie retten, nicht mich ...

Elle: Ein tragischer Konflikt ...

Reich-Ranicki: Vor dem Dilemma stehend, ob sie das Angebot ihrer Verwandten annehmen und mich allein lassen sollte, hat sich meine Frau sofort entschieden, ohne mich überhaupt zu befragen. Sie hat mein Leben gerettet.

Elle: Sie haben am Anfang gesagt, daß Sie diese Form aufopfernder Liebe aus der Literatur bereits kannten. Nun gibt es ja eine Zeit bei allen Heranwachsenden, wo sie die Bücherschränke der Eltern durchforsten auf der Suche nach der Darstellung von Sexuellem.

Reich-Ranicki: Zwei Dinge kann ich Ihnen erzählen, die damit zusammenhängen. Ich hatte sehr früh – ich war viel zu jung – den »Faust I« gelesen und schon sehr wohl begriffen, daß Gretchen schwanger wird und ihr Kind tötet. Aber wo und wann wird eigentlich das Gretchen geschwängert? Das hat mich sehr interessiert. Ich habe gesucht und gesucht in dem Stück. Ich habe es nicht gefunden. Ich habe nicht gewußt, daß man derartiges zwischen den Szenen eines Dramas unterbringt und nicht auf der Bühne zeigt. Heute wird es ja gelegentlich auch auf der Bühne gezeigt.

Auskünfte über Sexualität habe ich in ganz anderen Büchern gesucht. Brockhaus, Meyers Konversations-Lexikon, da habe ich unter verschiedenen Stichwörtern wie Geschlechtsteile, Beischlaf und so weiter nachgeschaut. Aber ich habe noch eine andere Erinnerung. Ich war zwölf Jahre alt und hatte eine Cousine, die 14 Jahre alt war. Sie hat mir etwas Sensationelles gezeigt, nämlich ein Exemplar von Hermann Hesses Roman »Narziß und Goldmund«, in dem alle Sexualstellen angestrichen waren!

Elle: Weibliche List ...

Reich-Ranicki: Ja, aber ich muß Ihnen sagen, daß ich durch diese Lektüre sehr verwirrt wurde. Denn es heißt in dem Buch, Goldmund habe mit einer Frau in einem Chaussee-Graben geschlafen. Und dann kam ein Satz, der mich erstaunte. Da stand sinngemäß »und dann hat sie ihm fünf Kinder geboren«. Ich war völlig verblüfft und fragte, ob man vielleicht nach einem Geschlechtsverkehr mehrere Kinder bekommen könne ...

Elle: Gab es auch eine Situation, wo Sie versucht haben, in der

Literatur eine Erklärung für den Liebeskummer, für das merkwürdige Verhalten von Mädchen zu finden?

Reich-Ranicki: So richtig kennengelernt habe ich die Liebe erst später, mit achtzehn, neunzehn. Deshalb hat vieles beim Lesen in vorangegangenen Jahren Eindruck gemacht. Ich erinnere mich noch heute an den Roman »Das Gänsemännchen« von Jakob Wassermann, da gibt es eine Szene, wo eine Frau sich entkleidet, der Mann möchte sie nackt sehen, und sie macht das Licht aus, zieht sich aus und öffnet das Ofentürchen: Er sieht Schamhaare, beleuchtet von der Glut des Feuers. So effektvoll und schwülstig wurde Sexuelles zur Zeit der Entstehung dieses Romans – das war noch im Kaiserreich – dargestellt, und das hat natürlich einen Jungen im Pubertätsalter sehr beeindruckt.

Elle: Haben Sie sich je in eine literarische Figur verliebt?

Reich-Ranicki: Eines meiner größten Theatererlebnisse in ganz frühen Jahren war eine Aufführung von »Romeo und Julia«. Das war für mich erotisches Theater. Ich weiß nicht einmal, ob es eine gute Aufführung war.

Elle: Wer ist für Sie heute ein Schriftsteller, der erotisch schreibt?

Reich-Ranicki: Max Frisch, zumal seine Romane »Stiller«, »Homo Faber« und »Mein Name sei Gantenbein«. In diesen Romanen spielt die Erotik eine große Rolle. Es gibt einige wunderbare erotische Geschichten von Heinrich Böll. In seinem Roman »Ansichten eines Clowns« zeigt er die Leiden eines jungen Mannes, der von seiner Freundin verlassen wird. Weiter. Natürlich finden sich bei Thomas Mann herrliche erotische Szenen, so im »Zauberberg« oder die homoerotischen im »Tod in Venedig«.

Unvergeßlich ist mir auch »Die Widmung« von Botho Strauß. Und gerade im letzten Herbst sind einige sehr schöne Liebesgeschichten einer noch wenig bekannten Autorin erschienen: »Nachtblind« von Undine Gruenter.

Elle: Warum nennen Sie nicht Nabokov?

Reich-Ranicki: Weil ich jetzt von deutschen Autoren sprach.

Wenn Sie an ausländische Literatur denken, dann muß man natürlich Nabokov nennen, zumal »Lolita«, auch John Updike, ferner Milan Kundera, dann, ganz wichtig, die Französin Marguerite Duras. »Der Liebhaber« ist unvergeßlich.

Elle: Das bringt mich auf die Kernfrage. Man behauptet, Sie erkennen die Schönheit einer Landschaft, einer Frau, einer Situation nur in der Literatur. Aber nicht im wirklichen Leben.

Reich-Ranicki: Von Hans Werner Richter wurde in die Welt gesetzt, daß ich mich nur für Druckerschwärze interessiere, daß nur die Literatur meine Teilnahme wecken könne. Das ist aber Unsinn. Ich habe mich schon ziemlich oft in Frauen verliebt. Es stimmt nicht, daß nur die Literatur für mich von Bedeutung ist.

Elle: Was ist für Sie wichtiger?

Reich-Ranicki: Ach, wenn ich ganz ehrlich sein soll, kann ich das nicht unterscheiden. Die Literatur führte zur Liebe und die Liebe zur Literatur, das eine hatte das andere bedingt und zur Folge gehabt. Gefällt Ihnen die Antwort nicht?

Elle: Ich verstehe Sie nicht.

Reich-Ranicki: Durch die Liebe wird das Individuum in einen eigentlich nicht normalen Zustand versetzt. Der Mensch empfindet seine Umgebung wenn er verliebt ist, ungleich intensiver. Es ist ja fast ein Klischee, daß junge Menschen in der Regel selten Gedichte lesen. Diese jungen Menschen verlieben sich – und plötzlich sind sie an Liebesgedichten interessiert. Das heißt: die Liebe hat sie zur Literatur geführt. Ist das klar?

Elle: Ja.

Reich-Ranicki: Nun umgekehrt: Ein junger Mensch liest einen Liebesroman. Und das kann in ihm sehr wohl die Sehnsucht nach einer Frau wecken. Eine Sekretärin, die immer meine Kritiken für die FAZ abschrieb, hat einmal gesagt, es sei merkwürdig, daß in meinen Kritiken so oft von der Liebe die Rede sei. Ja, es stimmt: Die Liebe in der Literatur interessiert mich sehr und immer noch.

Elle: Dann ist es gewiß auch kein Zufall, daß die vier Gedichte, die Sie für die »Frankfurter Anthologie« interpretiert haben – ich habe sie in dem Insel Taschenbuch 794 mit dem Titel »Über die Liebe« gefunden – allesamt eben Liebesgedichte sind.

Reich-Ranicki: Natürlich ist es durchaus kein Zufall. Es sind Gedicht von Walther von der Vogelweide, Paul Fleming, Goethe und Brecht – und jedes hat zusammen mit meiner Deutung mit einem persönlichen Erlebnis zu tun.

Elle: Das kann man aber den Interpretationen nicht so entnehmen.

Reich-Ranicki: Vielleicht doch, nur muß man auch zwischen den Zeilen lesen. Der Kritiker, der über Gedichte oder Romane anderer Autoren schreibt, kann nicht umhin, zugleich auch etwas über sich selber zu sagen. Aber man mag allerlei von einem Kritiker erwarten, der Exhibitionismus gehört nicht dazu.

Elle: Wie empfinden Sie denn den Zustand des Liebens?

Reich-Ranicki: Daß es das höchste Glück auf Erden sei, wurde schon oft genug gesagt. »Es irrt der Mensch, solang er strebt« – heißt es im »Faust«. Ich habe mir erlaubt, dieses berühmte Wort abzuwandeln: »Es strebt der Mensch, solang er liebt.«

PARODIEN

Friedrich Dürrenmatt
»Schädelstätte«

Striptease

Das Literarische Caféhaus – 1047. Folge

(1967)

Teilnehmer: Marcel Reich-Ranicki, Walter Jens, Hans Mayer, ein Rundfunksprecher

Sprecher: Guten Abend, liebe Hörer, hier ist das dritte Programm des Senders Freies Berlin und des Norddeutschen Rundfunks. Sie hören die 1047. Folge unserer Sendung »Das Literarische Caféhaus«. Zu Gast im Studio sind heute abend der Kritiker Marcel Reich-Ranicki und die Professoren Walter Jens und Hans Mayer.

Ranicki: Willkommen, liebe Hörer, zur 1047. Folge unserer Sendung »Das Literarische Caféhaus«. Neben mir im Studio mein alter Freund Hans Mayer, der auch schon in der 1046. und 1045. Folge unserer Sendung mit dabei war und der, wie wir alle hoffen, auch in der nächsten, der 1048., Folge mit dabei sein wird. Wie steht es damit, Hans Mayer, dürfen wir auch in der nächsten Folge auf Sie rechnen?

Mayer: Nachdem mich Reich-Ranicki so freundlich eingeladen hat, kann ich nicht mehr nein sagen. Ich komme gerade, was die Hörer des »Literarischen Caféhauses« sicherlich interessieren dürfte, von der deutsch-französischen Germanistentagung in Straßburg, wo mein guter Freund Robert Minder, den Sie alle kennen, in einer fulminanten Rede zum Thema Gottfried Keller anläßlich der Verleihung des Johann-Peter-Hebel-Preises an den Lyriker Wolfgang Bächler, der übrigens ein paar tadellose Gedichte geschrieben hat –

Ranicki: Einen Augenblick, Hans Mayer, ich muß Sie leider

unterbrechen, ehe wir zum Thema kommen, und unseren Hörern unseren dritten Gast im Studio heute abend vorstellen, der Ihnen sicherlich kein Unbekannter sein wird, den verdienten Altphilologen, Professor der Rhetorik, Erzähler, Romancier, Dramatiker, den eloquenten Kritiker und streitbaren Publizisten, den zeitgemäßen Unzeitgemäßen und unbequemen Momos, den Sie alle aus den Spalten der *Zeit* kennen: Walter Jens.

Jens: Nachdem mich Reich-Ranicki mit nobler Geste, in zierlicher Lexis, mit epideiktischer Epitheta überhäuft hat, die mir gar nicht zukommen, muß ich das Kompliment zurückgeben an den Absender, den Sie, liebe Hörer, alle aus dem wöchentlichen Kolummnen der *Zeit* kennen, den mutigen Provokateur, streitbaren Anwalt der Vernunft und des rechten Maßes, den unerschrockenen Streiter, der oft Widerspruch, immer aber ein lebhaftes, zuweilen hitziges Echo provoziert hat, den Mann der spitzen Feder und des ätzenden Verstandes: Marcel Reich-Ranicki, der, wie ich schon anmerkte, Ihnen allen sicherlich kein Unbekannter mehr ist.

Ranicki: Vielen Dank, Walter Jens, für die freundliche Vorstellung, ich glaube, wir können jetzt zur Sache kommen, zu dem Thema des heutigen Abends, das ich mir zusammen mit Hans Mayer und Walter Jens, die beide neben mir hier im Studio sitzen, zurechtgelegt habe für unser Gespräch im »Literarischen Caféhaus« heute abend. Walter Höllerer, dessen Verdienst um die deutsche Gegenwartsliteratur unbestritten ist, hat vor einiger Zeit in seiner Zeitschrift *Akzente* die polemisch gemeinte Frage gestellt: Haben die ›Jungen‹ wirklich nichts zu sagen? Ich möchte die Frage erweitern, ich möchte fragen: was ist eigentlich der Grund, daß die jungen Autoren heute so viel schreiben, anders ausgedrückt. Warum schreiben sie überhaupt, warum eigentlich? Ich sehe, während ich spreche, wie Hans Mayer auf seinem Stuhl unruhig wird, er hat schon lange geschwiegen, er möchte etwas sagen zu unserem Thema, Hans Mayer hat das Wort.

Mayer: Ich merke an, ich stelle mir vor. Man ist Literaturhistoriker oder man ist es nicht. Ich könnte bei der Schlesischen Dichterschule anfangen, aber ich will es bei der Drohung bewenden lassen. Der Göttinger Hain, der Sturm und Drang, Lenz und Goethe, die Jenenser Romantik, Gutzkow und Heine, das Junge Deutschland, der Münner Dichterkreis, später die Expressionisten, die Gruppe 47, die Gruppe 61 –

Jens: Sehr richtig. In einem Augenblick, da die Raum-Zeit-Überschaubarkeit den Schriftstellern als Zentralproblem erscheint, muß auch der Analytiker versuchen, mit Hilfe der Synopse Weite und Tiefe zugleich zu betrachten. Wir sammeln und schauen zurück: Simultanspiele vom Hoangho bis zur Weser. Wir führen einen Dialog mit der Vergangenheit, dessen Ende niemand absehen kann. Alexandrien: was damals geschah, wiederholt sich in unseren Tagen – kühne Metamorphosen, Umdeutungen des einmal Fixierten, Etüden und Repetitionen, ironische Kommentare, der Kontext zum Text, die Glosse am Rand!

Ranicki: Alles schön und gut. Aber wie steht es mit der Gegenwart? Nehmen Sie zum Beispiel den Fall Handke.

Mayer: Was Handke meint, ist doch folgendes ...

Jens: Reich-Ranicki hat nach der Gegenwart gefragt. Wo ist diese Gegenwart? Ich suche vergebens nach ihr in den Werken unserer Schriftsteller. Der Poet des 20. Jahrhunderts klammert seine Gegenwart aus und läßt einen weißen Fleck zwischen Perfekt und Futur. Man muß ins Gestern hinabtauchen, um das Heute zu verstehen. Lebend im Angesicht des dritten Jahrtausends, herangewachsen im Schatten der Bombe, unterrichtet zu Füßen des Babylonischen Turms gehen die Autoren ans Werk. Deshalb von Freud bis Jeffers, von Anouilh bis Döblin, immer wieder das gleiche: einerlei, ob die von Delos heimkehrenden Schiffe Sokrates' Tod mit sich führten oder ob ein Gewitter den Himmel über Golgatha zerriß: heute plant Le Corbusier in gleicher Weise für Rio de Janeiro und Ahmedabad; der junge Schwede lernt von Hemingway und der Amerikaner von Camus.

Ranicki: Vielen Dank, Walter Jens, für diesen klärenden Beitrag. Ich möchte an einem anderen Punkt einhaken, den, glaube ich, Hans Mayer ins Gespräch gebracht hat.

Mayer: Vielleicht ist mir gestattet, dies gleich selbst auszusprechen. – Ich muß Grundsätzliches anmerken. Mein Freund Thomas Mann sagte einmal: Man ist Literaturhistoriker oder man ist es nicht. Ich frage mich: Warum schreiben die jungen Leute eigentlich? Das Literarische Colloquium zum Beispiel. Die Verdienste Walter Höllerers um die deutsche Gegenwartsliteratur sind unumstritten. Aber ich frage mich doch, wenn ich die Autoren des Literarischen Colloquiums betrachte, warum schreiben sie?

Ranicki: Ich stimme Hans Mayer voll und ganz zu, wenn er diese bedeutungsvolle Frage stellt. Allerdings würde ich, wenn er das Literarische Colloquium nennt, eine Ausnahme machen. Ich meine den jungen Peter Bichsel. Aber die Ausnahme bestätigt nur die Regel.

Jens: Und Hubert Fichte.

Mayer: Ja, Fichte unbedingt. Fichte hat ein paar sehr anständige Prosastücke geschrieben. Im übrigen bin ich keineswegs mit dem einverstanden, was Walter Jens und Reich-Ranicki gesagt haben. Ich stelle mir vor, ich merke an. Die junge Generation provoziert nicht, sie ist konformistisch. Sie begnügt sich mit unverbindlichen formalen Experimenten. Wir Alten sind heute die wahren Nonkonformisten.

Jens: Warum sang niemand seit Hofmannsthals Zeiten das Preislied lebenslanger Bewährung, während man den Coitus vokabelreich und peinlich-penibel beschrieb? Wer etwas auf sich hält, bleibt im Chaos und versucht sich an Moralitäten nur auf ironische Weise.

Ranicki: Ja und nein. Walter Jens hat recht; andererseits finde ich die jungen Autoren von heute viel zu brav. Sie wagen nichts. Was sie schreiben, ist banal. Wenn ich einen Roman lese, dessen Held Melchior oder Balthasar heißt, dann interessiert mich das nicht. Warum immer so ausgefallene Namen? Warum nicht

Hans oder Karl? Einen Roman schreiben, dessen Held Melchior oder Balthasar heißt, das kann ich auch.

Mayer: Ich auch.

Jens: Ich auch.

Ranicki: Übrigens ist es bezeichnend, daß in Deutschland, im Gegensatz zu anderen Ländern, die Literaturkritik noch immer nicht als vollwertige Gattung anerkannt ist, daß sie nach wie vor mit kleiner Münze gehandelt wird. Eben sehe ich, wie der Techniker hier im Studio das rote Lämpchen aufleuchten läßt, die Sendung ist gleich zu Ende. Hans Mayer fliegt übrigens heute abend, wie er mir im privaten Gespräch anvertraute, nach Mailand zum deutsch–italienischen Germanistenkongreß; er wird über Brecht sprechen.

Mayer: Ich werde unbequeme Dinge sagen.

Ranicki: Vielen Dank, Hans Mayer, vielen Dank, Walter Jens, für Ihre Mitwirkung im »Literarischen Caféhaus« hier im Studio heute abend, vielen Dank, liebe Hörer, daß Sie es ausgehalten haben mit uns bis zuletzt. Das Thema unserer nächsten Sendung, der 1048. Folge im »Literarischen Caféhaus«, heißt: Wann hören die jungen Autoren endlich auf zu schreiben? Wir hoffen, daß wir wiederum Hans Mayer und Walter Jens dazu bekommen können und vielleicht auch Erich Fried, der diesmal leider nicht mit dabeisein konnte. Bis dahin auf Wiedersehen, liebe Hörer, und gute Nacht.

Sprecher: Hier ist der Sender Freies Berlin und der Norddeutsche Rundfunk. Sie hörten die 1047. Folge unserer Sendung »Das Literarische Caféhaus«. Es folgen Wasserstandsmeldungen.

KARL HOCHE

Marcel Reich-Ranicki: Avantgardistisches im Anhang

(1971)

Ein Buch liegt vor uns. Es ist die neueste Folge einer wohlbekannten Reihe. Muß der Kritiker da nachsichtig sein? Hat er seine ästhetischen Ansprüche herunterzuschrauben? Hebt er vielleicht einen Einzelband zu sehr heraus, wo es doch um die ganze Reihe geht?

Die Antwort liegt auf der Hand. Je genauer und unnachsichtiger er ist, desto mehr wird er das Talent des betreffenden Autors, falls sich ein solches ankündigt, fördern, indem er ihm seine Schwächen verdeutlicht. Und wenn man ihn dann als grausam schilt, so wird ihn das nicht scheren dürfen, ein feines Sensorium für die zartesten Regungen literarischen Schaffens sowie starke Nerven gegenüber unvermeidbaren Angriffen gehören nun einmal zu unserem Beruf; wer beides nicht hat, sollte lieber die Finger davon lassen.

Wenden wir uns nun unter diesen Voraussetzungen dem Buch

›TeBe-Kalender 1971‹, Ausgabe F; 3,15 DM

zu, so stößt zunächst dessen äußere Erscheinung ab. Auf einem durch und durch gleichfarbigen Hintergrund steht lediglich die Zahl 1971. Will man wirklich das sinnliche Wahrnehmungsvermögen des Lesers anreizen? Sagen wir es offen, meines wird davon keineswegs stimuliert. Unangenehm berührt schlagen wir nunmehr das Buch auf. Werden wir die Spuren eines neuen Talents ertasten? Oder wird es wieder eine dieser zahllosen Eintagsfliegen sein? Wird uns das Buch etwas sagen über die reale Wirklichkeit, oder werden unsere erwartungsvollen Hoffnungen wieder einmal enttäuscht werden? Werden wir nach seiner Lektüre mehr wissen über den Autor, über uns, unser Leben – die Art unseres Leidens und Liebens also – wird er diesem neue Seiten abgewinnen, oder werden wir weniger wissen? Simple Fragen, gewiß. Aber wird uns die Antwort befriedigen?

Nichts wird vom Kritiker mehr verlangt als unverhüllte Klarheit seiner Kritik. Machen wir uns nichts vor: mit Drumherumreden ist noch kein Talent gefördert und kein fehlendes Talent aufgezeigt worden. Um das Kind ganz klar beim Namen zu nennen, dieses Buch hat mir einige unvergeßliche Minuten verschafft, die Hälfte davon schöne, die andere Hälfte häßliche. Man sieht daraus, daß es eine starke gegensätzliche Polarität in sich vereinigt, überraschend exzellenten Stärken stehen ebenso herausragende Schwächen gegenüber.

Was bei der Lektüre sofort aufhorchen läßt, ist unschwer zu sagen. Wir finden nämlich etwas, das in der deutschen Literatur sehr selten geworden ist, eine Geschichte, die vom Stoff lebt, einen ruhigen, klaren, gegliederten Erzählfluß, der nur an den Monatsenden von abrupten Brüchen, die nichts als modische Mätzchen sind, verunstaltet wird: *»Sonntag 31. Januar, Montag 1. Februar.«* Ansonsten zeigt der Autor die nüchternen Realitäten, so wie wir sie alle kennen, und doch geschieht dies in einer rhythmischen federnden Prosa. Wer will uns eigentlich weismachen, daß diese prosaische Wirklichkeit in der sogenannten hehren Kunst nichts zu suchen hat? Doch nur Leute, die sich an Romantizismen und verschwommene Illusionen, an irgend etwas weihevoll Mythisches, kurz: an das Unwirkliche in der Kunst gewöhnt haben und es nun nicht mehr missen wollen. Dabei ist Kunst – leider muß ich wieder einmal über Elementares sprechen – Wirklichkeit, ins Parabolische überhöht. Warum darf eigentlich heute keine reale Wirklichkeit mehr erzählt werden, wer will uns verbieten, daß wir uns an einer Darstellung erfreuen, die einen Anfang, einen Fortgang und ein plausibles Ende hat? Dieses Buch ist eine der vielen Beweise, daß auch heute noch Reales erzählt und gelesen werden kann. Das wieder einmal bewiesen zu haben, wird das bleibende Verdienst dieses Buches sein.

Leider muß ich nun alle diejenigen enttäuschen, die glauben, damit wäre das Buch hinreichend gewürdigt und die sich vielleicht schon heimlich fragten, ob denn diesmal der Verriß ausbliebe. Ich habe nämlich von einer bedauerlichen Entgleisung zu sprechen, die die Lektüre streckenweise zu einer Qual und damit das Buch schwerlich überzeugender macht. Warum? Nun, ganz einfach: sei es, daß es ihm eine verantwortungslose Kritik eingeblasen hat, sei es, daß er so was für »modern« hält, es werden im zweiten Teil die albernsten und kindischsten Experimente veranstaltet, die ich seit langem lesen mußte. Da wird nicht sonderlich originell Unzusammenhängendes völlig willkürlich nebeneinander gestellt, Postgebühren neben ein Verzeichnis der Millionenstädte, und was derlei altmodischer und pubertärer Unfug mehr ist, der doch nur eine Leere tarnen soll. Ist das der literarische Stil einer neu heraufkommenden Generation? Sind für sie Aufbruch und Stilbruch dasselbe? Ich stelle die Frage: Was geht mich das an? Wann wird dieser Irrsinn in der deutschen Literatur endlich aufhören? Wir wollen diese Ausflüsse einer total unfähigen Impotenz nicht lesen. Das soll der Autor im stillen Kämmerlein mit sich ausmachen, wir wollen sehen, was bei seinen Kämpfen herausgekommen ist, nicht, wie es dazu kam. Ist das unbillig? Natürlich nicht. Auch aus diesem Grund mußte das Buch im Fragmentarischen steckenbleiben. In dem Kapitel ›Erste Hilfe‹ lesen wir: *»Sonnenstich. Kleider öffnen, den Patienten in den Schatten bringen und eiskaltes Wasser auf den Kopf gießen.«* Das Leiden des Autors und die Behandlung, welche man ihm angedeihen lassen sollte, kann man wahrhaftig kaum besser formulieren.

Nein, die Fähigkeiten dieses Autors liegen mitnichten im Experimentellen, sondern auf einer ganz anderen Ebene. Er vermag auch weniger originelle Handlungsfäden auf höchst kunstvolle Weise zu verknüpfen, aufzulösen und neu zu knüpfen, er hat in der Darstellung der verschiedenen Ebenen des Buches wenn auch nicht Außerordentliches, so doch einiges zu bieten, er beherrscht die Regeln der Komposition, er wahrt alle Dimensionen der Proportion. Wo er gut ist, schreibt er verständlich und doch nicht bieder, kalkuliert und doch nicht preziös, lebenswahr und doch nicht banal, bildhaft und doch nicht ausschweifend, subtil und doch nicht tüftelnd, harmonisch und doch nicht leer, spannend und doch nicht kolportagehaft, einfach und doch nicht simpel, gegenwartsnah und doch nicht leitartikelhaft, reif und doch nicht altklug, frischoriginell und doch den von der seriösen Literaturkritik aufgestellten Anforderungen an das schriftstellerische Handwerk genügend.

Leider ist er nur im ersten Teil gut, dann aber erschreckend schlecht, und zwar immer dort, wo der zynische Experimentator den protokollarischen Erzähler und dieser den konvexen Paraboliker verdrängt. Der Autor, ein melancholischer Zyniker und ein leidender Protokollant, wird es nach seinen Irrungen schwer haben, den richtigen Weg zu finden. Wenn er sich in Zukunft auf sein wirkliches Ziel besinnt, nämlich eine konkrete, sinnlich nachprüfbare Wahrheit in einer gegenständlichen, anschaulichen Erzählweise zu präsentieren, diese Erzählung parabolisch überhöht und dazu seine dummdreisten Formexperimente unterläßt – um es kurz zu machen: Wenn er gewisse Mindestbedingungen künstlerischer Qualität erfüllt – dann werden wir sein Buch ›1972‹ mit der gleichen Spannung erwarten wie das vorliegende.

Anständiges Sonett

Schreib doch mal ein anständiges Sonett
St. H.

Komm beiß dich fest ich halte nichts
vom Nippen. Dreimal am Anfang küß
mich wo's gut tut. Miß
mich von Mund zu Mund. Mal angesichts

der Augen mir Ringe um
und laß mich springen unter
der Hand in deine. Zeig mir wie's drunter
geht und drüber. Ich schreie ich bin stumm.

Bleib bei mir. Warte. Ich komm wieder
zu mir zu dir dann auch
»ganz wie ein Kehrreim schöner alter Lieder«.

Verreib die Sonnenkringel auf dem Bauch
mir ein und allemal. Die Lider
halt mir offen. Die Lippen auch.

FRANZ JOSEF GÖRTZ*

Ständiges Sonett

Sind Schweinereien drin?
M. R.-R.

Komm, nimm mich ganz, ich halte nichts
vom Blättern. Greif zu, greif fest in meine Seiten,
sei Ruhestörer, widersprich beizeiten,
sei Du die Stimme des Gerichts.

Entgegne, prüfe nach, greif immer wieder zu,
sei streng mit mir und laß mich wissen,
in leisen Hymnen, lauteren Verrissen,
was Dir gefällt, was nicht. Du,

sei mein Lehrer, der mich schilt und kost,
und sei mein Maß, das Maß der kleinen Schritte
der deutschen Poesie in West und Ost,

sei Du mein Meister – dies ist eine Bitte,
die fünfundzwanzig Jahre Dir im Ohre tost.
Die andere ist: sei stets in meiner Mitte.

* Das Gedicht widmete der Literaturredakteur der FAZ Marcel Reich-Ranicki zum 21. Juli 1983, dem Tag, an dem er 25 Jahre in der Bundesrepublik war.

Michael Mathias Prechtl
»Der Rezensent«

ECKHARD HENSCHEID

Herrmann Burrger

Von unserem Gastautor Marcel Reich-Ranitzkij

(1984)

Sagen wir es offen: Dies ist ein schlechter Bücherherbst. Die nachgeborenen Gegenwartsdichter stehen der Welt ratlos, ohnmächtig gegenüber. Sie sind nicht imstande, sie zu interpretieren durch die und mittels der Sprache. Das hindert die Schriftsteller freilich nicht, immer wieder großangelegte Romane zu versuchen, die sich dann prompt als mehr oder weniger interessante Fehlschläge erweisen. Diese Romane wollen zu viel leisten – und leisten dashalb zu wenig. Was immer von diesen sehr unterschiedlichen Büchern zu halten ist – sie zielen nur auf Provokation ab und gehen nicht aufs Ganze. Es sind Bücher der Ratlosigkeit – und nicht des zeitkritischen Psychologismus. Die Ratlosigkeit des Autors und seine Unfähigkeit, die Welt zu erklären, wird zwar akzentuiert und sogar zum Thema gemacht – aber es wird nicht versucht, die Sache an der Wurzel zu fassen. Es ist keine radikale Literatur – denn ›radix‹ bedeutet im Lateinischen Wurzel, Quelle, Ursprung. Nein, es ist dies in diesem Bücherherbst keine gute Literatur.

Der Kaiser ist nackt? Leider. Aber er lebt. Denn bisweilen glückt doch der überraschende Durchbruch, die blitzartige Erhellung, die auf das Schlimmste mit dem Schönsten reagiert. Ein solcher Fall ist der noch junge Schweizer Autor Herrmann Burrger.

In Herrmann Burrger, der im Aargau ebenso zuhause ist wie in der Bundesrepublik, verehren wir bereits heute ebensosehr den sensiblen Sprachkünstler wie den kompromißlosen Aufklärer, den poeta doctus ebenso wie den Bürgerschreck, den Magister ludens nicht weniger als den fröhlichen Vagabunden und Taugenichts, den engagierten Sozialkritiker Zolascher Prägung ebenso wie den Harlekin und den die Gesellschaft provozierenden Eulenspiegel, den Konservativen und Traditionalisten nicht minder als den wahrhaften Avantgardisten der spezifisch schweizerischen Prägung, wie wir ihn von Max Frisch, Dürrenmatt, Peter Bichsel und Gottfried Keller her kennen und schätzen. Herrmann Burrger ist nicht weniger der Meister der kleinen Form wie der Autor mit der Begabung, die große Form zu bewältigen; in seinem bisherigen Gesamtwerk finden wir ebenso die weitausholende Epik wie Elemente des Dramatischen und sogar Lyrischen. Und wenn wir uns fragen, was das Besondere, das spezifische Element ist, das uns in Herrmann Burrgers Büchern von Buch zu Buch mehr und neu bewegt und erregt, dann kann die Antwort – dessen bin ich sicher – nur lauten: Es ist die Sprache selber.

Ja, es ist jene Sprache, in der Seite für Seite, oft Zeile für Zeile, Buchstabe zu Geist und umgekehrt Geist zu Buchstabe wird. Mit anderen Worten: Sprache. Denn was wäre Sprache anderes als Belehrung und Aufklärung, Monolog und Dialog zugleich. Herrmann Burrgers Sprache ist die Sprache eines Schelmen und gleichzeitig eines Gelehrten. Dieser Autor ist ein Schelm, wie Till Eulenspiegel einer war und Leporello und Sancho Pansa und Oskar Matzerath, ja wie er selbst noch als Narr in Hofmannsthals Mysterienspiel wiederkehrt und sein Publikum mit Laune und Späßen gleichermaßen unterhält, belehrt und aufklärt – vom weitflächigen Panorama des Shakespearischen Narren ganz zu schweigen. Der Schweizer Autor Herrmann Burrger setzt somit eine Tradition fort, die mit der Commedia dell' Arte, mit Shakespeare und mit Cervantes begann, die sich mit Sterne und Fielding, Thackeray und Dickens, Voltaire und Diderot fortsetzte und die heute mit Carlos Fuentes, Miguel Angel Asturias, Hermann Borgers, Márquez, Sinclair Lewis, Fedor Michajlowitsch Dostojewskij, Max Frisch, Dürrenmatt, Peter Bichsel und Herrmann Burrger vorläufig endet. In Herrmann Burrger haben wir jene repräsentative schweizerische Dichtergestalt zu sehen und zu erkennen, die in Wahrheit eine europäische ist, ja eine der Weltliteratur! Es ist der Narr, der mit der Pose Hamlets und mit faustischer Gebärde dem Zeitgeist Leopold Blooms die Maske Pirandellos der Nietzscheschen Lebenslüge von jenem Kopf reißt, von dem zuletzt Günter Grass' (leider mißlungene) ›Kopfgeburten‹ handelten, wovon Literatur – und ich rede von guter Literatur! – immer und jederzeit handelt und wovon letztlich natürlich also auch Herrmann Burrger handelt und redet. Ja, es ist die Maske ebensosehr des

Von hier ab bei Privatlesungen Lautstärke und Emphase langsam nochmals steigern

Imperators wie des Weisen, der Anteilnahme, die aber auch Resignation ist – des Pädagogen aus der Tradition Pestalozzis wie des Sängers von den Sirenen. Virtuosität und Spontanität, Schmerz und Stil finden bei Herrmann Burrger zu einer poetischen Einheit wie sonst nur noch in der Lyrik von Ulla Hahn, und wie diese ist die Prosa von Herrmann Burrger frei von Epigonalem und Eklektischem. Und (scheinbar!) mühelos gelingt ihm wie Ulla Hahn die Verschmelzung des Überlieferten mit der eigenen Sprache. Herrmann Burrrger besingt das Elend der Welt mit Anmut, ihre Passion mit Schwermut, ihr Glück mit Übermut. Ein artistisches Bewußtsein und ein leidendes Temperament beglaubigen sich hier gegenseitig, die Musikalität der Sprache deckt sich mit dem Charme und dem Wohlklang der Wörter. Herrmann Burrrger zögert nicht, heute Prosa zu schreiben, in der ebenso epische Elemente vorhanden sind wie Fabeln und Parabeln – während Balladen und Moritaten bezeichnenderweise fehlen. Damit ist angedeutet, was der Leser Herrmann Burrrgers in erster Linie zu erwarten hat: den künstlerischen Ausdruck der Leiden und der Freuden. Und was wäre gute Literatur seit Polgar, Fontane, Goethe und Ulla Hahn je anderes gewesen als – ich scheue mich nicht zu behaupten – Hymnen voll Schmerz, beherzte Hinwendung zum Privaten, soziales Engagement sowie Idyllen voll Gram und Groll. Mit anderen Worten: Der von mir hier und jetzt entdeckte Schweizer Autor Herrmann Burrrger verkörpert in seiner Prosa das Narrentum des Weisen unter der proteushaften Maske des aufgeklärten Toren in der Tradition des Erasmus, des Sebastian Brant und des Peter Härtling. Aber anders als bei Peter Härtling, Gottfried Keller, Peter Handke, Wolfgang Koeppen, Hölderlin, Ulla Hahn und Archilochos begegnen wir bei Herrmann Burrrger auch immer jener Geste des Nichtmaskierten, des ebenso Schutz- wie Scheuklappenlosen, ja des Nichtgeschützten, welche Proteus mit Prometheus verbindet, den Doktor Faust mit Peter Huchel, und eben Herrmann Burrrger mit Ulla Hahn.

Ab hier möglichst nochmals zulegen bis zum Gehtnichtmehr

Zwar ist dies der seit Jahren schwächste Bücherherbst, aber was gesagt werden muß, muß auf möglichst einer ganzen FAZ-Seite auch gesagt und ausposauniert sein. Mit anderen Worten: Herrmann Burrrgers Domäne ist die Sprache, und die Domäne dieser Sprache ist die Prosa. Es ist dies keine pathetische Prosa und auch keine pathische, weder ist sie gar zu präzis noch zu preziös noch gar prätentiös – sondern es ist vielmehr eine fast nietzschehaft tanzende Prosa, eine Prosa des Springens, der Purzelbäume und der Salti Mortali. Ja, es ist dies die Prosa des Zirkus und der großen bajazzohaften Volksfeste, nicht die Prosa Kleists und Thomas Braschs und Goethes. Sondern eine Prosa ist es, die auch ohne lyrische Formen auskommt – selbst Film und Kabarett sind selten – und gar nicht vorhanden ist das Bauerntheater. Herrmann Burrrgers Prosa kennt kaum wie die von Günter Kunert und Sarah Kirsch den Endreim und den Jambus; im Unterschied zu Erich Fried und Ulla Hahn verzichtet sie auf Enjambement und Stabreim – Herrmann Burrrrrger schreibt weder Sonett noch Distichon, die strenge Form der Ghasel lehnt er ebenso ab wie die Asklepiadeische Ode Peter Hölderlins und Herrmann Klopstocks – nein, all dies hat Herrmann Burrrgers Prosa gar nicht nötig – sondern in unserer Eigenschaft als Pluralis maiestatis der guten gegenwärtigen deutschen Literatur erklären wir hiermit feierlich: In Herrmann Burrrrger verehren wir den Schmelz des Brillanten ebenso wie die Rasanz des Furiosen und die Gekonntheit des Psychologischen und Psychopathischen und was uns halt sonst noch unreglementiert an hartköpfigem Altherrenschmonsus aus der Volkshochschule von 1930 durch die Rübe rauscht. Es ist der aufklärerische Geist Schillers, Kants und Herders, der durch diese unsere Zeilen weht, das Erbe Hebels findet sich darin haargenau so wie das Herbert Hebbels, Hermann Hesses und Harry Hemingways. In Herrmann Burrrrrgers Büchern aber bewundern wir, was wir schon bei Peter Bichsel, Peter Rühmkorf, Peter Maiwald, Peter Huchel, Peter Handke, Peter Hamm und Peter Hahn bewunderten: Nichts. Der Rest ist Schweigen. Ich aber schweige noch immer nicht. Als Unser Lautester im Lande rrede ich. Ich rrede Schmarrren, Schmarrrrren, Schmarrrrrren! Doch schmarrrend halte ich die Stellung. Ich schmarrre – errgo sum.

HANNS JOSEF ORTHEIL

Das (ausgefallene) literarische Quartett (1989)

MRR: Guten Abend, meine Damen und Herren! Es liegt was in der Luft, unfehlbar, die Menschen strömen nach Frankfurt, man sagt, der Bücher wegen. Was ist da los, Busche?!

Busche: Ja, was ist da los?! Es handelt sich um ein typisch deutsches Beschäftigungssyndrom, nicht auszurotten, eine Anabasis wohl, die in zirkulären Rhythmen eine gewisse Durchsetzungspotenz annimmt, äh ..., oder ...

Sigrid Löffler: Herbst is ... Nix sonst ... Is Herbst ... Könn's net les'n? ... 's is Herbst.

Busche: Also da hätte ich was dazu zu sagen. Solchen Aussagen, gerade solchen Aussagen, die mich übrigens immer wieder überraschen, gerade solchen Aussagen, die ja nur bestätigen, was ich an Zirkulärem, äh ..., gerade das ...

MRR: Später, Busche! ... Nehmen wir die Geschichte beim Wort! Wer ist der wichtigste Autor deutscher Zunge, immer noch, ja gerade deswegen?!

Busche: Ginter Gras? Mortin Wolser?

Karasek: Also, Marcel, so königlich Sie das wieder einmal eingeläutet haben in all Ihrer Großherzigkeit ...

MRR: Hab ich? Wieso das?! Das müssen Sie mir erklären!

Busche: Das interessiert kein Schwein, wenn Sie das da jetzt erklären ...

Karasek: Moment mal, ich hab ja noch nicht einmal sagen können ...

Sigrid Löffler: 's is Herbst ... Nix sonst ... Wos redn's denn do? ...

Busche: Das sind Aussagen fundamentalistischer Provenienz, wie ich sie gerade von Ihnen nicht erwartet hätte ...

Sigrid Löffler: Herr Reich-Ranicki hot doch g'sogt ...

Busche: Gefragt hat er, hören Sie ruhig einmal zu! Und ich habe geantwortet: Ginter Gras! Mortin Wolser!

Karasek: Also, Marcel, das ist vielleicht doch noch nicht ganz das Wesentliche! Ich habe da so meine Bedenken!

Busche: Auch die interessieren niemanden. Da müßt' einer daherkommen, eventuell, der kompetenter wäre ...

Karasek: Gut, wir können auch so miteinander umgehen. Herr Busche hört nur nicht einmal zu!

MRR: Busche, nun laß er das mal! Ginter Gras, also ...

Sigrid Löffler: Jelinek! ... Ich sog' nur: Jelinek!

Busche: Wer?! Jelinek! Wer ist das?!

Sigrid Löffler: Typisch, Sie son a Verdränger. Der Sigmund Freud, der hot g'schriebn, die Verdränger ...

Karasek: Komm ich vielleicht auch mal zu Wort?! Ich glaube, wir alle haben doch das neue Buch von Ginter Gras gelesen, und da ist mir aufgefallen ...

Busche: Sie haben gelesen?! Sie?!

Sigrid Löffler: Besser hätten's getan, die Jelinek zu lesen! Das is ein furchtbares Buch, und in oll seiner Fürchterlichkeit ...

Busche: Geschenkt, ist doch geschenkt! Es handelt sich um ein typisches Produkt gewisser austrophobischer Zirkulationen, die nur ins Gewicht fallen ...

Karasek: Also, Marcel, ich frag Sie jetzt mal gerade heraus ... Ginter Gras ... oder Jelinek?!

MRR: Später, Kinder, später!

Busche: (undeutlich) Anabasis, zirkulär, ephemer ...

Karasek: Ich denk da immer an Brecht. Der Brecht hat ja einmal geschrieben, und er konnte das ja, so nebenbei etwas Böses schreiben, der Brecht hat geschrieben ...

Busche: Geschenkt! Von Ihnen hatte ich nichts anderes erwartet. Kommen wir endlich zu Gras?

Sigrid Löffler: Im Gegensotz zu Bernhard, der Thomas Bernhard hot a gonz ondre Lungn gehobt als die Jelinek ...

Busche: Sprachen Sie nicht eben noch vom Herbst? Sie sprachen doch von so etwas Diffusem?!

Sigrid Löffler: Hörn's doch zu, wenn i wos ...

Busche: Lächerlich, Herbst! Sie meinen wohl, nur im Herbst würden Bücher gelesen? Ich lese immer.

Karasek: Gott sei Dank, daß das einmal gesagt wurde. Also, Marcel, nun interessiert mich doch, was Sie über das neue Gras-Buch denken ... Sie halten sich so distinguiert zurück ...

Busche: Sie fallen immer wieder drauf rein. Das bringt einen noch um den Verstand. Wann ist Pause?

MRR: Danke. Karasek! Sie fragten mich nach Gras. Nun gut denn, ich will Ihnen sagen, was ich von dieser Prosa halte. Prosa!

Sigrid Löffler: Wos is'n dos, wos die Jelinek schreibt? Etwa keine Prosa?

Busche: Daß ich nicht lache ...

Karasek: Mit solchen Bemerkungen diffamieren Sie nur unser Gewerbe. Ich hatte erwartet ...

Busche: Ginter Gras interessiert mich nicht mehr. Wen interessiert der überhaupt noch?! Ich habe diese zirkulären Rhythmen satt ...

MRR: Nein, Busche, nein! So nicht! Auch ich habe mich schwergetan mit dieser Prosa, es ist eine Prosa, die es einem nicht leichtmacht, gewiß, aber es ist, noch immer, eine Prosa, die mich nicht langweilt. Und das ist das Wichtigste! Ein Buch darf alles, nur, es darf mich nicht langweilen.

Sigrid Löffler: Genau! Longweil'n tun mer uns eh' schon genug, wie hot mich der Bernhard gelongweilt ...

Busche: Kein Wunder! ... Kein Wunder! ... Weil Sie die Interdependenzen überlesen! ... Sie haben doch gar keinen Sinn für Interdependenzen! ... Jelinek ist absolut interdependenzenlos!

Karasek: Elfriede Jelinek hat ein neues Buch geschrieben.

MRR: Ich gebe zu, ich habe mich schwer getan mit diesem Buch. Manchmal hat es mich gelangweilt, ich gebe zu, selbst das, aber ... und das ist das Wichtigste ... es ist eine Prosa, die es einem nicht leichtmacht.

Busche: Es ist zum Verzweifeln ...

Sigrid Löffler: Donn verzweifeln's doch ... meinetwegen könn's verzweifeln ... Die Jelinek ist eine Frau ...

Busche: Ha!

Karasek: Na?

MRR: Frau Löffler hat das Entscheidende gesagt. Elfriede Jelinek hat ein neues Buch geschrieben, als Frau, die uns mitzuteilen versucht ...

Busche: Ich gehe.

Sigrid Löffler: 'S hält Sie niemand.

Karasek: Ich bin mir nicht sicher, ob es wirklich eine Rolle spielt, ob wir darüber reden sollten, daß die Jelinek als Frau ...

MRR: Ich habe da keine Bedenken. Was Prosa betrifft, habe ich nie Bedenken ...

Busche: Ich schon. Machen wir uns doch nichts vor. Wir haben ja nicht einmal Maßstäbe, das Zirkuläre von den Interdependenzen zu trennen, ganz zu schweigen ...

Sigrid Löffler: Als Mann fehlt Ihnen dös ...

Busche: Ruhe! Ich kann's nicht mehr hören ...

Karasek: Typisch, ganz typisch!

(Lauter werdender Tumult.)

MRR: ... Der Vorhang zu ... und alle Fragen offen!

CODA

PETER WAPNEWSKI

The podium is the message

(1970)

Nein, er zog kein Manuskript aus der Tasche. Aber Pfeile aus dem Zylinder. Es war eine Demonstration der Kompetenz. Kritik nicht als Profession, sondern als Passion. Kritik nicht als literarische Tätigkeit, sondern als Haltung. Nicht Leben, sich in Literatur umsetzend, sondern Literatur, sich umsetzend in Leben. Da braucht es kein Manuskript.

Der Großkritiker spricht, und selbst das behäbige Pult vor ihm verwandelt sich unter seinen Händen in eine Art von Angriffswaffe. Das Timbre seiner Stimme, gelegentlich schnarrend wie schartiges Blech, gleitet durch viele Tonlagen, schlägt plötzlich um in Diskant, singt die Leiter hinunter und verweilt in sonorer, Zutrauen verdienender Tiefe; verhält in ihrer Geläufigkeit, selbst die Pause ist von äußerster Eloquenz, dann bellt ein Wort heraus, ein Gegenwort wie »aber« oder »vielmehr«, und der lange Vokal, den das rollende »r« dann fortkatapultiert: das ist wie Zielen und Abdrücken.

Er hat etwas Entwaffnendes, wie alle Bewaffneten. Tänzelnd zumeist, aufstampfend dann und wann, bewegt er sich voran und erreicht immer ein Ufer – nicht ahnend wie dünn das Eis ist, das ihn trug. Vermutlich würde er sogar über den Wogen wandeln und diesen Vorgang für eine angemessene Huldigung der Natur an den Intellekt halten. Er hat etwas so Definitives. Dem durch Denken verstörten Literaturwissenschaftler verschlägt es Sprache und Arbeitsgerät angesichts der souveränen *docta ignorantia*, die hier mit einem Hieb, dort mit einem Stoß erledigt, was Generationen zu erkenntnistheoretischer Grübelei genötigt hat. Was ist das, »gute Literatur« oder »schlechte«; was ist das,

Kritik? Das Problem der Hermeneutik, Wahrheit und Methode, Urteilskategorien im Bereich der ungenauen Wissenschaften, Grenzziehung zwischen künstlerischem und wissenschaftlichem Verfahren, Verhältnis von Schreibendem und Publikum, die Verantwortung der Kritik, die Folgen von Rühmung und Vernichtung – dies und vieles andere mehr, seit langem heiß umrungene Gegenstände der Ästhetik, der Philosophie, der Philologie, der Literatursoziologie:

dem Großkritiker trägt es keine Verunsicherung ein. Denn er weiß nicht nur vieles und weiß nicht nur viel – er weiß überhaupt. Das gibt Stärke.

Und so entwickelt er denn, sich und andre aufreizend, sich selber eskalierend mit Hilfe des sich gefügig einstellenden Gedankens, des sich beflissen herandrängenden Wortes, des sich bereitwillig öffnenden Anekdotenschatzes seine Prinzipien – die er hat, aber niemals so nennen würde.

Für wen schreibt er? Für Leser. Binsenweisheit? Immerhin, er schreibt nicht für die unmittelbar von seinem Schreiben Betroffenen: nicht für Autoren, nicht für Verleger. Denn er glaubt nicht recht an seine pädagogische Wirkung auf diesen Kreis, das Leben hat ihn skeptisch gemacht.

Lesern hingegen will er Formeln liefern, »Formeln für Kunstindividuen«, und da er einer aus dem Geschlechte der Aufklärer ist, geht es ihm mehr um die lehrreiche Demonstration als um den demonstrierten Gegenstand. Das meint, er leistet es sich, nicht lediglich die »mit Werten« behaftete Literatur zu traktieren, sondern auch die andere, die vielgelesene, die er mit lockerer Zunge hinperlt: Will Heinrich etwa oder Luise Rinser oder Stefan Andres oder Alfred Andersch oder Rudolf Hagelstange. Nur daß ihn einmal ein Fan, »in Flensburg oder so«, mit einem Kritiker des unseligen Joachim Fernau verwechselt hat, entrüstet ihn. Es muß an einer äußerlichen Namensähnlichkeit liegen. Er hält sich zu Recht für unverwechselbar.

Seinem salzenen Charme ergibt sich das Publikum erst verblüfft, dann willig. Man fragt nach der Krise der Literaturkritik.

Krise? Sie wird kurzerhand zum Dauerzustand erklärt und solchermaßen ihres Krisencharakters entkleidet. (Es wäre mithin ein wie immer vorzustellender Nicht-Krisenzustand der eigentliche Krisenzustand?) Er belegt's mit Lessing; mit einmal diesem einmal jenem Schlegel; mit Fontane; mit Kerr mit Karl Kraus mit Ihering mit Sieburg ... Und jedem der's hört, wird klar: er ist auch einer von jenen.

Und Maßstäbe? Kriterien für das was »gut« ist oder »schlecht« und solchermaßen gepriesen wird oder vernichtet – und zwar, so argwöhnt man, denn doch wohl nicht ohne Folgen für den Autor und den Markt? Jawohl, es gebe Maßstäbe, in der Tat. Und er schlägt seinen Hörern diesen Maßstab hurtig um die Ohren: der sei nicht vorzeigbar, der müsse jeweils gegenstandsbezogen sein, flexibel, gewissermaßen vom Postulat der Verhältnismäßigkeit der Mittel bestimmt.

Das leuchtet ein. Die sich nunmehr andrängende Frage nach der praktischen Anwendbarkeit solcher gegenstandsbezogenen Kriterien hinkt allzu schwerfällig hinterdrein, der Redner sprengt längst weiter und zeigt sich angewidert von Begriffen wie »engagierte Literatur« oder »soziale Bedingtheit« oder »ökonomische Abhängigkeit«, nein, dergleichen ist allzu modisch. Wie denn, spricht ihre modische Ausbreitung gegen die solchermaßen ausgebreitete Sache? Ließe sich nicht ein Wort sagen zugunsten dessen, was unter unsern Augen démodé ist oder à la mode, vom Existentialismus über den Minirock bis zum Strukturalismus? Das klingt nicht übel, muß Odysseus einräumen, und er tut es lustvoll, denn mehr noch als Rechthaben macht ihm Spaß, dem Opponenten recht zu geben – um ihn dann um so deutlicher den Niederungen seines Irrtums auszusetzen, nachdem er selber mit einem Salto die nächsthöhere Stufe seines äquilibristischen Systems ersprungen hat. Jetzt argumentiert er biographisch, somit aufs zwangloseste sein Postulat vom jeweils dem Gegenstande anzupassenden Argument vorführend: all dieses Modewerk habe er (man erinnere sich vermutlich) in die Literaturkritik eingeführt, zum Ende jener fünfziger Jahre, als noch keiner etwas davon habe hören wollen. Heute, da es gängig ist, geht es ihn nicht mehr viel an.

Unzureichend sei sein kritisches Vokabular, so hat es Handke gezeigt, so wird ihm jetzt entgegengehalten am Beispiel des von ihm zärtlich präsentierten Verrisses eines sonst weitgelobten Buches. Unzureichend? Wahr, wie wahr, er sieht es ein, er gibt recht: gänzlich unzureichend, die Miserabilität des in Frage stehenden Textes wirklich darzulegen ...

Dialektik? Eine aphoristische Natur, und also immer im Recht. Nur: auch das Gegenteil mag richtig sein.

Ob er es weiß? Wir fragen es leise nur, es könnte ihn stören. Und das wäre schade, denn ihm gehört Respekt, weil er keine Angst hat; sich nicht bei jedermann beliebt macht; an die Überzeugungskraft der Vernunft glaubt; und sich oft verständig, immer verständlich ausdrückt. Das ist schon viel.

Und die Wahrheit? Lauter erfundene Wahrheiten.

ANHANG

QUELLENVERZEICHNIS

Herausgeber und Verlag danken den Rechte-Inhabern für die freundliche Genehmigung zum Abdruck der einzelnen Beiträge.

Martin Walser: Selbstporträt als Kriminalroman. In: Ders.: Gesammelte Geschichten; Suhrkamp Verlag, Frankfurt/M. 1983, S. 299–306; zuerst veröffentlicht in: *Frankfurter Allgemeine Zeitung* v. 14. 10. 1978.

Walter Jens: Seine großen Kollegen. In: Franz Josef Görtz (Hrsg.): Gründlich verstehen; Suhrkamp Verlag, Frankfurt 1985, S. 93–102.

Hans Werner Richter: Viel Feind, viel Ehr. In: Ders.: Im Etablissement der Schmetterlinge; Carl Hanser Verlag, München 1986, S. 226–234.

Helmut Koopmann: Über Kritik als geistige Lebensform. In: Dokumentation zum Zeitgeschehen in der Hansestadt Lübeck; Festschrift für Marcel Reich-Ranicki aus Anlaß der Verleihung des Thomas-Mann-Preises 1987, Lübeck 1987.

Hugo Dittberner: Der Mann in der Arena: In: *Text + Kritik*, Heft 100 (»Über Literaturkritik«), Oktober 1988, S. 10–22.

Thomas Beckermann: Kritiker – Lektor – Autor. In: *Text + Kritik*, Heft 100 (»Über Literaturkritik«), Oktober 1988, S. 77–81.

Wolfram Knorr: Keiner schießt mit spitzeren Pfeilen. In: *Die Weltwoche* v. 16. 2. 1989.

Hajo Steinert: Der letzte Literaturpapst dieses Jahrhunderts: Marcel Reich-Ranicki. In: W. Faulstich / G. E. Grimm (Hrsg.): Sturz der Götter?; Suhrkamp Verlag, Frankfurt/M. 1989, S. 229–248.

Roland Mischke: Am liebsten Klartext. In: *Der Standard* v. 17. / 18. 2. 1990.

Kein Leben ohne Lesen. Gespräch mit Werner Höfer. In: Werner Höfer: Spätlese – Echo der Jahre, Düsseldorf / Wien 1983, S. 202–218; zuerst veröffentlicht in: *Lui*, Heft 6 (1980).

»Die Miserabilität eines Buches springt in Auge.« Gespräch mit Elisabeth Kiderlen, Leo von Caprivi und Daniel Cohn-Bendit. In: *Pflasterstrand* v. 12.–25. 3. 1983.

Marcel Reich-Ranicki geht und bleibt. In: *Die Zeit* v. 30. 12. 1988.

»Ich habe manipuliert, selbstverständlich!« *Spiegel*-Gespräch mit Rolf Bekker und Hellmuth Karasek. In: *Der Spiegel* v. 2. 1. 1989.

Marcel Reich-Ranicki. Gespräch mit Herlinde Koelbl. In: Jüdische Porträts. Photographien und Interviews von Herlinde Koelbl; S. Fischer Verlag, Frankfurt/M. 1989, S. 191–201.

Über die Liebe und die Literatur. Gespräch mit Brigitte Blobel. In: *Elle* 2 (1990).

Hans Christoph Buch: Striptease. Das Literarische Caféhaus – 1047. Folge. In: Ders.: Kritische Wälder. Essays, Kritiken, Glossen; Rowohlt Verlag, Reinbek 1972, S. 138–141; zuerst veröffentlicht in: *Streit–Zeit–Schrift* VI, Heft 1 (1967).

Karl Hoche: Marcel Reich-Ranicki: Avantgardistisches im Anhang. In: Ders.: Schreibmaschinentypen; Deutscher Taschenbuch Verlag, München 1971, S. 116–119.

Franz Josef Görtz: Ständiges Sonett. In: *Tintenfaß* Nr. 15 (1986). Ulla Hahns Gedicht »Anständiges Sonett«, das als Vorlage für diese Parodie diente, stammt aus ihrem Gedichtband »Herz über Kopf«, Deutsche Verlags-Anstalt, Stuttgart 1981.

Eckhard Henscheid: Herrmann Burrger. Von unserem Gastautor Marcel Reich-Ranitzkij. In: Ders.: Frau Killermann greift ein. Erzählungen und Bagatellen; Hoffmanns Verlag, Zürich 1985, S. 302–307.

Hanns Joseph Ortheil: Das (ausgefallene) literarische Quartett. In: *Dieterichs Literaturbörse*, Nr. 7, Herbst 1989, S. 4.

Peter Wapnewski: The podium is the message. In: *Merkur* 24. Jg., Heft 9 (September 1970), S. 841–843.
Es handelt sich um einen Abschnitt aus der »Beschreibung einer Reihe« – nämlich von sieben Vorträgen, die im Sommer 1970 an der Universität Karlsruhe die Situation unserer Literatur nach *Kursbuch* 15 erörterte und innerhalb derer Marcel Reich-Ranicki den dritten Abend füllte.

Die hier nicht aufgeführten Beiträge wurden eigens für diesen Band verfaßt.

MARCEL REICH-RANICKI

Biographische Notiz

Marcel Reich-Ranicki wurde am 2. Juni 1920 in Włocławek geboren, einer an der Weichsel gelegenen polnischen Kleinstadt, in deren unmittelbarer Nachbarschaft bis zum Ende des Ersten Weltkrieges die deutsch-russische Grenze verlief. Sein Vater, David Reich, war ein polnischer Jude, seine Mutter, Helene, geborene Auerbach, eine deutsche Jüdin. Die Vorfahren waren väterlicherseits Kaufleute und mütterlicherseits seit Jahrhunderten Rabbiner. In seiner Geburtsstadt besuchte Reich-Ranicki eine deutsche Volksschule, doch siedelte die Familie 1929 nach Berlin um. Dort war er Schüler zunächst des Werner von Siemens-Gymnasiums in Berlin-Schöneberg und dann des Fichte-Gymnasiums in Berlin-Wilmersdorf. Im Herbst 1938, kurz nach dem Abitur, wurde er verhaftet und nach Polen deportiert.

Er lebte jetzt in Warschau und ab 1940 im Warschauer Getto, in dessen Verwaltung, dem »Judenrat«, er als Übersetzer tätig war. Anfang 1943 nahm er an einer Widerstandsaktion der Jüdischen Kampforganisation (ZOB) teil. Kurz darauf gelang ihm zusammen mit Teofila, geborene Langnas, die er 1942 geheiratet hatte, die Flucht aus dem Getto. Von nun an waren sie in Warschau im Untergrund. Sein 1973 erschienenes Buch *Über Ruhestörer – Juden in der deutschen Literatur* ist dem Andenken jener gewidmet, »die von Deutschen ermordet wurden, weil sie Juden waren. Zu ihnen gehören mein Vater David Reich, meine Mutter Helene, geb. Auerbach, und mein Bruder Alexander Herbert Reich.«

Nachdem er von der Sowjetischen Armee befreit worden war, blieb er weiterhin in Warschau. Wenig später trat Reich-Ranicki der Kommunistischen Partei Polens bei. 1946 gehörte er der Polnischen Militärmission in Berlin an, 1947 arbeitete er im Polnischen Außenministerium. In den Jahren 1948 und 1949 war er Konsul der Republik Polen in London. Im Herbst 1949 bat er aus politischen Gründen um seine Abberufung und kehrte nach Warschau zurück. Er wurde sofort aus dem Auswärtigen Dienst entlassen, aus der Kommunistischen Partei ausgeschlossen (offizielle Begründung: »ideologische Entfremdung«), inhaftiert und einige Wochen in einer Einzelzelle gefangengehalten.

Danach wurde ihm jedoch erlaubt, in einem großen Warschauer Verlag ein Lektorat für deutschsprachige Literatur zu gründen und zu betreuen. Ende 1951 mußte er die Verlagsarbeit aufgeben und konnte sich jetzt nur noch als freier Schriftsteller betätigen: Er befaßte sich mit der Kritik der deutschen Literatur der Vergangenheit und der Gegenwart. Aber Anfang 1953 hat das Zentralkomitee der Kommunistischen Partei weitere Veröffentlichungen von Reich-Ranicki untersagt. Erst während des »Tauwetters«, Ende 1954, wurde dieses gegen ihn gerichtete generelle Publikationsverbot aufgehoben.

Er schrieb Rezensionen und Essays, die in verschiedenen polnischen Zeitungen und Zeitschriften (vor allem in der Monatsschrift *Twórczość* und in der Wochenzeitung *Nowa Kultura*) und gelegentlich auch in DDR-Zeitschriften (so in der *Neuen Deutschen Literatur*) gedruckt wurden. Überdies verfaßte er ein Buch mit dem Titel *Aus der Geschichte der deutschen Literatur* (Warschau 1955), eine Monographie über *Die Epik der Anna Seghers* (Warschau 1957) und kritische Einleitungen und Vorworte zu Werken von Goethe, Fontane, Storm, Raabe, Heinrich Mann, Hermann Hesse und anderen. Zusammen mit Andrzej Wirth übersetzte er Kafkas *Schloß* (in der Bühnenfassung von Max Brod) und Friedrich Dürrenmatts *Besuch der alten Dame.*

Im Sommer 1958 hielt sich Reich-Ranicki zu Studienzwecken in der Bundesrepublik auf und kehrte von dieser Reise nicht mehr nach Polen zurück. Er wohnte mit seiner Familie zunächst in Frankfurt, dann bis 1973 in Hamburg und lebt seitdem wieder in Frankfurt. Nachdem er für die *Frankfurter Allgemeine Zeitung* und für *Die Welt* geschrieben hatte, war er von 1960 bis 1973 ständiger Literaturkritiker der Wochenzeitung *Die Zeit.* Von 1973 bis 1988 leitete er in der *Frankfurter Allgemeinen Zeitung* die Redaktion für Literatur und literarisches Leben. Er ist jetzt weiterhin in der FAZ als Kritiker und als Redakteur der *Frankfurter Anthologie* tätig.

Von 1965 bis 1972 war Reich-Ranicki Mitarbeiter der *Encyclopaedia Britannica;* von 1958 bis 1967 nahm er an den Tagungen der *Gruppe 47* teil; von 1977 bis 1986 war er Sprecher der Jury des Klagenfurter Wettbewerbs um den Ingeborg Bachmann-Preis. Vortragsreisen führten ihn in die USA, nach Kanada, Israel, China, Australien und Neuseeland sowie in zahlreiche europäische Länder. 1968 war er Gastprofessor für deutsche Literatur des 20. Jahrhunderts an der Washington University in St. Louis (USA) und 1969 am Middlebury College (USA). Von 1971 bis 1975 lehrte er als ständiger Gastprofessor für Neue Deutsche Literatur an den Universitäten Stockholm und Uppsala. Seit 1974 ist Reich-Ranicki Honorarprofessor an der Universität Tübingen.

Auszeichnungen: Ehrendoktorwürde der Universität Uppsala (1972); Heine-Plakette (1976); Ricarda Huch-Preis (1981); Wilhelm Heinse-Medaille der Akademie der Wissenschaften und der Literatur in Mainz (1983); Goethe-Plakette der Stadt Frankfurt am Main (1984); Großes Verdienstkreuz des Verdienstordens der Bundesrepublik Deutschland (1986); Thomas Mann-Preis (1987); »Bambi«-Kulturpreis (1989).

Bibliographie der Arbeiten Marcel Reich-Ranickis

Die nachstehende Bibliographie registriert lediglich deutschsprachige Veröffentlichungen und erhebt keinen Anspruch auf Vollständigkeit. So bieten die Abschnitte 3, 4 und 5 nur eine Auswahl der in Sammelbänden, Zeitschriften und Zeitungen publizierten Arbeiten sowie der Interviews und Diskussionsbeiträge. Viele kleinere Beiträge blieben ebenso unberücksichtigt wie diejenigen, die zunächst in Sammelbänden, Zeitschriften oder Zeitungen erschienen sind und später in die Bücher Reich-Ranickis aufgenommen wurden. Dies gilt auch für Nachdrucke von Aufsätzen aus diesen Büchern. Bei Arbeiten in Zeitschriften und Zeitungen, die später auch in Sammelbänden erschienen sind, werden bloß die letzteren angeführt.

1. SELBSTÄNDIGE BUCHVERÖFFENTLICHUNGEN

Deutsche Literatur in West und Ost. Prosa seit 1945. München 1963. – Taschenbuch-Ausgabe: rororo Nr. 1313–1314–1315, Reinbek bei Hamburg 1970. – Neuausgabe: Stuttgart 1983. – Taschenbuch-Ausgabe: dtv Nr. 10414, München 1985.

Literarisches Leben in Deutschland. Kommentare und Pamphlete. München 1965.

Wer schreibt, provoziert. Kommentare und Pamphlete. dtv Nr. 384, München 1965.

Literatur der kleinen Schritte. Deutsche Schriftsteller heute. München 1967. – Erweiterte Taschenbuch-Augabe: Ullstein Buch Nr. 2867, Frankfurt/M.–Berlin–Wien 1971.

Die Ungeliebten. Sieben Emigranten. Opuscula Nr. 39, Pfullingen 1968.

Deutsche Literatur heute. (Auswahlband für den Bertelsmann Lesering.) Gütersloh o. J. (1969).

Lauter Verrisse. Mit einem einleitenden Essay. München 1970. – Erweiterte Taschenbuch-Ausgabe: Ullstein Buch Nr. 3009, Frankfurt/M.–Berlin–Wien 1973. – Erweiterte Neuausgabe: Stuttgart 1984.

Über Ruhestörer. Juden in der deutschen Literatur. Serie Piper Nr. 48, München 1973. – Erweiterte Taschenbuch-Ausgabe: Ullstein Buch Nr. 3335, Frankfurt/M.–Berlin–Wien 1977. – Erweiterte Neuausgabe: Stuttgart 1989.

Zur Literatur der DDR. Serie Piper Nr. 94, München 1974.

Nachprüfung. Aufsätze über deutsche Schriftsteller von gestern. München 1977. – Erweiterte Neuausgabe: Stuttgart 1980. – Taschenbuch-Ausgabe: dtv Nr. 10226, München 1984. – Erweitert: dtv Nr. 11211, 1990.

Entgegnung. Zur deutschen Literatur der siebziger Jahre. Stuttgart 1979. – Erweiterte Neuausgabe: Stuttgart 1981. – Taschenbuch-Ausgabe: dtv Nr. 10018, München 1982.

Betrifft Goethe. (Zusammen mit der Rede des Kanzlers Friedrich von Müller von 1832.) Zürich–München 1982.

Nichts als Literatur. Aufsätze und Anmerkungen. Reclams Universal-Bibliothek Nr. 8076, Stuttgart 1985.

Lauter Lobreden. Stuttgart 1985.

Mehr als ein Dichter. Über Heinrich Böll. KiWi Nr. 109, Köln 1986.

Thomas Mann und die Seinen. Stuttgart 1987.

Zwischen Diktatur und Literatur. Marcel Reich-Ranicki im Gespräch mit Joachim Fest. Fischer Taschenbuch Nr. 4606, Frankfurt/M. 1987.

Herz, Arzt und Literatur. Zwei Aufsätze. Zürich 1987.

Drei Reden auf Hilde Spiel. München 1989.

II. HERAUSGEGEBENE BÜCHER

Auch dort erzählt Deutschland. Prosa von »drüben«. List-Bücher Nr. 170, München 1960.

Sechzehn Polnische Erzähler. rororo Nr. 524–525, Reinbek bei Hamburg 1962.

Erfundene Wahrheit. Deutsche Geschichten seit 1945. München 1965.

Notwendige Geschichten 1933–1945. München 1967. – Taschenbuch-Ausgabe: dtv Nr. 1528, München 1980.

In Sachen Böll. Ansichten und Einsichten. Köln 1968. – Dritte, erweiterte Auflage: Köln 1968. – Taschenbuch-Ausgabe: dtv Nr. 730, München 1971.

Gesichtete Zeit. Deutsche Geschichten 1918–1933. München 1969. – Taschenbuch-Ausgabe: dtv Nr. 1527, München 1980.

Anbruch der Gegenwart. Deutsche Geschichten 1900–1918. München 1971. – Taschenbuch-Ausgabe: dtv Nr. 1526, München 1980.

Erfundene Wahrheit. Deutsche Geschichten 1945–1960 (Veränderte Neuauflage). München 1972. – Taschenbuch-Ausgabe: dtv Nr. 1529, München 1980.

Verteidigung der Zukunft. Deutsche Geschichten seit 1960. München 1972. – Taschenbuch-Ausgabe: Deutsche Geschichten 1960–1980. dtv Nr. 1530, München 1980.

Frankfurter Anthologie. Gedichte und Interpretationen (bisher 13 Bände). Frankfurt/M. 1976–1990.

Ludwig Börne: *Spiegelbild des Lebens.* Aufsätze über Literatur. suhrkamp taschenbuch Nr. 408, Frankfurt/M. 1977.

Klagenfurter Texte zum Ingeborg Bachmann-Preis 1977, 1978, 1979, 1980,

1981, 1982 (6 Bände; Mitherausgeber: Humbert Fink und Ernst Willner). München 1977–1982.

Wolfgang Koeppen: *Die elenden Skribenten.* Aufsätze. Frankfurt/M. 1981. – Taschenbuch-Ausgabe: suhrkamp taschenbuch Nr. 1008, Frankfurt/M. 1984.

Meine Schulzeit im Dritten Reich. Erinnerungen deutscher Schriftsteller. Köln 1982. – Taschenbuch-Ausgabe: dtv Nr. 10328, München 1984. – Erweiterte Neuausgabe: Köln 1988.

Alfred Polgar: *Kleine Schriften.* Band 1: *Musterung.* Reinbek bei Hamburg 1982. Band 2: *Kreislauf.* Reinbek bei Hamburg 1983. Band 3: *Irrlicht.* Reinbek bei Hamburg 1984. Band 4: *Literatur.* Reinbek bei Hamburg 1984. Band 5: *Theater I.* Reinbek bei Hamburg 1985. Band 6: *Theater II.* Reinbek bei Hamburg 1986.

Klagenfurter Texte zum Ingeborg Bachmann-Preis 1983, 1984, 1985, 1986 (4 Bände; Mitherausgeber: Humbert Fink). München 1983–1986.

Hundert Gedichte werden vorgestellt. Eine zeitgenössische Auswahl aus der Frankfurter Anthologie. Gütersloh o.J. (1983).

Deutsche Erzählungen des 20. Jahrhunderts. Stuttgart o.J. (1983).

Über die Liebe. Gedichte und Interpretationen aus der *Frankfurter Anthologie.* Insel Taschenbuch Nr. 794, Frankfurt/M. 1985.

Wolfgang Koeppen: *Gesammelte Werke* (6 Bände). Frankfurt/M. 1986.

Was halten Sie von Thomas Mann? Achtzehn Autoren antworten. Fischer Taschenbuch Nr. 5464, Frankfurt/M. 1986.

Erzählte Gegenwart. Zehn Jahre Ingeborg Bachmann-Preis. München 1986.

Johann Wolfgang von Goethe: *Alle Freuden, die unendlichen.* Liebesgedichte und Interpretationen. Insel-Bücherei Nr. 1028, Frankfurt/M. 1987.

Romane von gestern – heute gelesen. Band 1: 1900–1918. Frankfurt/M. 1989. Band 2: 1918–1933. Frankfurt/M. 1989. Band 3: 1933–1945. Frankfurt/M. 1990.

Horst Krüger – ein Schriftsteller auf Reisen. Materialien und Selbstzeugnisse. Hamburg 1989.

III. AUFSÄTZE IN SAMMELBÄNDEN

Stallburschen. In: *Die Mauer oder Der 13. August.* Herausgegeben von Hans Werner Richter. Reinbek bei Hamburg 1961.

Die Rolle des Schriftstellers in Polen. In: *Definitionen.* Essays zur Literatur. Herausgegeben von Adolf Frisé. Frankfurt/M. 1963.

Der Heilige und seine Narren. In: Gert H. Theunissen, *Das Schweigen und sein Publikum.* Eine Dokumentation. Köln 1964.

Deutsche Literatur der Gegenwart. In: *Walter Jens* – Eine Einführung. München 1965.

Nachwort zu: Wolfdietrich Schnurre, *Die Erzählungen.* Olten 1966.

Eine Diktatur, die wir befürworten. Nichts als deutsche Literatur. Die Gruppe 47 und Er. In: *Die Gruppe 47.* Bericht – Kritik – Polemik. Ein Handbuch, herausgegeben von Reinhard Lettau. Neuwied 1967.

Wieland Wagners Rechnung ging nicht auf. In: *Der Festspielhügel.* Richard Wagners Werk in Bayreuth. In Zusammenarbeit mit Dietrich Mack und Wilhelm Rauh herausgegeben von Herbert Barth. München 1973.

Heinrich Böll. In: *Deutsche Dichter der Gegenwart.* Ihr Leben und Werk. Herausgegeben von Benno von Wiese. Berlin 1973.

Babel ist wie Babel. In: *Piper-Almanach zum 70. Jahr.* Herausgegeben von Klaus Piper. München 1974.

Der Dichter der Liebe. In: *Vladimir Nabokov zu Ehren.* Herausgegeben von Uwe Friesel. Reinbek bei Hamburg 1977.

Berufsverbot für Reiner Kunze. In: *Reiner Kunze.* Materialien und Dokumente. Herausgegeben von Jürgen P. Wallmann. Frankfurt/M. 1977.

Der Dichter der aggressiven Resignation. (Zum 70. Geburtstag von Wolfgang Koeppen). In: *Wertung und Wirkung von Literatur.* Herausgegeben von Edigna Schrembs. (Materialien für die Sekundarstufe II – Deutsch). Hannover 1977.

Statt einer Autobiographie. In: *Materialien zu Hans Mayer, Außenseiter.* Herausgegeben von Gert Ueding. suhrkamp taschenbuch Nr. 448, Frankfurt/M. 1978.

Eine außergewöhnliche Institution. In: *Der Weg war schon das Ziel.* Festschrift für Friedrich Torberg zum 70. Geburtstag. Herausgegeben von Josef Strelka. München 1978.

Vortrag zur Eröffnung der Ausstellung ›Joseph Roth 1894–1939‹ in der Deutschen Bibliothek. Herausgegeben von Brita Eckert und Günther Pflug. Kleine Schriften der Deutschen Bibliothek Nr. 5. Frankfurt/M. 1979.

Von Leben und Tod. In: *Bienek lesen.* Herausgegeben von Michael Krüger. München o. J. (1980).

Der enttäuschte Revolutionär. In: *Über Alfred Andersch.* Herausgegeben von Gerd Haffmans. Diogenes Taschenbuch Nr. 53. – Zweite, wesentlich erweiterte Neuausgabe: Zürich 1980.

Marco und der Zauberer. Michael Schneiders Novelle aus der Welt der Magie. In: *Fischer Almanach der Literaturkritik 1980/81.* Herausgegeben von Andreas Werner. Fischer Taschenbuch Nr. 6473, Frankfurt/M. 1981.

Exilliteratur – immer noch unbewältigt? In: *Literatur des Exils.* Herausgegeben von Bernt Engelmann. Goldmann Taschenbuch Nr. 6362, München 1981.

Franziska. In: *Ernst Weiß.* Herausgegeben von Peter Engel. suhrkamp taschenbuch Nr. 2020, Frankfurt/M. 1982.

Die Lust am Gedicht ist die Kehrseite des Schreckens. Über die Lyrik der Ulla Hahn. In: *Das sollten Sie lesen.* Herausgegeben von Jürgen Lodemann. suhrkamp taschenbuch Nr. 952, Frankfurt/M. 1982.

War Lessing ein großer Kritiker? In: *Lessing.* Nachruf auf einen Aufklärer. Herausgegeben von Klaus Bohnen. München 1982.

Rainer Maria Rilke zum hundertsten Geburtstag: In: *Rilkes ›Duineser Elegien‹.* Herausgegeben von Ulrich Fülleborn und Manfred Engel. Dritter Band: Rezeptionsgeschichte. suhrkamp taschenbuch Nr. 2011, Frankfurt/M. 1982.

Die Ichbesessenheit ist nützlich. Erfüllt die deutsche Gegenwartsliteratur ihr Soll? In: *Deutsche Literatur 1982.* Ein Jahresüberblick. Herausgegeben von Volker Hage in Zusammenarbeit mit Adolf Fink. Reclams Universal-Bibliothek Nr. 7915, Stuttgart 1983.

Was unverletzbar bleibt. Zum Tod der Schriftstellerin Anna Seghers. In: *Deutsche Literatur 1983.* Ein Jahresüberblick. Herausgegeben von Volker Hage in Zusammenarbeit mit Adolf Fink. Reclams Universal-Bibliothek Nr. 8212, Stuttgart 1984.

Erst die Poesie, dann die Theorie. In: *Was Kritiker gerne läsen.* Literaturalmanach 1984. Herausgegeben von Jochen Jung. Salzburg 1984.

Auf gut Glück getrommelt und *Selbstkritik eines Kritikers.* In: *›Die Blechtrommel‹.* Attraktion und Ärgernis. Herausgegeben von Franz Josef Görtz. Darmstadt 1984.

Der trotzige Einzelgänger. Zum Tode des einsamen Schriftstellers Uwe Johnson. In: *Deutsche Literatur 1984.* Ein Jahresüberblick. Herausgegeben von Volker Hage in Zusammenarbeit mit Adolf Fink. Reclams Universal-Bibliothek Nr. 8045, Stuttgart 1985.

Kurt Tucholsky. Deutscher, Preuße, Jude. In: *Juden und Judentum in der Literatur.* Herausgegeben von Herbert A. Strauss und Christhard Hoffmann. dtv Nr. 10513, München 1985.

Patrick Süskind, Das Parfum und *Marguerite Duras, Der Liebhaber.* In: *Die »Bestenliste« 1985.* Herausgegeben von Rainer Schirra. suhrkamp taschenbuch Nr. 1206, Frankfurt/M. 1985.

Ein Glücksfall. In: *Suche die Meinung.* Karl Dedecius dem Übersetzer und Mittler zum 65. Geburtstag. Herausgegeben von Elvira Grözinger und Andreas Lawaty. Wiesbaden 1986.

Ein letzter Abschied von Heinrich Böll und *In eigener Sache.* In: *Deutsche Literatur 1985.* Jahresüberblick. Herausgegeben von Volker Hage in Zusammenarbeit mit Adolf Fink. Reclams Universal-Bibliothek Nr. 8282, Stuttgart 1986.

Nachwort. In: Marie Luise Kaschnitz, *Orte und Menschen.* Frankfurt/M. 1986.

Siegfried Lenz, der gütige Zweifler. In: Siegfried Lenz, *Die Erzählungen 1949–1984.* dtv Nr. 10527, München 1986.

Vorwort. In: Werner Ross, *Die Feder führend.* Schriften aus fünf Jahrzehnten. München 1987.

Der Fall Hölderlin und Peter Härtlings Annäherung. In: *Peter Härtling – Auskunft für Leser.* Herausgegeben von Martin Lüdke. Darmstadt 1988.

Lauter Unglücke. Zu den Preisen der Darmstädter Akademie. In: *Deutsche Literatur 1988.* Jahresüberblick. Herausgegeben von Franz Josef Görtz, Volker Hage und Uwe Wittstock. Reclams Universal-Bibliothek Nr. 8405, Stuttgart 1989.

Eine Liebeserklärung. In: *E. K. 1899–1989.* Zum 90. Geburtstag Erich Kästners. Begleitheft zur Ausstellung der Stadt- und Universitätsbibliothek. Frankfurt/M. 1989.

Der gelehrte Erzähler. In: Wolfgang Leppmann, *In zwei Welten zu Hause.* München 1989.

Vorwort. In: Géza von Cziffra, *Der Heilige Trinker.* Erinnerungen an Joseph Roth. Ullstein Taschenbuch Nr. 22245, Frankfurt/M.–Berlin 1989.

Bitte kein Arkadien. In: *Verlust und Ursprung.* Festschrift für Werner Weber. Herausgegeben von Angelika Maass und Bernhard Heinser. Zürich 1989.

Ein deutscher Dichter. Zum Tode von Erich Fried. In: Deutsche Akademie für Sprache und Dichtung. Jahrbuch 1988. Darmstadt 1989.

IV. AUFSÄTZE IN ZEITSCHRIFTEN UND ZEITUNGEN

Ein neues Meisterwerk deutscher Prosa. Lion Feuchtwanger: ›Die Jüdin von Toledo‹. In: *Neue Deutsche Literatur,* Berlin, H. 3/1956.

Ein Versuch über den Humanisten Arnold Zweig. In: *Neue Deutsche Literatur,* Berlin, H. 9/1956.

Ein exemplarischer Novellist. Bemerkungen zur Epik Leonhard Franks. In: *Neue Deutsche Literatur,* Berlin, H. 1/1957.

Arnold Zweigs Roman ›Die Zeit ist reif‹. In: *F. A. Z.,* 26. 9. 1958.

Deutsche Schriftsteller, die jenseits der Elbe leben. In: *Die Welt,* 7. 3. 1959.

Die geistige Kapitulation der Anna Seghers. Zu dem Roman ›Die Entscheidung‹. In: *Die Welt,* 3. 9. 1959.

Ein großer Kenner unserer Literatur. Des Marxisten Hans Mayer Auseinandersetzung mit der bürgerlichen Dichtung. In: *Die Welt,* 19. 9. 1959.

Marek Hlasko, Polens zornigster junger Mann. In: *Die Kultur,* München, 15. 10. 1959.

Ein Eisenbahner aus der DDR. Zu Uwe Johnsons Roman ›Mutmaßungen über Jakob‹. In: *Sonntagsblatt,* Hamburg, 22. 11. 1959.

Das Fähnlein eines Aufrichtigen. Über Peter Huchel. In: *Sonntagsblatt,* Hamburg, 22.5. 1960.

Tadeusz Nowakowski, ein polnischer Schriftsteller in Deutschland. In: *Die Kultur,* München, Mai 1961.

Das geteilte Deutschland der Rezensenten. Kritiker, aber keine Kritik in der Bundesrepublik. In: *Die Zeit,* 2.6. 1961.

Das geteilte Deutschland der Rezensenten. Kritik, aber keine Kritiker in der DDR. In: *Die Zeit,* 9.6. 1961.

Man kann nicht ein bißchen Künstler sein. Zu Heinrich Bölls ›Erzählungen, Hörspiele, Aufsätze‹. In: *Die Zeit,* 13.10. 1961.

Vladimir Nabokovs ›Lushins Verteidigung‹. In: *Neue Deutsche Hefte,* Berlin, H. 86/März, April 1962.

Bruno Schulz, ›Die Zimtläden‹. In: *Neue Deutsche Hefte,* Berlin, H. 88/Juli, August 1962.

Ohne die Adresse zu hinterlassen. Über zwei Satirenbände des Polen Slawomir Mrozek. In: *Die Zeit,* 5.1. 1962.

Der Streit um den Sergeanten Kephalides. Arnold Zweigs neuer Roman. In: *Die Zeit,* 15.3. 1963.

Ein Meister mit der Narrenkappe. Über Stanislaw Jerzy Lec. In: *Die Zeit,* 4.9. 1964.

Wer hat Angst vor Hilde Spiel? In: *Wort in der Zeit,* Wien, H. 1–2/1965.

Großer Aufwand ist vertan. Nachruf auf ein Handbuch der deutschen Gegenwartsliteratur. In: *Die Zeit,* 13.8. 1965.

Wem sagen Sie das? Über einen Roman der vorzüglichen Essayistin Hilde Spiel. In: *Die Zeit,* 8.10. 1965.

Ich bin kein Spucknapf. Zu Martin Kessels neuem Roman ›Lydia Faude‹. In: *Die Zeit,* 7.1. 1966.

Spricht hier Moskau? Die Erzählungen des Julij Daniel (Nikolaj Arshak). In: *Die Zeit,* 11.3. 1966.

Das Duell der Toten. Gegen das Verbot des Romans ›Mephisto‹ von Klaus Mann. In: *Die Zeit,* 18.3.1966.

Ein neues Unternehmen – ein Stil von gestern. Aus Anlaß der Schiller-Volksausgabe des Hanser Verlags. In: *Die Zeit,* 8.4. 1966.

Aufstieg und Fall der Stadt Ljubimow. Das Hauptwerk des sowjetischen Autors Andreas Sinjawskij (Abram Terz). In: *Die Zeit,* 16.12. 1966.

Geschichte einer Silvesternacht. Über Brigid Brophys Roman ›Der Schneeball‹. In: *Die Zeit,* 20.1. 1967.

Gemütliche Mary McCarthy. Aus Anlaß der deutschen Ausgabe ihres Romans ›Der Zauberkreis‹. In: *Die Zeit,* 10.3. 1967.

Politik in den Pausen. Rückblick auf die Tagung der Gruppe 47. In: *Die Zeit,* 20.10. 1967.

Debütanten, Debütanten. Über neue Romane und Geschichten von Gregor

Laschen, Christa Carvajal, J. Wolfgang Körner, Hannelies Taschau und Manfred Franke. In: *Die Zeit,* 17. 11. 1967.

So phantasievoll wie sachlich. Mario Szenessys Roman ›Verwandlungskünste‹. In: *Die Zeit,* 24. 11. 1967.

Erotik mit guten Manieren. Zwei neue Bücher von Graham Greene. In: *Die Zeit,* 29. 12. 1967.

Endspiel einer geschlossenen Gesellschaft. Hans J. Fröhlichs ›Tandelkeller‹. In: *Die Zeit,* 19. 1. 1968.

Außerordentlich (und) obszön. Rolf Dieter Brinkmanns Sex-Roman ›Keiner weiß mehr‹. In: *Die Zeit,* 26. 4. 1968.

Wolfgang Wagners halbherzige Meistersinger. In: *Die Zeit,* 2. 8. 1968.

Im ersten Kreis der Hölle. Alexander Solschenizyns großer Roman. In: *Die Zeit,* 3. 1. 1969.

Nur Sätze und doch Geschichten. Ein neuer Name der jungen Generation. Wolf Wondratschek. In: *Die Zeit,* 18. 4. 1969.

Seelen von der Stange. Zu Hans Habes Roman ›Das Netz‹. In: *Die Zeit,* 20. 6. 1969.

Jüdische Motive in der amerikanischen Literatur. Aus Anlaß des Romans ›Der Fixer‹ von Bernard Malamud. In: *Emuna* – Blätter für christlich-jüdische Zusammenarbeit, Köln–Frankfurt/M., H. 5/Oktober 1969.

Ist die Erde wirklich rund? Peter Bichsels drittes Buch. In: *Die Zeit,* 17. 10. 1969.

Ein Neuankömmling betrachtet uns. Mario Szenessys Erzählungsband ›Otto der Akrobat‹. In: *Die Zeit,* 31. 10. 1969.

Obszön, brutal, poetisch. Zu Jerzy Kosinskis Prosabuch ›Aus den Feuern‹. In: *Die Zeit,* 27. 3. 1970.

Selbsthaß als Bestseller. Der Roman ›Portnoys Beschwerden‹ von Philip Roth. In: *Die Zeit,* 10. 4. 1970.

Solschenizyn und wir. In: *Die Zeit,* 1. 5. 1970.

Ein Profi des kritischen Geschäfts. Fontane als Rezensent. In: *Die Zeit,* 27. 8. 1970.

Aus dem Sammelbecken. Ernst Augustins Buch ›Mamma‹. In: *Die Zeit,* 18. 9. 1970.

Die zweite Regierung. Nobelpreis für Alexander Solschenizyn. In: *Die Zeit,* 16. 10. 1970.

Hintergründe eines späten Erfolgs. Der Bestseller ›Nenne es Schlaf‹ von Henry Roth. In: *Die Zeit,* 26. 3. 1971.

Der Kritiker Moritz Heimann. In: *Neue Rundschau,* Berlin, H. 1/1971.

Scheherezade heißt seine Muse. Robert Minders Reden und Essays. In: *Die Zeit,* 11. 6. 1971.

Alter Mann in der Schwebe. Saul Bellows Roman ›Mr. Sammlers Planet‹. In: *Die Zeit,* 10. 9. 1971.

Redaktionelle Schwierigkeiten. Zu Robert Musils ›Briefen nach Prag‹. In: *Die Zeit,* 17.9. 1971.
Freude durch Kraft. Über Ernest Hemingway und die Deutschen. In: *Die Zeit,* 19.11. 1971.
Das Leben – eine Falle. Die Erzählungen des Amerikaners John Updike. In: *Die Zeit,* 25.2. 1972.
Halbaffe regiert Bayern. Aus Anlaß eines Romans von Herbert Rosendorfer. In: *Die Zeit,* 20.10. 1972.
Auf der Suche nach dem verlorenen Echo. Über den Literaturkritiker Walter Benjamin. In: *Die Zeit,* 24.11. 1972.
Kalter Kaffee und viele Mädchen. Zu Jakov Linds ›Nahaufnahme‹. In: *Die Zeit,* 13.4. 1973.
Krümel von Koeppens Tisch. Ein Taschenbuch mit Gelegenheitsarbeiten. In: *Die Zeit,* 27.4. 1973.
Flirt mit der Literatur. Kurt Tucholskys Literaturkritik. In: *Die Zeit,* 14.9. 1973.
Don Quichotte in den USA. Saul Bellows Erzählungen. In: *Die Zeit,* 26.10. 1973.
Schrecklich ist die Verführung zum Roman. Jean Amérys Buch ›Leféu oder Der Abbruch‹. In: *F. A. Z.,* 1.6. 1974.
Frau Thomas Mann erinnert sich. Katia Manns Memoiren. In: *F. A. Z.,* 19.9. 1974.
Betrifft: Bücherlesen. Eine Polemik gegen Günter Grass. In: *F. A. Z.,* 8.10. 1974.
Schalk, Philosoph und Plauderer. Anmerkungen zum Literatur-Nobelpreis für Saul Bellow. In: *F. A. Z.,* 22.10. 1976.
Biermanns Vertreibung. Anmerkungen zu einem aktuellen Fall. In: *F. A. Z.,* 18.11. 1976.
Die Liebe, unsere Schriftsteller und Vladimir Nabokov. Aus Anlaß des Romans ›Maschenka‹. In: *F. A. Z.,* 18.12. 1976.
Heldenvater Doblin. In: *F. A. Z.,* 20.8. 1977.
Der alte Ärger und die neue Taktik. Anmerkungen zur Lage der DDR-Schriftsteller. In: *F. A. Z.,* 24.8. 1977.
Das Wort beim Wort genommen. Heinz Politzer in Dankbarkeit und Verehrung. In: *F. A. Z.,* 3.8. 1978.
Die Sehnsucht nach den Blauäugigen. Philip Roths Roman ›Professor der Begierde‹. In: *F. A. Z.,* 11.11. 1978.
Am Anfang ist jede Romanze einfach. Erzählungen von Joyce Carol Oates. In: *F. A. Z.,* 13.1. 1979.
Der schreibende Zeitgenosse. Zum Tod von Alfred Kantorowicz. In: *F. A. Z.,* 29.3. 1979.

Verleumdung statt Aufklärung. Zu einem ›Zeit‹-Dossier von Fritz J. Raddatz. In: *F. A. Z.*, 18. 10. 1979.

Fragen vor chinesischen Mauern. Eine skeptische Reise ins Reich der Mitte. In: *F. A. Z.*, 9. 2. 1980.

Der Triumph des Elias Canetti. Aus Anlaß seines Buches ›Die Fakel im Ohr‹. In: *F. A. Z.*, 16. 8. 1980.

Ein schwieriger Einzelgänger. Wolfdietrich Schnurre zum sechzigsten Geburtstag. In: *F. A. Z.*, 22. 8. 1980.

Der fröhliche Germanist. Zum Tod von Robert Minder. In: *F. A. Z.*, 12. 9. 1980.

Salzburg. In: *F. A. Z.-Magazin,* 12. 9. 1980.

Tageslicht statt Aureolen. Zu einem Fernsehfilm über Ingeborg Bachmann. In: *F. A. Z.*, 16. 9. 1980.

Die Aura der Poesie. Der Literatur-Nobelpreis für den polnischen Lyriker Czeslaw Milosz. In: *F. A. Z.*, 10. 10. 1980.

Die Kraft der Schwachen. Zum achtzigsten Geburtstag von Anna Seghers. In: *F. A. Z.*, 15. 11. 1980.

Kein Fall für die Justiz. Zur illegalen Neuausgabe des ›Mephisto‹ von Klaus Mann. In: *F. A. Z.*, 18. 12. 1980.

Wolf Wondratschek oder Poesie in Jeans. In: *F. A. Z.*, 25. 7. 1981.

Ernüchternde Wallfahrt. Bayreuth oder der großartige Kummer mit Wagner. In: *F. A. Z.*, 29. 8. 1981.

Bertolt Brecht, ein Genie und ein armer Hund. Aus Anlaß der ersten Ausgabe seiner Briefe. In: *F. A. Z.*, 5. 12. 1981.

Der Meister der Vermittlung. Zum 60. Geburtstag von Walter Hinck. In: *F. A. Z.*, 8. 3. 1982.

Philip Roths Befreiung. Ein geistreicher und amüsanter Roman. In: *F. A. Z.*, 13. 3. 1982.

Max Frischs ungedeckter Scheck. Seine Erzählung ›Blaubart‹. In: *F. A. Z.*, 3. 4. 1982.

Die Liebe ist unbarmherzig. John Updikes ›Der weite Weg zu zweit‹. In: *F. A. Z.*, 17. 7. 1982.

Der Mensch ist gut. Zum hundersten Geburtstag des Erzählers Leonhard Frank. In: *F. A. Z.*, 3. 9. 1982.

Der verlorene Sohn sucht den Frauenkontinent. Hermann Burgers Roman ›Die Künstliche Mutter‹. In: *F. A. Z.*, 5. 10. 1982.

Der Dolchstoß des Übersetzers. Saul Bellows Roman ›Der Dezember des Dekans‹. In: *F. A. Z.*, 4. 12. 1982.

Kurt Tucholsky, ein Deutscher ohne Deutschland. Seine Briefe an Mary Gerold. In: *F. A. Z.*, 29. 1. 1983.

Dolle Damen, ganze Kerle. Joyce Carol Oates' ›Bellefleur‹. In: *F. A. Z.*, 2. 4. 1983.

Asche und Diamant. Zum Tode des polnischen Schriftstellers Jerzy Andrzejewski. In: *F. A. Z.*, 21. 4. 1983.

Der Sexroman dieser Jahre. ›Bessere Verhältnisse‹ – das Meisterwerk des Erzählers John Updike. In: *F. A. Z.*, 21. 5. 1983.

Des Jahrhunderts mächtigster Kritiker. Aus Anlaß eines neuen Auswahlbandes der Schriften Alfred Kerrs. In: *F. A. Z.*, 13. 8. 1983.

Vom Stamme jener, welche lieben, wenn sie schreiben. Martin Walsers Aufsätze und Reden über große Schriftsteller. In: *F. A. Z.*, 11. 10. 1983.

Bei Schnitzler ist das Grausame diskret. Aus Anlaß seiner ›Briefe 1875–1912‹ und der ersten Bände seines Tagebuchs. In: *F. A. Z.*, 4. 2. 1984.

Tolstojs Erbe. Zum Tod von Michail Scholochow. In: *F. A. Z.*, 22. 2. 1984.

Weltmeister Hemingway. Aus Anlaß der deutschen Ausgabe seiner ausgewählten Briefe. In: *F. A. Z.*, 28. 4. 1984.

Schlagt ihn tot, den Hund … Goethes lebenslanger Kampf gegen die Kritik. In: *F. A. Z.*, 25. 8. 1984.

Nehmt aus meinem Rücken das Messer. Peter Maiwalds erster Gedichtband ›Balladen von Samstag auf Sonntag‹. In: *F. A. Z.*, 2. 10. 1984.

Manchmal wurde die Langeweile schier unerträglich. Der Roman ›Der junge Mann‹ des erfolgreichen Autors Botho Strauß. In: *F. A. Z.*, 1. 12. 1984.

Die Liebe und die Linken. Der Roman ›Die unerträgliche Leichtigkeit des Seins‹ des Tschechen Milan Kundera. In: *F. A. Z.*, 15. 12. 1984.

Immer wieder: Nabokov. Aus Anlaß seines frühen Buches ›Der Späher‹. In: *F. A. Z.*, 28. 9. 1985.

Eine deutsch-deutsche Geschichte. Thorsten Becker, ein junger Autor aus West-Berlin. In: *F. A. Z.*, 9. 11. 1985.

Ein Germanist wird ermordet. Friedrich Dürrenmatts Roman ›Justiz‹. In: *F. A. Z.*, 30. 11. 1985.

Bertolt Brecht und seine Kreatur. Die Erinnerungen der Ruth Berllau. In: *F. A. Z.*, 14. 12. 1985.

Männlich. Ernst Schnabel ist tot. In: *F. A. Z.*, 27. 1. 1986.

Meisterin der Stille. Zum sechzigsten Geburtstag der Dichterin Elisabeth Borchers. In: *F. A. Z.*, 27. 2. 1986.

Der Ohrwurm des Feuilletons. Rede zur Verleihung des F. A. Z.-Preises für Literatur. In: *F. A. Z.*, 7. 3. 1986.

Eine schmerzende Wunde, schief und schön vernarbt. Über Heinrich Heine ohne Anlaß. In: *F. A. Z.*, 8. 3. 1986.

Unsere Welt in Geschichten. Zum sechzigsten Geburtstag von Siegfried Lenz. In: *F. A. Z.*, 17. 3. 1986.

Ein katastrophales Buch. Der Roman ›Die Rättin‹ von Günter Grass. In: *F. A. Z.*, 10. 5. 1986.

Der Dichter unserer Niederlagen. Zu Wolfgang Koeppens achtzigstem Geburtstag. In: *F. A. Z.*, 21. 6. 1986.

Wahrheit ist noch zumutbar. Rede am Grab der Ingeborg Bachmann. In: *Die Weltwoche*, 10. 7. 1986.

Unzählige verdanken ihm unendlich viel, manche ihr Leben. Über die erste Begegnung mit Heinrich Böll. In: *Die Weltwoche*, 7. 8. 1986.

Es ist so schön, sich zu fügen. Die Prosa der Barbara Honigmann. In: *F. A. Z.*, 25. 10. 1986.

Die Orgien des Philip Roth. Mit dem Roman ›Anatomiestunde‹ und einem ›Epilog‹ ist der Zuckerman-Zyklus abgeschlossen. In: *F. A. Z.*, 24. 1. 1987.

John Updikes menschliche Komödie. Sein Erzählband »Der verwaiste Swimmingpool«. In: *F. A. Z.*, 19. 9. 1987.

Wollust, Hörigkeit, Liebe. Zwei Bücher von Vladimir Nabokov: »Der Zauberer« und »Lolita«. In: *F. A. Z.*, 6. 10. 1987.

Darmstädter Torheiten. Polemische Anmerkungen aus aktuellem Anlaß. In: *F. A. Z.*, 27. 10. 1987.

Macht Verfolgung kreativ? Polemische Anmerkungen aus aktuellem Anlaß: Christa Wolf und Thomas Brasch. In: *F. A. Z.*, 12. 11. 1987.

Arnold Zweigs Wege und Irrwege. In: *F. A. Z.*, 12. 11. 1987.

Der Täter verzeiht den Opfern. Der Schriftstellerkongreß in Ost-Berlin. In: *F. A. Z.*, 30. 11. 1987.

Die Angst vor dem Schriftsteller. Zu Christoph Heins bemerkenswerter Rede. In: *F. A. Z.*, 9. 12. 1987.

Zwischen Gleichnis und Story. Wickis Film ›Sansibar oder Der letzte Grund‹. In: *F. A. Z.*, 12. 12. 1987.

Arthur Millers »Zeitkurven« – ein amerikanisches Welttheater. In: *F. A. Z.*, 16. 1. 1988.

Auf den Überholspuren des Lebens. Die Kurzgeschichten der Amerikanerin Jayne Anne Phillips. In: *F. A. Z.*, 27. 2. 1988.

Ort der Geschichte ist Warschau. Der Roman ›Die schöne Frau Seidenman‹ des Polen Andrzej Szczypiorski. In: *F. A. Z.*, 19. 3. 1988.

Weigel ist Weigel. Zum achtzigsten Geburtstag des Wiener Feuilletonisten. In: *F. A. Z.*, 28. 5. 1988.

Werbesprache, Werbetexte und ihre Qualität. In: Almanach zur Jahreshauptversammlung des Gesamtverbandes Werbeagenturen CWA. Juni 1988.

Bechers Selbstzensur. Zur späten Abrechnung eines Kommunisten. In: *F. A. Z.*, 14. 6. 1988.

Widerstand. Friedenspreis für Lenz. In: *F. A. Z.*, 15. 6. 1988.

Die Liebe wird nicht müde, sie höret nimmer auf. Zu Prosabüchern der Amerikanerin Joyce Carol Oates, des Engländers John Berger und der Französin Marguerite Duras. In: *F. A. Z.*, 4. 10. 1988.

Anmut. Rede auf Christa Moog. In: *F. A. Z.*, 15. 12. 1988.

Arras ist überall. Andrzej Szczypiorskis Roman. In: *F. A. Z.*, 31. 12. 1988.

Der Traum vom Gegenleben. Ein reicher und reifer Roman des Amerikaners Philip Roth. In: *F. A. Z.*, 28. 1. 1989.

Artist am Abgrund. Zum Tode des Schriftstellers Hermann Burger. In: *F. A. Z.*, 3. 3. 1989.

Er war der Zaubermeister unserer Literatur. In: *Tages-Anzeiger/Sonntags-Zeitung*, 5. März 1989.

Viele Vorbilder, keine Vorgänger. Rede auf Walter Jens. In: *Die Zeit*, 10. März 1989.

Kritik mit Charme und Magie. Golo Manns Aufsätze und Reden zur Literatur. In: *F. A. Z.*, 15. 4. 1989.

Hermann Burgers gesammelte Leiden. Sein letztes Buch ›Brunsleben‹. In: *F. A. Z.*, 19. 8. 1989.

Tohuwabohu. Dürrenmatts ›Durcheinandertal‹. In: *Die Zeit*, 10. 11. 1989.

Der Gründer unseres literarischen Lebens. Über den unermüdlichen Aufklärer Friedrich Nicolai. In: *F. A. Z.*, 2. 12. 1989.

Einer von uns: Kurt Tucholsky. Aus Anlaß seines hundertsten Geburtstags. In: *F. A. Z.*, 6. 1. 1990.

Mit eigenem Himmel und eigener Sonne. Vladimir Nabokovs Erzählungen. In: *F. A. Z.*, 27. 1. 1990.

Sein Heim war unheimlich. Über Thomas Bernhard, ein Jahr nach seinem Tod. In: *F. A. Z.*, 24. 2. 1990.

Ein Berliner, ein Preuße, ein Deutscher. Laudatio auf Horst Krüger. In: *F. A. Z.*, 21. 4. 1990.

V. INTERVIEWS, DISKUSSIONSBEITRÄGE, BRIEFE

Schriftsteller: Ja-Sager oder Nein-Sager? Das Hamburger Streitgespräch deutscher Autoren aus Ost und West. Herausgeber: Josef Müller-Marein und Theo Sommer. Hamburg 1961.

Maßstäbe und Möglichkeiten der Kritik zur Beurteilung der zeitgenössischen Literatur. Berliner Kritiker-Colloquium 1963. In: *Sprache im technischen Zeitalter.* Berlin, H. 9–10/1964.

Über die Legitimität des Erotischen in der Literatur und seine Gestaltung. Ein Interview. In: *Die Verfälschung der Erotik in der Literatur.* Gertenbach (Littera-Paperbacks Band 6) 1966.

In Sachen Rainer Maria Rilke und Thomas Mann. Berliner Kritiker-Colloquium 1965. In: *Sprache im technischen Zeitalter.* Berlin, Heft 17–18/1966.

Interview mit M. R.-R. In: *Spektrum des Geistes 70.* Ein Querschnitt durch das Literaturschaffen der Gegenwart. Herausgegeben von Hartfrid Voss. Ebenhausen 1969.

Briefe von und an Ludwig Marcuse. Herausgegeben und eingeleitet von Harold von Hofe. Zürich 1975.

Die Bedrohung der Literatur. In: *Zu den Grenzen der Freiheit.* Europäisches Forum Alpbach. Herausgegeben von Otto Molden. Wien 1977.

Die Realität in der Literatur – die Literatur in der Realität. In: *Die politische Meinung.* Zweimonatshefte für Fragen der Zeit. Sonderheft 1977.

Funktion, Möglichkeiten und Aufgaben der Literaturkritik. Gespräch mit M. R.-R. In: Klaus Konjetzky, *Was interessiert mich Goethes Geliebte?* Tendenziöse Gedanken und Gespräche über Literatur und Wirklichkeit. München 1977.

Fernsehen als verlängerter Arm der Verlagswerbung? In: *Das Buch im Fernsehen.* Schriftenreihe des Börsenvereins des Deutschen Buchhandels, Band 11, Frankfurt/M. 1978.

Im Kreuzfeuer: Der Fernsehfilm »Holocaust«. Eine Nation ist betroffen. Herausgegeben von Peter Märthesheimer und Ivo Frenzel. Frankfurt/M. 1979.

»Ich möchte etwas bewirken«, Gespräch mit M. R.-R. von Lutz-W. Wolff. In: *Buchmarkt,* Mai 1980.

Friedrich Torberg: *Pegasus im Joch.* Briefwechsel mit Verlegern und Redakteuren. Herausgegeben von David Axmann und Marietta Torberg. München 1983.

Kein Leben ohne Lesen. Gespräch mit M. R.-R. In: Werner Höfer, *Spätlese – Echo der Jahre.* Düsseldorf–Wien 1983.

»Die Miserabilität eines Buches springt ins Auge.« Gespräch mit M. R.-R. von Elisabeth Kiderlein, Leo von Caprivi und Daniel Cohn-Bendit. In: *Pflasterstrand,* Heft 153/1983.

Interview. In: *Butzbacher Autoren-Interviews 3.* Herausgegeben von Hans-Joachim Müller. Darmstadt 1985.

Ein Genie der Formulierung – ein Patriot ohne Vaterland. Aus einem Gespräch über Börne. In: *Ludwig Börne 1786–1837.* Bearbeitet von Alfred Estermann. Frankfurt/M. 1986.

Die deutsche Sprache ist für ihn die eigentliche Heimat. Ein Gespräch mit Kirsten Voigt. Erster Teil: *Badisches Tagblatt,* 4. 4. 1987; zweiter Teil: *Badisches Tagblatt,* 11. 4. 1987.

M. R.-R. Der Kahlschläger. Interview von Roland Mischke. In: *Der Wiener,* Juni 1987.

M. R.-R. geht und bleibt. In: *Die Zeit,* 20. 12. 1988.

»Ich habe manipuliert, selbstverständlich!« Spiegel-Gespräch mit Rolf Becker und Hellmuth Karasek. In: *Der Spiegel,* 2. 1. 1989.

Gespräch. In: *Das Land der großen Mitte.* Herausgegeben von Hans-Christian Huf. Düsseldorf 1989.

Interview. In: *Jüdische Porträts.* Photographien und Interviews von Herlinde Koelbl. Frankfurt/M. 1989.

Haben die Dichter der DDR gesiegt oder versagt? Interview in: *Bunte,* 30. 11. 1989.

Über die Liebe und die Literatur. Gespräch mit Brigitte Blobel. In: *Elle,* Heft 2/1990.